Assessment and Construction of Environment of
Financial Consuming Rights and Interests Protection

金融消费权益保护
环境评估与建设

◎ 总顾问：马天禄　朱　红　◎ 主　编：张瑞怀　彭建刚

中国金融出版社

责任编辑：王效端　张　超
责任校对：张志文
责任印制：丁淮宾

图书在版编目（CIP）数据

金融消费权益保护环境评估与建设（Jinrong Xiaofei Quanyi Baohu Huan-jing Pinggu yu Jianshe）/张瑞怀，彭建刚主编 . —北京：中国金融出版社，2015.12

　ISBN 978 - 7 - 5049 - 8280 - 3

　Ⅰ . ①金… 　Ⅱ . ①张…②彭… 　Ⅲ . ①金融市场—消费者权益保护法—研究—中国 　Ⅳ . ①D922.284 ②D923.84

　中国版本图书馆 CIP 数据核字（2015）第 315799 号

出版
发行　**中国金融出版社**

社址　北京市丰台区益泽路 2 号
市场开发部　（010）63266347，63805472，63439533（传真）
网 上 书 店　http：//www.chinafph.com
　　　　　　　（010）63286832，63365686（传真）
读者服务部　（010）66070833，62568380
邮编　100071
经销　新华书店
印刷　保利达印务有限公司
尺寸　169 毫米 × 239 毫米
印张　17.75
字数　316 千
版次　2015 年 12 月第 1 版
印次　2015 年 12 月第 1 次印刷
定价　39.00 元
ISBN 978 - 7 - 5049 - 8280 - 3/F.7840
如出现印装错误本社负责调换　联系电话(010)63263947
编辑部邮箱：jiaocaiyibu@126.com

本书系：

中国人民银行金融消费权益保护环境评估试点成果——中国人民银行长沙中心支行专项课题《2015 年湖南区域金融消费权益保护环境评估研究》最终成果。

序

　　金融消费权益保护不足是各国从国际金融危机中总结和汲取的重要经验和教训。加强金融消费权益保护成为危机后金融监管改革的重要内容之一，部分国家和地区及一些国际组织迅速推动和实施了一系列重要改革举措。美国、英国等世界发达国家从法律制度、监管机构设置等方面进行改革，如美国出台《多德—弗兰克华尔街改革与消费者保护法》，在美联储设立相对独立的金融消费者保护局；英国通过《2000年金融服务与市场法》，撤销金融服务管理局，成立审慎监管局和金融行为监管局。世界银行、金融稳定委员会、金融包容联盟等国际组织发布保护金融消费权益保护的指导原则或报告，如2011年6月金融稳定委员会发布《重点涉及信贷的消费者金融保护》；2011年9月，金融包容联盟专门成立消费者扶持与市场准则工作组，宗旨是形成一套金融消费权益保护的核心原则。

　　20世纪90年代英国经济学家泰勒提出"双峰"理论。该理论认为，金融监管应着重于审慎监管和行为监管两大目标，审慎监管对有可能危害金融安全的金融机构进行监管，以防止发生系统性危机；行为监管通过对金融机构经营行为的监管，保持金融市场的公正和透明，减少或防止购买金融产品的消费者受到欺诈或其他不公平待遇，维持消费者信心。在金融消费关系中，由于信息不对称和金融消费者自身金融知识欠缺，金融机构凭借信息优势使金融消费者沦为天然的"弱者"。通过行为监管对金融消费者权益进行保护尤为需要，金融监管部门通过适当地约束和规范金融机构经营行为来主动保护金融消费者免受侵害，金融消费权益保护是行为监管的"落脚点"。

　　近年来，金融消费权益保护已成为我国监管部门的重点工作方向之一。中国人民银行和其他金融监管部门从制度建设、投诉处理、监督检查、宣传教育等方面稳步推进我国金融消费权益保护工作。中国人民银行承担了综合协调我国金融消费权益保护工作，牵头研究相关重大问题，会同相关部门拟定政策法律草案和规章制度等职责。为履行好这些职责，需要对金融消费权益保护现状有较全面的了解和认识。金融消费权益保护环境评价是对金融活动主体（包括金融产品与服务提供者及金融消费者）从事金融活动的环境状态、环境与金融活动主体之间的互动状态以及受到经济、社会、法制、习俗等因素影响的状态等进行综合评估。最近国务院办公厅发布了《关于加强金融消费者权益保护工作的指导意见》（以下简称《指导意见》），中国人民银行副行长郭庆平在《金融时报》发表了《全面贯彻〈指导意见〉加强金融消费者权益保护工作》的署名文章，郭行长指出：《指导意见》对金融消费者权益保护工作提出了全面、系统的要求，明确了金融监管部门和金融机构在金融消费者权益保护工作中的责任，将进一步规范和引导金融机构行为，促进公平竞争，保护消费者合法权益，对于维护金融稳定、促进金融支持实体经济发展都具有重大意义。人民银行积极探索和推动开展金融消费权益保护环境评估工作，对了解金融消费权益保护工作现状、提高全社会金融消费权益保护的意识、更好地保护金融消费者的权益，具有重要的现实意义，符合中央精神，体现了我国消费者权益保护工作发展方向。

2014 年，中国人民银行启动金融消费权益保护环境评价试点工作，人民银行长沙中心支行作为全国三家试点行之一，经过两年的探索与实践，与湖南大学金融管理研究中心合作，开展"湖南区域金融消费权益保护环境评估"项目研究，构建了一套区域金融消费权益保护环境评估指标体系、数理分析模型和数据采集方法，并对湖南全辖 14 个市州金融消费权益保护环境进行评估，形成了全国首个省域金融消费权益保护环境评估报告，取得了较好的工作成效。《金融消费权益保护环境评估与建设》是人民银行长沙中心支行开展试点工作的集中展示和实践成果，在全国具有一定的学习、借鉴和推广价值。

朱 红
2015 年 11 月

目　录

理论基础篇

评估方法篇

评估报告篇

理论基础篇

第1章

国际背景与现状分析

1.1 金融消费权益提出的背景及国际主流做法

1.1.1 反思金融危机：对金融消费权益保护的关注

2008 年美国次贷危机最终引发国际金融危机。自 2008 年 3 月起，短短半年时间，美国五大投资银行倒闭了 3 家。贝尔斯登因濒临破产被摩根大通收购，美林证券被美国银行收购，拥有 158 年历史的雷曼兄弟公司宣布破产保护。美国的失业率 2009 年达到 10.6%，刷新了此前 26 年的纪录。这场危机迅速波及发达国家和发展中国家，引发了世界经济的动荡，也让金融消费者付出了巨大的代价。

我们可从金融消费角度反思这次金融危机。美国银行业机构将信用评级较差的次级贷款经过证券化程序打包成次级抵押债券（CDO），出售给其他金融机构。这些金融机构为了降低风险，再次将其打包出售给本国和欧洲投资基金，最后出售给广大金融消费者。这些次级贷款在经过多次资产证券化打包后，产品结构越来越复杂，一般投资人不易识别其标的资产的高风险。随着美联储的多次加息，房地产市场降温，次贷危机爆发，标的资产的现金流断裂，投资基金所出售的次贷资产证券化产品的风险集中爆发，使得金融衍生品消费者蒙受巨大的损失。例如，2008 年前 9 个月英国 720 万个私人养老基金账户平均损失两万英镑，许多人损失了毕生养老储蓄的五分之一。

由此可见，随着金融发展和大量衍生投资品的推出，金融产品高风险和高杠杆的特征越发突出；由于信息不对称和知识水平的局限，普通金融消费者难以驾驭其风险与收益的关系，这就要求监管机构加强对金融消费权益的保护。痛定思痛，2009年6月美国政府发布的金融监管改革白皮书《金融监管改革——新基础：重建金融监管》指出，过去的金融监管体制中对金融消费者权益保护的缺失在金融危机中暴露出来，那些游离于监管体系之外的、可能引发系统性风险的金融按揭机构，通过规避监管，将一些与金融消费者的财务状况、金融素质不相匹配的，定价机制非常复杂的和风险难以计量的金融产品出售给消费者；金融消费者权益没有得到应有的关注和保护，导致不公平和欺骗性行为得以没有任何干扰地滋生和传播，几乎拖垮整个金融体系。

1.1.2　国际主流做法：出台金融消费权益保护的法案

危机后，各国认识到，忽视对金融消费权益的保护，会破坏金融机构赖以发展的公众基础，从而危及整个金融系统的稳定。因此，各国政府和国际金融机构开始注重金融消费保护，并在金融监管体制改革的制度设计中突出了对金融消费者的保护。

（一）美国

美国原有较为完善的金融消费者权益保护的法律体系。自20世纪60年代以来，美国就出台了一系列关于金融消费者权益保护的法律，包括《诚实信贷法》《金融隐私权法》《公平信贷报告法》《住宅贷款信息披露法》等，并使美国金融监管当局拥有执行这些法律的职责。美国的次贷危机暴露出其在金融消费者权益保护方面仍存在严重的监管缺陷。作为这次金融危机的发源地，美国政府近几年极力促进对本国金融消费者权益的保护，大刀阔斧地进行金融监管改革。

美国总统奥巴马于2009年5月签署了《信用卡履责、责任和公开法》，颁布该法案的目的在于禁止滥用信用卡的行为，加大发卡机构提高利率的难度，加强对金融消费者的保护，由此拉开了美国金融消费者保护体系改革的序幕。

2009年6月美国政府发布金融监管改革白皮书《金融监管改革——新基础：重建金融监管》，这份报告共88页，主要包括对金融市场的监管、对金融机构的监管、对消费者与投资者的保护、创造政府危机管理的新工具及加强金融监管的国际合作等五个方面内容。另外，该法案强化了对系统重要性金融机构的监管，强调对证券化和场外衍生品市场进行全面监管，并着重提出加强对金融产品监管以保护消费者和投资者。其目的在于汲取次贷危机的教训，建立一个更加稳定、有效和富有弹性的监管机制。2009年12月11日，美国众议院通过《多德—弗兰克华尔街改革与消费者保护法案》（简称《多德—弗兰克法案》），2010年5月20日，这一法案在美国参议院表决通过，这是自20世

30 年代"大萧条"以来美国出台的最为完整的金融监管改革法案。该法案内容丰富，有 16 个部分，共计 2319 页。法案首先提出了其目的："本法案旨在通过提高金融体系的透明度，促进其承担应尽的责任，进而提升美国金融体系的稳定性，终止金融机构'大而不能倒'的状况，防止对金融机构无止境地救助而损害纳税人的利益，保护消费者免受有害的金融服务，以及其他目标。"《多德—弗兰克华尔街改革与消费者保护法案》把消费者保护作为一项重要内容来规定，强化了美联储的消费者权益保护的职责，提出在美联储体系下建立了一个独立的、以保护金融领域消费者为专一目标的联邦监管机构——金融消费者保护局（Consumer Financial Protection Bureau，CFPB）。该机构有权制定金融消费者权益保护的相关规则，由美国联邦储备委员会向其提供经费预算。同时，CFPB 负责监管向公众提供信贷产品、信用卡等金融产品的银行和非银行金融机构的金融消费行为。对金融消费者权益进行保护是 CFPB 的主要职能，大型的非银行金融机构及资产规模超过 100 亿美元的银行或者信贷机构，及其提供的抵押贷款等相关业务均在其监管范围之内。其主要职能包括：（1）向消费者提供及时有效的信息；（2）使消费者免受不公平、欺骗、歧视等待遇；（3）对过时、过于烦琐、不必要的规定定期处理；（4）对促进金融交易公平竞争提供法律支持；（5）提高金融市场产品和服务运作的透明度和效率，加强金融服务的可获得性和创新。

（二）英国

英国是国民金融知识和金融素质相对较高的国家之一，对金融消费者权益的保护也给予了相当的重视。早在 2000 年英国议会就通过了《金融服务与市场法》，确立了金融服务管理局（Financial Services Agency，FSA）为单一的监管机构，并明确了 FSA 的四大监管目标：维护公众对金融制度的信心，促进公众对金融制度的了解，确保金融消费者得到必要的保护和减少各种金融犯罪。该法案在确认了金融消费者权益的基础上增加了大量保护金融消费者权益的法律规范，标志着金融消费者权益保护被正式列为英国金融监管目标之一。

英国在本轮金融危机后也积极推动系统性的金融改革。2009 年 7 月，英国财政部公布了《改革金融市场》白皮书，提出了金融服务的可获得性，即金融服务要确保满足金融消费者的需求；金融机构提供的金融产品对于消费者来说应该是易于理解的和透明的；金融消费者消费金融服务和金融产品时权益收到损害的，应该保护消费者向金融机构进行追索的权利等金融消费者权益保护的一系列措施要求。英国财政部还于 2010 年公布了《金融监管的新方案：判断、焦点及稳定性》，在该方案中，英国政府决定新设立一个保护消费者和对市场进行管理的专门机构——消费者保护及市场管理局，职能是对金融消费者进行专门的保护，并对相关金融机构所提供的金融服务进行行为监管。2011年2月，《金融监管的新方案：建立更坚固体系》颁布，这是英国财政部在之前方案的基础上进行修改后的，更加完整的、覆盖面更广的方案，消费者保护及市场管理局更名为金融行为监管局（FCA）。

作为英国金融消费者保护改革的关键一步，英国国会于2011年6月正式表决通过了《金融监管的新方案：改革蓝图》，这项由英国财政部负责起草的白皮书于2013年4月1日正式生效；作为此次金融监管改革的最终方案，将金融消费者权益保护作为一项重要的内容。这一方案包括：

第一，成立金融行为监管局作为金融消费者保护的专职机构。白皮书提议成立一个专门机构来负责金融行业的宏观审慎监管，最终由英格兰银行内部成立的金融政策委员会来承担这项职能，同时，将FSA进行职能分割，分别成立了审慎监管局（Prudential Regulation Authority，PRA）和金融行为监管局（Financial Conduct Authority，FCA），FCA主要负责监管投资类以及中介服务相关的金融企业，并以保护投资者和提升市场信心为主要职责。FCA可以在其金融行为监管的各个方面采取专门的方法，制定零售和批发领域相关法规。另外，FCA要求金融机构公布如何处理金融消费者投诉，以增加透明度。对于半年内收到500起及以上投诉的金融机构，需要对投诉数量、处理数量和两个月内处理结束的投诉比例进行两年一次的披露。

第二，提出"合适并且合理"（Fit and Proper）原则。该原则的基本宗旨是金融机构在向金融消费者提供服务或推销产品时，应当先对消费者进行背景调查和风险评估，评估的内容包括消费者的金融知识基础、财务状况、风险承受能力和家庭背景等，金融机构应在对金融消费者充分了解的基础上，提供具有高透明度并易于理解的产品及服务，以使得提供的产品和服务对于消费者来说是"合适并且合理"的。

此外，英国政府还通过多种方式普及金融知识，加强消费者的金融教育。通过社会教育和学校教育相结合，扩大金融教育的可及范围。以政府扶持为主，提高金融教育的预算支出，着重加强了对受到金融排斥的群体的金融教育。

（三）二十国集团（G20）

G20注意到了加强国际金融消费者保护体系的需要，并开始致力于推动建立一份适用全球范围的保护金融消费者的原则和标准。2009年9月，G20中有的国家领导人提出，"更多有效的措施需要被采取以保护金融消费者（储户和投资者）免于市场滥用，着手推动提升高质量的标准，从而确保我们当前的危机不会再次侵袭这个世界。提高标准要确保国内和国际两个范围的一致性，以使国内的管理者能够持续地适用全球标准以防止监管套利和市场保护主义的出现"。在 2010 年 10 月的 G20 峰会上，金融稳定理事会、经合组织和一些有关的国际组织被要求共同对金融消费者保护进行探索，并于下一年的峰会上进行报告回馈。提供一份强化金融消费者保护的多种选择方案，包括信息披露、市场透明度和公平交易；避免欺诈行为、市场滥用行为；多元化纠纷解决办法和救济等。于 2011 年 10 月在巴黎召开的 G20 财长和央行行长会议上，向金融稳定理事会、经合组织和一些相关的国际组织提出了在 2011 年峰会前建立金融产品和服务方面保护消费者的原则的要求，以协助 20 国集团成员国和其他国家/地区取得金融消费者保护工作的实质性进步。G20 财长和央行行长会议在 2011 年 10 月 14 日颁布了《G20 金融消费者保护高级原则。》

《G20 金融消费者保护高级原则》包括 10 项原则，其中"保护"（Protection）、"可获"（Access）、"教育"（Education）是三大重要支柱。一方面，10 项原则具有很强的普适性，能够覆盖整个金融行业的金融消费者保护的相关工作；另一方面，10 项原则不会强制某个国家实施开展相关工作，即属于自愿性的条款，G20 成员国及其他国家可以在此原则的基础上，根据自身国情对 10 项原则进行修改与完善，进而推动各国金融消费者保护框架的建设工作。

10 项原则陈述如下：（1）法律和监管框架。应将金融消费者保护纳入法律和监管框架，金融服务机构及其授权代理机构应受到相关监管部门适度的监管，修改金融消费者保护政策和教育政策时，应征求相关非政府部门的意见。（2）监管主体的角色。应明确指定监管主体负责监管金融消费者保护的情况，并赋予其相应的权力以便对不同监管主体实施联合监管。应以加强对于不同监管主体的联合监管来创造一个公平的竞争环境和金融消费市场，尤其是在跨国交易中，当有消费者权益受到侵害时，应当通过国际协作来解决问题。（3）公平、公正对待消费者。金融消费者在进行金融消费的过程中，应该全方位、全过程都受到公平、公正的待遇，尤其是面对风险承担能力弱的金融消费者时。（4）信息披露和透明度。金融机构不应当夸大收益，有意忽视风险，而应当根据金融消费者的自身情况诸如消费目的、资金实力以及专业知识水平，充分考虑金融产品的风险与收益的匹配情况，客观理性地为其提供建议与相应的金融服务。（5）金融教育和金融知识普及。（6）金融服务提供者及其授权代理机构的负责任行为。（7）防止欺骗和误导消费者。应当设立相应的控制与保护机制来保护金融消费者存款及相似的金融资产，防止发生诸如欺诈、挪用等不适当行为。（8）保护消费者数据和稳私。金融机构应当设立相关的控制与保护机制来保证金融消费者的个人信息及其资产信息。这些机制应该能够保证当资料被收集、使用和公开时有充分理由提供；并且让金融消费者有知晓其个人信息被不当利用的权利。（9）投诉处理和赔偿。司法权应确保金融消费者能够获取有效的投诉处理渠道，并有相应的高效解决机制，并且该机制是可用的、低费用的、独立的、公平的、可靠的、及时的和高效的。（10）竞争。为了给投资者在各种金融服务中提供更多选择，给服务提供者制造压力促使他们提供更多竞争产品、推进创新、保持高服务水平，国内和国际竞争市场应得到发展。

（四）世界银行

近几年，世界银行对全球各国金融消费者保护的经验进行了总结并对其进行了相应的评估。通过对亚洲、欧洲与非洲等主要国家的金融消费者权益保护的现状进行研究，世界银行在 2011 年 3 月推出了《金融消费者保护的良好经验（草案)》，在全球范围内征求建议。2012 年 6 月，世界银行正式发布了《金融消费者保护的良好经验》。该书中调查了全球不同国家和地区的零售金融市场中存在的消费者保护不足的问题，并进行了总结，吸收了一些国家的成功做法和改革经验，为各国金融消费权益保护水平的监测评估提供了一个有用的参考标准。这一标准对全球金融消费权益保护具有借鉴作用。《金融消费者保护的良好经验》指出金融消费保护的目的是确保消费者：（1）获得使他们作出知情选择的信息；（2）免予不公平或欺诈性行为误导；（3）获取争端解决机制的途径。

《金融消费者保护的良好经验》认为，一个功能完善的金融消费者保护机制能够为金融消费者提供有效的保障，使其能够行使法律赋予的权利，履行法律规定的义务。概括起来讲，一个功能完善的金融消费者保护机制应满足以下几个方面：（1）关于消费者保护机构。建议要作出恰当的机构安排，保证在金融产品和金融服务方面的消费者保护规则得以完全、客观、及时和公正的实施。（2）关于销售和披露的规则。对于全部的金融产品和服务，消费者应收到一张采用通俗语言书写的纸质（或等同的电子版本）关键信息说明，用以描述交易的关键条款。这些说明还要达到业界公认的最低限度的披露标准。（3）关于消费者账户的管理和维护。其中，金融机构应当通过书面（或等同的电子形式）尽快逐个通知消费者有关利率、手续费和其他费用的变动情况。禁止金融机构对消费者采用恶劣的债务追讨方式。（4）关于隐私和数据保护。法律应当为包括征信机构、信息报送机构和信用报告的用户在内的所有征信系统参与者之间的信息共享制定基本规则。金融机构应当确保消费者信息的保密性。（5）关于争端解决机制。金融机构应当有受理消费者投诉的途径以及明确的投诉解决程序。应当为消费者提供一个经济上可承受的、有效的、专业的和权威的争端解决机制。

（6）保障和补偿计划。法律应当确保金融监管机构在金融机构发生金融危机时能够采取合理的措施。（7）消费者自我保护能力的提升。为增强全民的金融知识水平，应当制订一个广泛的金融教育计划。（8）竞争。

1.2 我国金融消费权益保护的现状及问题

1.2.1 我国金融消费权益保护现状

随着我国市场经济的快速发展和金融改革的不断深化，金融消费权益纠纷情况频繁出现，这会诱发区域性、系统性金融风险，严重影响经济社会的健康发展。

2012 年全国金融工作会议明确提出，要"把金融消费者权益保护放在更加突出位置，加强制度和组织机构建设，加强金融消费者教育"。保护金融消费权益，对于提升金融消费者信心，维护我国金融体系稳定和可持续发展，构建社会主义和谐社会具有重要意义。

（一）组织机构

中国人民银行金融消费权益保护局于 2012 年 12 月正式挂牌运行，并在全国 31 个省（区、市）的分支机构设立了金融消费权益保护处。银监会的消费者权益保护局、保监会的消费者权益保护局、证监会的投资者保护局也相继成立。形成了一种分业监管下的"内双峰"保护模式，标志着我国在分业监管格局下开始探索金融消费权益保护体系。

此外，1984 年成立的全国型社会组织——中国消费者协会也在受理金融消费投诉，开展纠纷调查，检查金融部门不合规条款，旨在通过社会监督，保护金融消费者权益，引导金融消费合理，但其功能有其局限性。

表 1–1　　　　　我国金融消费权益保护部门概述

部门	维权机构	成立时间	主要职责
中国人民银行	金融消费权益保护局	2012.07	综合研究我国金融消费者保护工作的重大问题，会同有关方面拟定金融消费者保护政策法规草案；会同有关方面研究拟定交叉性金融业务的标准规范；对交叉性金融工具风险进行监测，协调促进消费者保护相关工作；依法开展人民银行职责范围内的消费者保护具体工作

部门	维权机构	成立时间	主要职责
银监会	银行业消费者权益保护局	2012.11	研究制定银行业消费者权益保护工作总体规划、规章制度和具体政策；调查处理银行业消费者投诉；开展银行业消费者金融教育工作等
保监会	保险消费者权益保护局	2011.04	拟定保险消费权益保护的政策法规；调查处理损害保险消费权益案件；指导开展行业诚信建设工作；督促保险企业和从业人员加强信息披露、风险提示等工作
证监会	投资者保护局	2012.01	将保护投资者合法权益作为监管重点，建立了中国证券投资者保护网，以期加强投资者保护与教育。工作重点包括培育股权文化理念，强化股东对上市公司的约束，引导上市公司增加投资者回报，有效打击证券违法犯罪等

（二）法律制度

我国至今未建立金融消费者保护专项法律制度。我国法律整体上在消费者保护方面有两个层次。一是以《中华人民共和国中国人民银行法》《中华人民共和国消费者权益保护法》《中华人民共和国商业银行法》《中华人民共和国证券法》《中华人民共和国保险法》《中华人民共和国银行业监督管理法》等核心的法律；二是人民银行、保监会、银监会、证监会等监管机构制定的规章制度，诸如中国人民银行公布的《金融消费权益保护工作管理办法（试行）》等文件。如果金融消费者与金融机构之间产生纠纷被诉至法院，只能适用《民法通则》及《合同法》中有关诚实信用、公平交易等原则作为权利主张的依据，金融消费者诸多应有权利的保护力度不够。

2009年中国银监会颁布实施《商业银行声誉风险管理指引》，形成了商业银行业务操作行为规范，督促金融机构建立内部投诉机制，以保护广大金融消费者的合法权益。

2013年7月1日，中国银行业协会组织会员银行制定并发布实施《中国银行卡行业自律公约》，从消费者权益保护出发，规范银行制度、流程和做法，以努力实现金融消费者和银行双赢。

2014年2月14日，中国银监会、国家发展改革委制定了《商业银行服务价格管理办法》，旨在规范商业银行服务价格管理活动，保护商业银行服务对象的合法权益，促进商业银行的健康可持续发展。

（三）经营行为

银行业、保险业和证券业存在未能充分披露风险信息，夸大理财产品收益率，信用卡合同条款不公平，存在捆绑销售（搭售），诱使消费者不理智消费，泄露客户个人资料等现象。

例如，2006 年发生的工、农、中、建四大银行同时宣布 ATM 跨行查询收费等。2008 年 QDII（合格境内机构投资者）的理财产品发生巨额亏损，银行相关业务部门以提高销售量为工作目标，在产品设计上过于"顺周期"取向，常采取向消费者瞒报或虚假说明理财产品的收益和风险的行为，严重忽视了消费者合法权益，以致严重损害消费者利益，相关银行也一定程度上陷入信任危机。

在投诉处理方面，目前在证监会内部仅有一套非透明的处理投资者上访的信访制度，这虽然可以在一定程度上为投资者的投诉提供一条渠道，但不是严格意义上的处理投诉、调查和纠纷的应对机制。

（四）监督管理

现有的金融消费权益的行为监管功能发挥了一定的作用。人民银行金融消费权益保护局先后组织了个人金融信息保护和银行卡领域的金融消费权益保护专项检查活动，通过检查有效督促金融机构对个人金融信息保护和银行卡领域金融消费权益保护方面存在的问题进行整改，进一步完善产品设计和内控制度。

银行业协会通过百佳、千佳示范网点创建，采用神秘人方式进行暗访，对银行业机构现场服务规范、销售规范等进行点对点监督，有效保护金融消费者权益，促进了银行业健康发展。另外，协会在引导银行收费规范、信息透明、履行社会责任、进行公众教育等方面，也发挥着重要的作用。

银监会适时发布风险提示，组织开展信用卡格式合同不合理条款自查自纠，督促化解保险代理纠纷等。证监会从市场准入和退出方面强化中小投资者保护，组织对上市公司投资回报及承诺履行情况开展专项治理。保监会扎实开展财产保险理赔验证和寿险销售误导治理工作。同时，各监管部门积极推动行为监管理念的实践，研究探索金融产品干预、金融消费权益保护评估与评价机制等新形式的监督检查活动。

1.2.2　我国金融消费权益保护存在的问题

近年来，国内的理财产品、P2P、手机银行、电子银行等方面的业务发展非常迅速，金融服务的精细化、金融产品的复杂化在不断满足金融消费多样化需求的同时，由于信息不对称、市场势力、外部性等原因，也会引发市场失灵，出现了许多侵害金融消费权益的问题和事件，可能会影响金融资源配置，破坏金融稳定，引致系统性风险。

金融消费者保护是为了保护消费者的合法权益，对金融机构进行行为监管，达到保障并增强所有金融消费者的信心和维护金融市场有序竞争的目的。我国金融消费权益保护工作起步较晚，随着国内消费者金融知识和维权意识的增强，相关部门和监管机构也逐步认识到金融消费权益保护的重要性，并根据我国实际情况，进行了积极探索。但相较于发达国家，我国金融消费者保护工作发展依旧缓慢，金融纠纷和争议还较多，金融消费者权益保护问题应当引起高度关注。

（一）金融消费信息披露不够透明

在金融全球化条件下，随着竞争的加剧，新的金融业务品种和高附加值的服务层出不穷，消费者的地位逐渐被银行等金融机构所认识，大家意识到谁赢得消费者的认可谁就能在市场上立于不败之地，因此争夺消费者的行为愈演愈烈。出于自身利益，金融机构很难客观、公正和全面地提供金融信息。在交易过程中，存在恶性竞争，夸大收益，有意隐瞒风险的现象。由于银行信息披露不充分，使消费者在不同服务提供者间进行选择的难度增大，可能影响金融消费者理想决策，造成经济上的损失。

（二）金融消费争端解决机制不完善

目前我国的监管机构内部处理消费者投诉和解决纠纷的机制相对缺失。这一机制的缺失必然会影响对各类市场参与者的监管和保护。由于金融产品的交叉销售，市场变得越来越复杂，相关问题日趋严重。

当前，遇到的金融消费权益保护问题一般采用大事化小、小事化了的方式来化解纠纷。金融市场推陈出新的速度日益加快，我国尚未形成一套由金融机构自主解决、同业调解、监管介入、金融仲裁、政府协调等多种渠道协调，有序的、完整的纠纷解决机制，导致金融消费纠纷常常不能及时有效地防范和化解。

（三）金融消费权益保护立法滞后

我国金融消费权益保护法律法规数量少、相关条款条文不够完善，并且操作性欠缺；在保护消费者的方面缺乏明确的对象，把消费者保护和投资者保护放在一起，忽视了消费者目前的市场弱势群体地位。同时，各监管机构制定的规章制度存在一些明显冲突，会导致各金融机构在执行时各自为政，严重影响法规的权威性。既有政策法规的执行效果缺乏预期保障，其应有作用大打折扣，在现有法律体系下难以保障金融消费者的合法利益。

（四）金融消费组织协调机制不健全

目前，我国的金融消费权益保护机构主要是"一行三会"和消费者协会。由于消费者协会在金融消费者维权问题上针对性和专业性不足，以及《中华人民共和国消费者权益保护法》未真正涉及金融消费者这一领域，消费者协会在金融消费权益保护工作中发挥的作用微乎其微。我国金融消费权益保护部门之间尚未建立统一协调机制，在金融混业经营日益凸显的形势下，金融消费权益保护机构无法对交叉金融产品与服务实施有效的监管。

（五）金融消费者风险认知程度低

由于金融知识有限、信息不对称，现实中金融消费者难以保证其投资、消费行为达到理性化。随着我国金融包容水平的提高，市场上涌入了许多金融消费新手，由于我国金融"扫盲"的速度明显滞后于大多数消费者了解可用金融产品和服务的需求，大部分公众缺少使用基本金融产品和服务的经验，也不了解金融服务过程中涉及的内在风险和收益。特别是对于许多农民和城市里的老年人，对金融产品的性能、纠纷解决途径等信息缺乏充分的认知，缺乏金融风险防范意识和依法维权意识。当自己的合法权益受到侵犯时，有些金融消费者考虑到请求法律援助、聘请律师代理诉讼以及向人民法院提起诉讼等程序相对复杂，费时耗力，因此望而却步，使合法权益得不到有效维护。

下面举两个典型事例进行分析。

【案例1】

场外配资引发股市暴涨暴跌

2014年11月以来，A股开始出现上扬势头，一些机构运用场外配资的高杠杆助推股市快速上涨，从中牟利。沪指从2015年2月9日的3 095.12点到2015年6月12日的5 166.35点，仅仅用了四个月的时间，沪指涨了2 071.23点，涨幅高达40.1%。面对股市的疯狂上涨，众多中小投资者携带资金蜂拥入市，大部分投资人对场外配资不知情或不够知情，将主要由场外配资引发的股市上涨误以为是源于实体经济好转和上市公司经营业绩良好引起的，没考虑到场外配资使得股票价格估值过高，其中存在着操纵股价和过度投机的行为，市场是缺乏理性的。一旦股市发生反向异动，潜在的巨大风险就很快释放出来。在股市下跌时，场外配资公司进行强行平仓，加速股市下挫。从6月12日的沪指收盘价5 166.35点跌至8月26日收盘价2 927.29点，仅仅用了两个多月的时间，跌了2 239.06点，跌幅高达43.3%。这期间广大中小投资者的利益受了严重的损害。从6月12日到9月18日，沪深总市值从71.25万亿元跌至41.91万亿元，跌了29.34万亿元，这期间股民人均损失严重。

场外配资是不合规的，处于监管之外，广大中小投资者难以获取其投入时机和投入规模的相关风险信息，从而使其投资者权益遭到侵犯，在投资过程中遭受巨额损失。若不是国家金融管理机构及时采取措施救市，这一次的股市风险爆发就很可能传递至银行业、保险业，传递至实体经济，进而引发系统性风险。

【案例2】

博沣事件

自2012年起，湖南博沣资产管理有限公司在长沙通过两家商业银行30多家网点推销信托理财产品，承诺保本保息和专款专户，利用银行工作人员进行柜台交易，以6.5%～7.8%的年收益率，吸引了大量投资者的数亿元购买。2014年12月10日，博沣公司突然关门，负责人处于失联状态，几百人的一个多亿的资金不能按时兑付，众多投资者前往银行网点索赔，堵住网点大门使其陷入瘫痪状态。由于银行网点没有让理财产品购买者充分了解该产品的信息，且存在利用银行信誉误导消费者的行为，导致金融消费者遭遇损失，且相关银行也处于被动境地。

该事件涉及的银行网点较多，一定程度上影响了银行机构在人们心目中的形象。其中一些投资者采取过激的行动，又进一步扰乱了金融秩序，影响了金融机构的正常运营。博沣事件在长沙市乃至湖南省产生了较大的负面影响。如果这类事件在一个地区频发，将使得金融体系的功能受到较大的削弱，对该地区的社会秩序和实体经济就会造成大的冲击，很有可能造成区域系统性风险。

1.2.3　金融消费权益保护的必要性

金融体系存在合成谬误问题，对单个主体来说是合理的某种经营行为，但如果成为所有主体的一致行动，则有可能破坏整个金融体系的稳定。

信息不对称是金融市场脆弱性的主要来源，处于信息弱势地位的金融消费者面对市场的不确定性往往具有一种从众心理，这种心理容易导致消费者们模仿他人的决策或者盲目听从社会舆论而作出判断。近年来各类商业银行违法违规案件时有发生，涉案金额巨大，作案方式层出不穷，不仅给金融消费者造成了重大的经济损失，也动摇了银行的社会地位和信誉。一旦客户对金融机构失去信任，从众心理的影响就会驱使公众开始挤兑金融业务，由于投资者之间这种相互传递并且彼此强化的行为，容易产生金融泡沫，加剧金融市场的非理性波动，从而可能诱发金融风波。

另外，随着银行卡、互联网的推广，一些不法分子通过伪造银行卡、短信转账、网上消费等方式诈骗资金的现象不断增多。不仅给金融消费者造成了重大的经济损失，也给银行自身信誉带来了不良影响。一旦消费者预感到金融资产、经济隐私权将受到威胁时，就会使公众脆弱的心理失去理智，如果忽视对金融消费权益的保护将会严重损害金融机构赖以发展的公众基础和公众的信心，引发"多米诺骨牌效应"，从而危及整个金融体系，爆发系统性风险。

随着金融市场的深度发展和国际化进程的加快，有必要进一步加强金融消费权益保护工作，这项工作有助于：

1. 促进金融市场的高效运转。金融消费权益保护能为消费者在金融市场上享有的合法权利提供保障，明确其责任，不仅提高了消费金融的法律地位，更为金融市场奠定了市场纪律的基础。有利于鼓励金融机构通过提供有用的金融产品和服务展开竞争，增进消费者对正规金融市场的信任与参与。

2. 改善金融机构的治理行为。金融消费权益保护着重加强对金融信息的披露和金融纠纷的问责，在提高金融服务透明度的前提下，监管部门通过现场和非现场检查结果可以了解金融机构可能规避的地方以及消费者因为处于弱势地位可能遭受侵害的区域，特别关注交叉性金融产品交易，避免金融机构利用新型产品逃避监管规则，杜绝金融机构为追求利润最大化在不同产品和市场上的套利行为，为金融机构建立良好治理的标准。

3. 增强普惠金融的影响力度。有力的消费权益保护有利于扩大金融服务的使用范围，使所有消费者都能享受到同等的待遇，并且不会对家庭产生多余风险。不到位的金融消费权益保护会导致金融产品和服务增加带来的正效应被削弱甚至消失，损害了消费者对市场的信心，降低了金融产品和服务的可获得性。

"湖南省金融消费权益保护环境评估"课题组

第 2 章
理论基点和建设思路

2.1 我国金融业宏观审慎管理制度的思考

美国金融危机的经验教训和金融体系的顺周期效应对我国金融业防范系统性风险提出了现实需求。为了防范系统性风险，我国金融业有必要建立宏观审慎管理制度。金融业宏观审慎管理制度是一个以金融稳定为目标，着力防范系统性风险，体现逆周期管理的政策体系、办事规程、行为准则、操作方法和金融运行调控机制。2012 年 6 月，中国银监会公布了《商业银行资本管理办法（试行）》，该办法已于 2013 年 1 月 1 日起实施，标志着我国银行业将在《巴塞尔协议Ⅲ》和《巴塞尔协议Ⅱ》的框架内实施监管，也预示着宏观审慎管理将进入我国金融业的操作平台。金融业宏观审慎管理制度的建立是历史与逻辑的统一，基于此，本章拟就我国金融业宏观审慎管理制度研究的基本框架作一探讨。

2.1.1 我国金融业宏观审慎管理制度的总体框架

推行宏观审慎管理需要对金融监管制度和金融运行机制实行深刻的改革，因此，我国金融业宏观审慎管理的制度研究及设计是一项亟待完成的工作。

考虑到系统性风险在不同类型金融机构之间的传递性与关联性，需采用系统科学方法分析系统性风险的产生和传播，这不仅涉及各金融机构之间的关系、金融业与监管部门和中央银行的关系、金融业与各产业的关系、金融业与经济总体的关系，还涉及银行业与证券业、保险业之间的关系。在宏观审慎管理制度设计过程中，应把系统科学方法作为研究的主要方法，将整个金融业作为一有机整体。可引入熵增加原理作为系统性金融风险控制的理论支持。金融业作为一个复杂系统，各金融机构自发的内部有序行为并不必然会保证整个金融业的有序运行。单一金融机构的自发行为会导致金融系统熵的增加，直至引致整个金融业的不稳定甚至崩溃。所以需要外部强有力的管理作为负熵的输入，强调金融系统对宏观经济运行周期性的逆周期调整，强调宏观审慎管理与微观审慎管理的有机结合，以防范系统性风险并保证金融体系的有序稳健运行。

根据以上的研究思路和所定的金融管理目标，按照金融体系时间和空间的分布特点，我国金融业宏观审慎管理制度框架体系应由逆周期的宏观调控机制、宏观审慎管理与微观审慎管理相结合的金融机构监管机制、系统性金融风险的动态预警机制三个方面构成，还应包括推行金融业宏观审慎管理制度的相关政策。

2.1.2　基于系统性风险防范的逆周期宏观调控机制

是否考虑经济周期对金融体系的影响对金融体系效率与宏观金融稳定具有关键性作用。《巴塞尔协议Ⅱ》在处理信用风险方面鼓励采用内部评级法，导致监管资本准则和规范具有很强的顺周期性。通过金融机构在经济繁荣时期和萧条时期都存在的正反馈回路机制，可以考察顺周期性所导致的系统性金融风险增加。

为了改变正反馈运行机制，需要通过改变微观审慎监管规则，建立一个基于系统性风险防范的逆周期宏观调控机制，使系统性金融风险得到有效控制。

宏观审慎管理通过逆周期宏观调控方式缓释系统性风险，因此需要研究经济周期与系统性金融风险的关系。通过经济周期景气指标可以发现，我国经济周期图形中谷底至峰顶的距离与峰顶至谷底的距离是不相等的，即经济周期具有非对称性。可以依据非线性经济模型测度经济周期不同阶段的时间跨度。系统性金融风险测度应分别考虑银行业、证券业和保险业的系统风险测度，依据三系统之间的流动性差异，应用统计指数理论来测度整个金融业的系统性风险。在考察经济周期与系统性风险关系的基础上，从资本产出水平、金融资源的配置效率以及储蓄转化为投资的效率三个角度，探讨测度我国金融体系效率的方法。

基于系统性金融风险防范的逆周期宏观调控机制的设计，重点是货币政策的引入问题和宏观经济冲击因子的确定。货币政策与宏观审慎管理具有密切的关系，前者也是后者实现目标的主要手段之一。运用系统动力学的原理和方法，构建金融系统内部运行机制的关系模型，在关系模型中引入货币政策和宏观经济冲击因子等外部变量，对逆周期的宏观审慎管理机制进行情景模拟，为逆周期的金融宏观调控提供理论依据和操作方法。

引入货币政策变量后，分析基于逆周期管理的宏观金融运行效应主要侧重在两个方面，一是系统性金融风险变化趋势以及波动程度；二是金融体系的运行效率。系统性金融风险具有可累加性特征，因此逆周期宏观调控机制具有理论上的缓释系统性风险功能。依据统计指数理论和时间序列模型考察其波动特征，并根据金融体系运行的效率评判因素构建向量自回归模型（VAR）或者联立方程模型，进而分析逆周期管理效应。这种效应包括引入外部变量后对金融体系运行机制和反馈回路的影响。

有效监测系统性风险和有效实施相关调控政策的关键是宏观经济冲击源的甄别。应根据我国国情合理选取宏观冲击因子和与系统性风险积聚相关的指标。系统性风险源识别与宏观冲击因子构造有机地联系在一起，宏观冲击因子及其构造、宏观冲击因子模型也是整体相关的。需从常规压力情景和极端压力情景两个方面的宏观冲击因子模型的分析结果，以及其中的内在关系，来确定合适的宏观冲击因子，进而确定宏观冲击因子的合理构造；因此，宏观冲击因子模型的设计不是一步到位的，而是通过反复试算和调整，其最终形式与宏观冲击因子的选定和构造联系在一起。

2.1.3　基于系统性风险防范的金融机构监管机制

从金融机构在经济周期中出现的顺周期效应出发，考察顺周期性形成的内部因素和外部因素。内部因素主要包括违约概率（PD）、违约损失率（LGD）以及预期损失（EL）和非预期损失（UL）等，外部因素包括监管资本标准、会计制度、外部评级制度等。

不同类型的金融机构对于系统性风险的敏感性不一。2008年金融危机表明，系统重要性金融机构（SIFs）因其规模大、交易对手多、组织机构复杂，与其他机构和投资者关联性较强且不可替代性较高，遭受风险时能够加剧市场波动性，影响整个金融体系的稳定性。从公司治理、内控机制、风险管理能力和风险传递途径角度定性判定系统重要性金融机构，从规模、关联性和可替代性角度并运用多元统计分析方法定量判定系统重要性金融机构。在系统重要性金融机构判定标准基础上，构建普遍适用的计量经济模型分析系统性风险的敏感程度。

将经济资本管理和资产负债比例管理有机地结合起来并引入宏观审慎监管制度之中，引导金融机构转变经营理念，建立科学合理的、可持续的激励与约束机制。经济资本管理的核心是体现经济资本对风险资产增长的约束和对资本回报的明确要求。经济资本直接对应于金融风险（非预期损失），金融机构可通过经济资本额度控制其分支机构、业务部门的风险；同时，金融机构可通过优化经济资本配置提高资本回报水平。通过标准化模型和标准化参数方法，就可以把金融机构的经济资本作为一种监管指标，这种精细化计量的指标可以弥补传统监管资本过于粗糙的缺陷。这种指标不但能够直接抑制金融机构总部的非良性资产扩张，也能够直接抑制其内部分支机构的非良性资产扩张。通过调整经济资本计算的参数（违约概率、违约损失率、风险暴露），可以改变经济资本的顺周期性。这里的关键是监管机构应依据系统性风险防范的需求调整计算经济资本的参数，当然金融机构自身也可根据监管机构的指导性意见调整经济资本参数的计算。这一工作思路完全符合中国银监会《商业银行资本管理办法（试行）》的基本精神。

资产负债比例管理是一种全方位的协调管理方法，通过一组合理的比例指标体系，实现金融机构资金来源与运用的效益性、安全性、流动性"三性平衡"。这种方法既可以作为监管的手段，也可以作为金融机构自律性管理的手段。我国自1994年开始通过监管带动自律的方式在商业银行推行资产负债比例管理，但金融机构在实施这种管理时存在局限性，因为许多比例指标只能在一级法人层次上进行管理，故没有在金融机构内部得到足够的重视。将经济资本这一概念引入到资产负债比例管理之中，使得许多资产负债比例指标能在金融机构内部不同层次进行考核，从而在很大程度上克服资产负债比例管理的局限性。许多资产负债比例指标，比如杠杆比率等，对负反馈机制的形成能起重要作用。将资产负债比例管理与经济资本管理有机地结合在一起，能通过监管制度有效遏制金融机构各项业务指标（包括监管资本、损失准备金、采用公允价值会计准则计算的利润等）的顺周期效应，能在金融机构的内部分支机构和各业务线产生强烈的激励与约束效应。

结合经济资本管理与资产负债比例管理，进行流动性管理制度设计。金融机构集中出现流动性问题是系统性风险爆发的重要标志。在分析流动性风险在金融机构间相互作用的机制基础上，研究静态监管与动态监管并行的流动性风险管理制度。静态监管即监管部门通过资产负债比例指标体系，对金融机构的流动性风险实施时点监管；动态监管即监管部门通过净流动性资产、期限错配净额、资产负债比例等流动性指标的预期变化进行压力测试，并根据压力测试的结果对金融机构的流动性实施监管。

2.1.4 基于系统性风险防范的动态预警体系

基于系统性风险的宏观金融运行监测体系和动态预警体系是金融业宏观审

慎管理制度的重要组成部分，应当从系统性风险防范角度研究金融统计标准及信息处理的规范化，并在统计信息基础上建立动态监测与预警系统。

基于系统性风险防范的金融统计数据库的标准化和规范化建设需要从国际可比性出发进行设计，从源头上规范统计信息，包括金融机构和金融工具统计分类标准、金融工具计值标准及金融统计常用术语标准等。这些标准需要根据国际货币基金组织颁布的《货币与金融统计手册》《金融稳健性评估指标编制指南》等通用文件为蓝本。

在金融统计数据库标准化建设基础上，需要制定金融机构信息披露与共享的准则并建立宏观金融运行的监测体系。这一监测体系是预警体系与相关模型构建的基础。预警体系所选择的指标应该是先行指标，滞后指标和同步指标对预警的功效和敏感性会大大降低。金融体系运行的监测主要从三个角度进行：一是自身运行情况监测，即景气监测。景气监测主要是从系统性风险防范角度对金融市场活跃程度、金融体系运行效率以及稳定性等方面进行监测。二是微观审慎管理和宏观审慎管理的匹配性监测。金融体系运行效率的改善及稳定性的保证必须坚持微观审慎管理和宏观审慎管理相匹配，这样才能实现金融业审慎管理的帕累托改进，争取帕累托最优。三是宏观金融运行对经济系统产生的效应进行监测，即效应监测。效应监测是监测经济发展过程中，金融运行对经济增长、对金融资产价格等方面的重要指标所产生的正负效应。

综观此次国际金融危机，美国等一些国家对系统性风险采取的是一种事后补救模式，存在时滞，补救付出的代价很大，也导致经济波动很大。为了避免这种被动局面，我国有必要建立系统性风险动态预警体系，以预防为主，实施动态化、持续性监管。应从预警体系构建和制度设计两方面开展研究。动态预警体系的相关制度设计重点包括分级预警监控制度、动态预警体系的数据报送制度和基于动态预警的相机处置制度。

压力测试作为一组评估方法，能够评估异常但又可能的宏观经济冲击下金融体系的脆弱性，对于监测金融体系的脆弱性、评估经济周期对金融体系的影响有着重要的意义。开发基于系统性风险动态预警的压力测试模型，主要从压力情景设置、风险指示器构造以及测试对象的系统内生性风险三个角度出发，遵循最优的逆周期调节准则，选用合理的宏观经济冲击因子，根据预警的要求确定风险指示器（如非预期损失），构建测试模型，设定预警区间。

2.2　将金融消费权益保护纳入宏观审慎管理制度

2.2.1　金融消费权益保护与宏观审慎管理的关系

（一）目标上的一致

通常以个案形式出现的金融消费权益保护问题看似相互独立，但是由于金融体系存在合成谬误问题，因金融消费者的数量众多、合力强，一旦发生重大利益问题，波及范围广且没能得到妥善处理，就有可能会引致区域系统性风险乃至影响整个金融体系的稳定。宏观审慎管理以防范系统性风险为目标。因此，金融消费权益保护工作与金融业宏观审慎管理制度的建立在最终目标上是完全一致的。

（二）监管方法上的互补

现有的宏观审慎管理制度和方法偏重于金融业的状态监管，是监管机构对某一时点各金融机构的状态进行监管，是微观审慎监管和宏观审慎监管协调创新的审慎监管方式。微观审慎监管强调的是保证单家金融机构实现稳健经营的目标，通过资本充足率、拨备率、经济资本一系列监管指标来识别和控制每个金融机构的风险；宏观审慎监管关注的是整个金融体系的稳定，把金融体系看成一个整体，以防范系统性风险为主要目标，是对微观审慎监管的补充和升华。但是审慎监管对金融市场需求方的保护不足甚至缺乏，金融机构可能会利用审慎监管漏洞，通过一些不规范的经营行为侵害金融消费者权益以实现自身利益最大化，可能导致公众对金融体系的信心下降，影响金融体系的稳定；审慎监管指标存在可操作性问题，某一时点合格的指标并不能如实反映金融机构在经营过程中的风险承担行为。缺乏过程监管和行为监管是现有宏观审慎管理制度的不足之处。

行为监管是监管机构就金融消费交易全过程对金融机构的经营行为提出的规范性要求，包括信息披露要求、确保公平交易、保护个人金融信息、建立多元化的投诉处理渠道和完善的追索赔偿机制等，以保护金融消费者的安全保障权、知悉真情权、自主选择权、公平交易权和依法求偿权等基本权利为目标。

虽然行为监管和审慎监管在具体的监管目标、监管手段等方面存在差异，但两者并不是互不相容、互相矛盾的。审慎监管的有效性直接影响到金融消费权益。如果审慎监管失灵，金融机构经营失败甚至爆发区域系统性风险，金融消费者的利益将严重受损，通过行为监管保护金融消费权益更无从谈起；行为监管是否有效，可以通过审慎监管的各项监管指标反映。有效的行为监管将规范金融机构的经营行为，将合适的金融产品和服务提供给合适的消费者，提高金融机构的资产质量，审慎监管指标也将随之优化。因此从长期来看，审慎监管与行为监管是相辅相成的。

金融消费权益保护工作涉及过程监管和行为监管，将金融消费权益保护工作纳入宏观审慎管理框架有利于这一审慎制度的完善，有利于防范系统性风险。

2.2.2　建立基于系统性风险防范的金融消费权益保护制度

我国"一行三会"已设立了四个金融消费权益保护机构，根据各自职能范围开展银行业、保险业、证券业及跨行业、跨部门的金融消费者保护工作。鉴于我国还没有关于金融消费权益保护工作的专门立法，在现行制度下，"一行三会"如何在各自专业领域内开展金融消费权益保护的工作，在开展金融消费权益保护工作方面如何协调关系，如何划分职权等都缺乏明确的理论依据和法律依据。这可能会导致不同的金融消费权益保护机构"各自为战"，给金融消费者维权增添难度。

宏观审慎管理强调整体性监管，强调合成谬误的解决。对整个金融业的审慎管理，银监会、保监会和证监会都因其工作范围实现不了，其视野也有其局限性。中国人民银行作为中央银行，承担金融业宏观审慎管理的主导和协调责任。所以，应当重视并发挥中国人民银行在金融消费权益保护工作中的综合协调作用，并将中国人民银行主导的金融消费权益保护环境评估和建设作为重要的工作内容，这也是央行承担维护金融稳定责任的题中之义。就金融消费权益保护而言，银监会、证监会和保监会主要从事专业化的行为监管，确保金融交易的公平公正和信息畅通，确保金融交易的合规性。中国人民银行从维护金融业整体稳定和系统性风险防范这一目标出发，建立统一的金融消费权益保护制度和信息共享制度，组织统一的金融消费权益保护环境评估与建设，并可分区域、分阶段实施；协调各有关部门的金融消费权益保护工作，特别是协调交叉业务和综合化业务的金融消费权益保护工作，实现专业化监管与统一监管相结合。

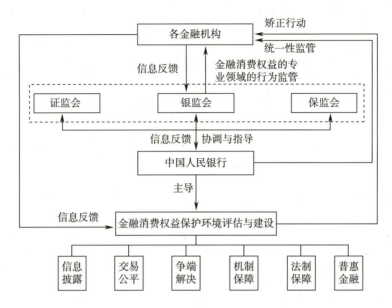

图 2 - 1　基于系统性风险防范的金融消费权益保护制度的基本框架

2.3　金融消费权益保护环境建设的基本思路

2.3.1　利用评估手段推进金融消费权益保护环境的建设

金融消费权益保护评估工作立足于整体性监管和行为监管，通过对信息披露、交易公平、争端解决等方面进行评价与估量，分析金融消费权益保护的实际运行情况，抑制高风险活动，保障金融市场的公平正义，维护金融消费者的权益。通过金融消费权益保护评估过程，可以发现存在的问题，降低试错成本，以评促建，创造一个优良的金融消费权益保护环境。

（一）评估是披露信息的有效途径

金融消费权益保护环境评估有助于向社会披露真实的金融环境信息。金融环境是动态变化的，金融消费权益保护环境评估是一种动态监管。紧跟市场变化，可根据评估结果向消费者提供在金融交易中理应了解的金融动态信息，披露金融机构在产品交易、售后服务和管理体制上的现实状况和相关信息，减少金融消费交易双方之间的信息不对称，确保消费者正确购买合适的产品和服务。

（二）评估是优化环境的有力手段

金融消费权益保护环境评估可以暴露金融交易中的瑕疵，引导消费者进行合理的消费决策，通过客户的理性选择进一步促进公平的金融消费环境形成；便于监管部门把握整个金融市场的发展形势，解决金融消费市场存在的问题，为促进金融消费市场各经营主体的行为优化提供依据；确定消费者因为处于弱势地位可能遭受侵害的区域，明确金融消费权益保护环境建设的工作重点。

1. 纠正消费者认知偏差。鉴于金融消费者多数缺乏基本金融知识，常常盲从金融机构的消费诱导。在购买产品时，产品收益率高估、产品潜在风险不能识别等现象普遍存在，消费者的认知偏差大大增加了自身利益受损的可能性。

消费者的认知偏差并不能通过信息披露得到纠正。国家的金融管理机构可以利用评估过程和结果，并利用宣传教育工具提高消费者的认知程度和行为理性，减少和避免消费者的损失。

2. 规范机构经营行为。金融机构在产品定价、交易操作和风险识别等方面具有明显的信息优势，处于信息弱势地位的消费者往往不知道或不清楚金融机构的不规范经营行为已经损害了自身消费权益。

金融消费权益保护环境评估过程的信息收集、公开发布以及后续的问题纠正措施能有效降低交易双方的信息不对称，规范金融机构的经营行为，促进金融机构充分履行信息披露、告知、公平交易等义务。

3. 突出环境建设的重点。金融消费权益保护环境的评估与建设是一项长期工作，不能一蹴而就。借鉴国际经验并根据中国的国情，我们认为以下六个方面应当是今后一段时期我国金融消费权益保护评估和建设工作的重点：（1）信息披露；（2）交易公平；（3）争端解决；（4）法制保障；（5）普惠金融；（6）机制保障。

目前，金融市场上的信息大多数靠金融机构自觉披露。金融消费者对交易对象、交易程序、售后服务、投诉渠道等依法享有知情权，因此，通过信息披露指标检查金融机构的经营规范性，减少由于信息不对称给消费者带来的权益损害。

公平交易权是金融消费者享有的主要权利之一，金融机构在与消费者进行买卖交易的过程中，往往会利用复杂化的金融产品和工具，通过金融机构交易合同中的隐含条款、不明收费等方式侵害消费者的合法权益，导致金融消费者承担的风险被放大。评估该类指标，有助于保证消费者获得质量保障、价格合理、计量正确的公平交易条件，有助于保证消费者有权拒绝经营者的强制交易行为。

金融机构应当有受理消费者投诉的途径以及明确的投诉解决程序。在争端解决中，能够便捷地反映金融消费者的诉求并有效处理金融纠纷，是衡量金融消费权益保护工作的重要标志。

法制保障是金融消费权益保护工作的有力支撑和基础保障，是依法治国方略的重要体现。司法是金融消费权益保护的最后手段，是维护金融消费权益的法律强制手段。

普惠金融反映了金融机构提供的可供金融消费者选择的产品和服务等给客户带来的可获得性，该类指标体现了金融机构提供服务的广度和深度，可体现我们这一发展中大国消除二元经济结构和二元金融结构的决心及金融手段。通过评估督促金融机构不断拓展服务渠道，完善产品体系，让更多的消费者参与金融活动，使得金融消费权益得到充分保障。

金融消费权益保护机制和制度是金融机构开展金融消费权益保护工作的基础条件。应充分利用社会主义制度为人民服务的优越性，建立有中国特色的金融消费权益保护的工作机制。该指标通过检查金融机构关于金融消费权益保护出台制度的完备性和相关工作的执行情况，评价其金融消费权益保护工作实施的效果。

2.3.2 通过科学方法落实评估工作

评估结果的可靠性取决于数据的真实性和评估方法的科学性。在评估的起步阶段，仅仅依靠金融机构和当地管理部门提供数据是远远不够的。需要采用由浅入深，调查核实，相互印证，随机抽样等方法保证评估的质量，推进评估工作的完善。

首先，要构建合理的评估指标体系。在评估指标体系的设置上，在遵循科学性、系统性、相关性、可操作性以及目标导向性等基本原则的基础上，紧紧围绕交易过程、机制保障和监管机构三大主体以及社会环境这一基础来进行。为保证指标的科学性，可以采取定量指标与定性指标相结合的方法。其次，在统计数据的收集上，要遵循数据真实、可靠的基本原则，由中国人民银行各地分支机构、各地金融监管机构、各金融机构以及相关政府部门提供原始数据，并与其他可靠来源的数据进行核实和比较，确保数据真实有效。在评估指标体系科学合理以及统计数据真实可靠的基础上，借助统计方法进行后续的评估，最终获取相应结果。最后，分析评估结果发现金融消费权益保护环境中存在的问题，并采取相应措施解决处理。

2.3.3   实施年度评估以实现阶段性目标

金融消费权益保护环境评估工作不是一个静态的过程，而是一个持续的、连贯的、不断变化的动态过程。金融消费权益保护环境评估工作不是一蹴而就的，而是需要不断发展完善的，由于经济环境和金融消费环境的复杂性、多变性、现实性，其目标的实现需要逐步的分阶段实现。在进行年度金融消费权益保护环境评估发现问题时，要在接下来的评估工作中将其视为评估重点，要对其相应的评估指标体系进行相应的修正，并通过权重调整突出对问题的强调，评估指标体系作为一个完整体，一个指标发生改变，其他的评估指标也要进行相应的修正。

（一）完善法制保障措施

法制建设是金融消费权益保护环境评估的基础，相关法律法规的设立有助于对金融机构以及监管机构形成有力的约束，营造法制氛围。制定金融消费权益保护专门立法，或适时修订《中华人民共和国中国人民银行法》《中华人民共和国银行业监督管理法》《中华人民共和国商业银行法》《中华人民共和国保险法》等相关法律，突出金融消费者合法权益特别保护的立法价值取向，增加对金融服务关系与金融消费者权益保护调整的相关规定，强化银行对金融消费者的告知、信息披露等义务。从法制层面上对金融机构内部建立金融消费权益保护工作机制提出监管要求和标准，督促金融机构有效落实制度规定。除此之外，还要积极弥补"三会"保护工作的区域空白，强化对基层金融消费者权益的保护。

（二）加强机制建设

1. 建立约束激励机制。良好的金融消费环境的构建对于维护金融消费者权益具有重要意义，它需要建立明确的激励约束机制来规范监督。对金融消费权益保护环境评估情况进行相应的等级划分，对金融消费权益保护环境评估得分良好的省市、市州、县域以及金融机构等给予相应的激励，树立标杆性和标准化消费行为模式，在等绩效评估与考核中得以体现。对上述金融消费权益保护工作突出的先进单位进行表彰，树立良好的形象。对金融消费权益保护工作落实不够完善或者不达标的市州、县域以及金融机构进行提醒或者并限制其中一些机构某些方面的业务。

2. 建立工作协调机制。随着我国金融改革的不断深化，金融业务突破原有的行业分工界限，不断融合、创新，交叉性和综合化金融业务得到不断的发展。在这样一个金融发展趋势下，建立良好的金融消费权益保护环境，仅仅依靠单个监管机构或部门完成好本职工作是远远不够的，还需要多个监管机构或部门间的综合协调。建立工作协调机制，各监管机构或部门要依照职责行使职权，各司其职、各负其责。当职能发生交叉时，不得相互推诿或过多强调本机构或部门的利益，及时有效地给金融消费者提供应有的保护；对涉及两个或两个以上的监管机构或部门需要协调配合工作时，应当重视并发挥中国人民银行在金融消费权益保护工作中的综合协调作用，以备忘录等形式对于沟通协调内容、形式、信息共享等作出工作安排。

（三）强化金融消费权益保护意识

1. 加强金融机构自律意识。金融机构因其专业性从而在金融产品交易中处于明显的强势地位，因此必须让金融机构意识到金融消费权益保护的重要性，并在开展业务时对自身的行为进行严格要求，进行自我监管，做好金融消费权益保护的第一道工作。金融机构在交易前要提供全面、清楚和通俗易懂的关于金融产品的收益和风险的信息，即保证金融产品信息的透明度；金融机构要确保金融消费者在交易过程中处于公平的地位，保障金融消费者合法的权益，防止其因处于交易中弱势地位而被侵犯权益，同时也要保证金融消费者信息安全，避免泄露。在交易后，金融消费者因金融产品的问题进行投诉和发生纠纷时，金融机构应建立自己的一套完善的处理投诉和解决纠纷的机制。为便于考量金融机构自我监管的执行力度与执行效果，监管部门或行业自律协会应建立一套标准化的评价细则，以督促金融机构的自我监管。

2. 加强金融消费者维权意识。金融消费者教育是金融消费权益保护的重要一环，借助媒体力量，多渠道、多角度地向金融消费者普及金融相关的法律知识，针对不同的消费者开展差异化的宣传策略，着重加强落后地区金融消费权益保护知识宣传，引导并教育广大金融消费者形成金融风险的防范意识和自身合法权益的保护意识。

"湖南省金融消费权益保护环境评估"课题组

评估方法篇

第3章
金融消费权益保护环境评估的指标体系

3.1 指标体系的内涵及构建原则

3.1.1 指标体系的内涵

指标体系（Indication System，IS）的建立是进行预测或评估研究的前提和基础，它是将抽象的研究对象按照其本质属性和特征的某一方面的标识分解成为具有行为化、可操作化的结构，并对指标体系中每一构成元素（即指标）赋予相应权重的过程。构建合理的指标体系，是进行金融消费权益保护环境评估的重要前提。

3.1.2 指标体系的作用

由于现象的复杂多样性，各种现象之间相互联系的性质只用个别统计指标来反映是不够的，需要设计合理的指标体系对现象进行描述。所谓统计指标体系就是指将能够说明现象的各个指标有机地结合在一起构成的一个整体，从而可以用来研究和说明现象的各个方面之间的相互依存以及彼此间的制约关系。

构建科学合理的统计指标体系对于科学研究和统计分析具有重要的意义。通过指标体系可以反映所观察现象的全貌，描述现象发展的全部过程，分析现象存在的各个矛盾，发现现象各要素对现象总体的影响程度以及如何影响现象发展方向，同时指标体系可以对影响现象的未来指标进行预测，也可以预测现象未来的发展变化趋势。

3.1.3　指标体系构建的原则

建构评估指标体系是整个评估框架中的核心问题，要使评估工具有效而可信，评估结果全面、客观、准确，评估指标体系设计应遵循以下基本原则：

1. 科学性原则。评估指标体系必须建立在科学的基础上，能够在基本概念和逻辑结构上严谨、合理，抓住评估对象的内在实质，并具有针对性。同时，充分反映行业差异、城乡差异、地区差异，对每个指标特别是重点指标，详细说明选取理由和应用方式。

2. 系统性原则。金融消费环境是一个庞大的系统，评估指标是针对不同的因素选择的，其中相互之间又存在包含关系，因此根据指标所要评估的因素首先进行分类，并根据包含关系再进行分层，最终形成层次清晰、逻辑严密的指标体系。

3. 相关性原则。指标的遴选和设置与金融消费权益保护环境评估的相关性尽量要大，同时需要考虑典型性和代表性。

4. 可操作性原则。评估指标的内涵要客观明确，用尽可能少但信息量尽可能大的指标去反映多方面的问题，信息数据易于采集且准确可靠。

5. 目标导向性原则。评估指标的选取要体现评估的目标导向，反映区域金融消费权益保护的现状，特别是有些指标的选取要体现区域普惠金融的推进与发展状况，同时发现问题，找出差距，改进区域金融消费环境服务。

3.2　金融消费权益保护环境评估指标体系的构建

3.2.1　金融消费权益保护的定义

（一）金融消费者

我国首次使用金融消费者这一概念是在银监会颁布的《商业银行金融创新指引》中，银监会已将购买银行产品、接受银行服务的顾客均视做"金融服务消费者"；保监会也将投保者视为"保险消费者"。投资者与消费者的角色尽管有重合，但用金融消费者的概念取代投资者的概念也是不恰当的。即使美国是世界上最早提出消费者权益保护的国家，也仍然将金融消费者保护与投资者保护进行了区分。

英国《2012 年金融服务法》对金融消费者这一概念做了扩展：（1）使用、曾经使用或者可能使用"受监管的金融服务"；（2）对"受监管的金融服务"

拥有相关权利或利益；（3）已经或可能投资于金融工具；（4）对金融工具拥有相关权利或利益。

目前，学术界比较一致的观点认为，金融消费是消费的一种形式，金融消费者是消费者一种类型，是消费者概念在金融领域的延伸。学界普遍套用《中华人民共和国消费者保护法》第二条中关于"消费者"的规定对"金融消费者"加以定义，有学者认为"金融消费者，是指为生活需要购买、使用金融产品或接受金融服务的个体社会成员"。

（二）金融消费权益保护

金融消费权益保护，就是针对金融消费者这一特殊群体展开的。2012 年 6 月，世界银行公布的《金融消费者保护的良好经验》认为，一个功能完善的金融消费者保护机制能够为金融消费者提供有效的保障，使其能够行使法律赋予的权利，履行法律规定的义务。概括起来讲，一个功能完善的金融消费者保护机制应满足以下几个方面：

1. 关于金融消费者保护机构。对金融消费者权益的保护要作出恰当的机制安排，以保证金融消费者在获取金融服务和使用金融产品时都有相应的规则制度使其合法权益得到保护。因此，需要进一步完善从事相关工作的领导机构的完备率、办事机构的完备率以及人员配备率等。

2. 关于销售和披露的规则。对于所有的金融产品和服务，消费者会收到一张简单的、采用通俗语言书写的纸质（或等同的电子形式）关键信息说明，用以描述关键的条款和条件。这些说明还要达到业界公认的最低限度的披露标准。带有长期储蓄成分或者高风险的金融产品或金融服务要设立一个冷静期，虽然销售证券和金融衍生品不受冷静期的约束，但是，服务提供者依然要受到有关反欺诈和投资者保护的法律、法规和行业自律规则的规制。金融机构不应将接受另一种产品或服务作为一个单独借款人购买金融产品时的附加条件。

3. 关于消费者账户的管理和维护。其中，金融机构应当通过书面（或等同的电子形式）尽快逐个通知消费者有关利率、手续费和其他费用的变动情况。禁止金融机构对消费者采用恶劣的债务追讨方式。

4. 关于隐私和数据保护。对金融消费者隐私数据的采集要通过合法合规的渠道，并对隐私数据实施严密的管理和查询机制，对于征信机构以及金融机构之间的信息共享要遵循基本的法律规范，最大限度上确保金融消费者隐私信息数据的保密性。

5. 关于争端解决机制。金融机构应当有受理消费者投诉的途径以及明确的投诉解决程序，建立健全纠纷解决机制和追索赔付机制。应当为消费者提供一个经济上可承受的、有效的、专业的和权威的争端解决机制。

6. 保障和补偿计划。对于金融消费者合法权益的保护应该设立机制保障和法制保障，使金融消费者的合法权益受到侵害时能够有法可依，自身权益能够得到及时的维护。进一步完善相应的金融消费者沟通协调保护机制和金融机构行为监管准则。

7. 消费者自我保护意识和维权能力的提高。为进一步增强全民金融知识水平和维权意识，应加强全民金融教育，金融机构应积极向公众宣传金融知识和维权知识，也可以借助媒体进行宣传，从而提高金融消费者的自我维权能力，在金融消费者权益受到损害时可以及时通过合法合规的渠道进行维权。

8. 竞争。有关金融服务方面竞争的政策要考虑到其对消费者利益的影响，特别是可能带来的或者现实存在的对消费者选择权的限制。

该报告指出金融消费保护的目的是确保消费者：（1）接收信息，使他们能够作出明智的决定；（2）不遭受不公平或欺骗性的行为；（3）有解决纠纷的追索机制。

对金融消费权益的保护应该更倾向于采取预防手段而不是坐视损害发生。这就意味着要更多地使用判断，即专业知识来判断对消费者的损害是否很可能会发生，并基于这种前瞻性分析进行相应干预。

3.2.2　评估指标构建依据

基于以上对金融消费权益保护的相关定义，以及区域金融消费权益保护环境评估的内涵，从金融主体交易流程评估、金融机构法制机制评估以及金融交易可及性评估三个角度对当前的金融消费权益保护环境进行综合评估。其所蕴含的内容至少要从六个层面考察：（1）信息披露；（2）交易公平；（3）争端解决；（4）机制保障；（5）法制保障；（6）普惠金融。立足于这6个一级指标，又进一步细分为：信息公开、制度公开；产品销售、信息保护；投诉处理、调解机制、追索赔偿；组织机构、制度设立、金融教育；司法环境、监管环境；覆盖性、便利性、满意性、消费基础等16个二级指标。其评估指标体系的构建思路见图3-1。

遵循指标体系的构建原则和构建思路结构图，湖南省所辖14个市（州）金融消费权益保护环境评估指标体系的基本结构如表3-1所示。该指标体系分为三个层次，项目层由6个指标组成，子项目层由16个指标组成，原始指标层由55个指标组成。

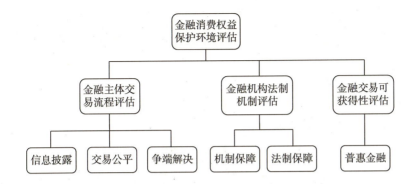

图 3 - 1 金融消费权益保护环境评估指标体系构建思路结构图

表 3 - 1 湖南省区域金融消费权益保护环境评估指标

项目层（一级指标）	子项目层（二级指标）	原始指标（三级指标）
信息披露	信息公开	未告知产品的收益与风险次数
		收费信息公示率
		业务流程未告知次数
		售后服务未告知次数
		投诉电话公示率
	制度公开	工作制度公开率
		投诉流程公开率
		责任部门和人员公开率
交易公平	产品销售	限制客户选择次数
		捆绑销售次数
		违规收费次数
		不公平格式条款个数
	信息保护	违规采集信息次数
		未建立防范措施的个数
		信息泄露次数
争端解决	投诉处理	投诉窗口设置率
		金融机构投诉电话接通率
		投诉处理时效
		投诉办结率
		投诉处理满意率
	调解机制	金融服务投诉率
		重大群体性投诉事件数
	追索赔付	赔付机制建立率
		客户索赔成功率

续表

项目层（一级指标）	子项目层（二级指标）	原始指标（三级指标）
机制保障	组织机构	领导机构完备率
		办事机构完备率
		人员配备率
	制度设立	制度制定数
		工作创新数
		未执行制度次数
	金融教育	监管机构宣传教育
		金融机构宣传教育
		媒体宣传教育
法制保障	司法环境	法庭覆盖率
		法院出台的规范性文件数
		每万人注册律师数
		纠纷案件结案率
	监管环境	现场检查率
		沟通协调机制
		消费者保护规则
		金融机构行为监管准则
普惠金融	覆盖性	银行网点密度
		保险服务乡镇覆盖率
		ATM 密度
		农村 POS 密度
	便利性	个人账户开户率
		小微企业贷款覆盖率
		农户贷款覆盖率
		农业保险参保农户覆盖率
	满意性	小微企业贷款户均余额
		农户贷款户均余额
	消费基础	人均 GDP
		城镇人均可支配收入
		农村人均纯收入
		人均个人消费贷款余额

3.3　金融消费权益保护环境评估指标及说明

金融消费权益保护环境评估作为一种先进的管理机制、技术和工具，目的是通过环境评估，有效衡量区域金融消费权益保护总体状况，并查找分析原因，提升金融消费权益保护的能力水平，促进金融消费者权益得到更有效的保护。

结合前文关于国内外金融消费权益保护的研究，在开展金融消费权益保护评估工作时应当从信息公开、交易公平、争端解决、机制保障、法制保障与普惠金融等六个方面进行考虑，特别是监管重点应放在为不同层级的个人和家庭的机遇和风险转移提供金融服务，提高消费者的金融知识水平，以及改进金融产品研发技术，保障消费者对金融产品的选择权和售后权益。金融监管机构通过对金融机构经营行为的监管，督促金融机构的一切商业行为，以金融消费者的利益为先，让金融机构向消费者提供清晰、真实、无误导的信息，防止和减少消费者受到欺诈和其他不公平待遇。

（一）信息披露

在当今金融市场上，信息不论对于金融机构还是消费者，意义都非同寻常，及时有效的信息，可以产生的价值是无可估量的。信息披露是反映金融机构经营规范性的重要性指标，是金融机构对金融消费者知情权的保护。而且，保护消费者合法权利，是金融机构的义务，金融消费者对交易对象、交易程序、售后服务等享有依法的知情权，完善的信息披露制度有助于减少由于信息不对称给消费者带来的权益损害。同时，金融机构的强势所导致的金融机构和金融消费者之间的信息不对称，是消费者权益受到损害的主要原因，因此，信息的披露与公开变得非常重要。本部分主要从信息公开和制度公开两方面评估金融机构的信息披露情况。

1. 信息公开。金融机构应当以适当方式及时向消费者公开产品相关信息和风险，借以弥补消费者对金融交易存在的认知不足，避免其权益受到损害。信息公开作为子项目层，又细分为未告知产品的收益与风险次数、收费信息公示率、业务流程未告知次数、售后服务未告知次数和投诉电话公示率等5个原始指标。

2. 制度公开。内部管理制度是消费者不知情的内容，消费者投诉受理程序、重大事项披露和相关负责人等内容都需要向公众公开，这是向社会作出保护金融消费权益的承诺。制度公开作为子项目层，又细分为工作制度公开率、投诉流程公开率、责任部门和人员公开率等 3 个指标。

（二）交易公平

公平选择权，作为国际社会以及我国消费者享有的主要权利之一，理应在金融消费领域同样受到保护。随着金融创新的速度不断加快，金融工具和产品变得愈加复杂，普通的消费者在购买金融产品的过程中，经常会被金融机构的格式合同、隐含条款、不明收费等侵害权利，交易公平应当受到重视。同时金融机构在与消费者进行买卖交易的过程中，为了实现自身利益最大化，往往会利用金融消费者的认知偏差向其推销不适合的产品和服务，导致金融消费者风险承受能力被虚假放大。因此，对等的交易地位是金融消费权益保护工作的重点，在交易中，应当尽量从保护消费者隐私和想法出发，维护其合法权益。此外，金融消费者能否平等地获得服务也是衡量交易公平的重要方面，如设立了公平贷款与机会均等办公室监督并强制执行《平等信贷法案》与《住宅抵押信息披露法案》，以确保个人或社区公平、同等、无歧视地获得贷款。主要包括产品销售，信息保护。

1. 产品销售。金融机构在自主选择、捆绑销售、收费、格式条款和差异化服务五个方面的执行情况决定了消费者在购买金融产品时是否享有同等权利。金融机构应当根据消费者自身意愿提供专业金融服务，不得定制霸王条款以获取最大利润或逃避责任。在衡量消费者平等地获得服务方面，采用涉农贷款增长率、员工贷款比例作为衡量指标。产品销售作为子项目层，又细分为限制客户选择次数、捆绑销售次数、违规收费次数、不公平格式条款个数等 4 个原始指标。

2. 信息保护。金融机构在与消费者完成交易后会获得大量客户信息，出于尊重消费者个人意愿和隐私权的考虑，金融机构不得在未经客户允许的前提下出卖或盗用相关信息，这也是对消费者交易事后情况的保护。信息保护作为子项目层，又细分为违规采集信息次数、未建立防范措施的个数和信息泄露次数等 3 个原始指标。

（三）争端解决

金融消费者权益在没有得到有效保护，并造成了消费者的相关损失的情况下，消费者需要一条有效的途径来维护自己的权益，使自己的损失得到补偿，因而争端解决机制是不可或缺的。争端解决得越好，相关机制设立越完善，说明区域金融消费权益环境保护程度越好，消费者满意度也会越高。

世界银行《金融消费者保护的良好经验》指出，金融机构应当有受理消费者投诉的途径以及明确的投诉解决程序。应当为消费者提供一个经济上可承受的、有效的、专业的和权威的争端解决机制，争端解决是衡量金融消费权益保护工作开展情况的重要标准。在争端解决中，能够便捷地反映金融消费者的诉求是争端解决的首要方面。其次对于消费者争端的处理结果、满意度和赔偿率反映了争端解决的公平性。争端解决主要内容包括投诉处理、调解机制、追索赔偿。

1. 投诉处理。投诉处理是金融消费权益保护的核心内容，及时有效地处理好金融消费者的投诉，规范投诉机制流程，是保护消费者权益的重要渠道。考虑到指标的完整性和可获得性，我们选取了投诉窗口设置率（金融机构设置的投诉窗口的数量和分布，方便金融消费者投诉）、投诉电话接通率、投诉处理时效和投诉办结率（投诉得到及时有效的处理，是衡量金融机构是否有效保护消费者权益的重要标准）、投诉处理满意率（消费者对投诉处理的满意程度是衡量消费者权益保护程度高低的标准）。

2. 调解机制。完备的调解机制是解决金融纠纷，保护消费者权益，维护社会稳定的重要方式与保障途径。处理好金融纠纷案件是衡量金融监管部门是否履行保护消费者权益职能的标准。另一方面，金融消费者保护的情况最为直接地体现在重大群体性案件的投诉量上，这是评估金融消费者权益保护最为直观的变量。调解机制作为子项目层，又细分为金融服务投诉率和重大群体性投诉事件数等2个原始指标。

3. 追索赔偿。金融消费者在消费过程中权益受到侵害的最直接体现就是资产受到全部或部分损失，因此追索赔偿的结果是金融消费者权益保护最终效果的体现，是衡量权益保护的重要指标。主要选择的指标有赔付机制建立率（体现消费者获得损失赔偿的流程机制、制度的完整性）、客户损失获赔率（消费者获赔的价值占损失的价值）作为原始指标。

（四）机制保障

完善的机制和制度是金融消费权益保护的基础条件，没有健全的保护机制，就无法开展金融消费权益保护工作。金融机构在这方面的完善既是对消费者的保护，也是对自己客户的维护，是自己效益的保障，主要包括组织机构、制度设立、金融教育。

1. 组织机构。金融消费权益保护的机构建设，最直接地体现了金融消费者是否维权有路、维权有道，该指标主要考察相关机构金融消费权益保护机构的组织建设情况以及人员准备。主要指标可分为两部分：金融机构内部的部门建设和监管机构部门建设，具体是领导机构完备率、办事机构完备率和人员配备率等3个原始指标。

2. 制度设立。制度是一个机构开展工作的标准和保障。一方面指金融消费权益保护相关规定的数量，即制度制定数。制度的设立是金融消费权益保护的重要保障。另一方面，需要根据当前的金融消费权益保护环境现状以及当前宏观层面的金融消费环境情况建立消费者保护工作相关的创新制度，从而能更好地服务于消费者，切实落实好对金融消费权益的保障工作。其次，制度的设立是保障，但是切实落实好才是工作重点，因此金融监管部门要加强监督各金融机构制度执行情况，定期统计各金融机构未执行金融消费权益保护相关制度规定和违反制度的个数，从而提高制度执行率，保证制度的执行效果。组织机构下设具体指标有制度制定数、工作创新数和未执行制度次数等 3 个原始指标。

3. 金融教育。对消费者金融维权知识的教育既是金融监管部门的义务，同时也是金融机构和媒体的义务，对消费者的教育做得好不好，直接反映了一个地区对保护金融消费者合法权益的重视程度。主要体现在监管机构、行业协会和消费权益保护机构向社会公众宣传金融知识和金融维权知识、金融机构向社会公众宣传金融知识和金融维权知识、媒体宣传报道金融消费权益保护知识或事件，从而在各个工作层面都能落实对金融消费者金融消费权益保护与维权等相关金融知识的普及。当消费者消费权益受到侵犯时能够通过合法合规的渠道主动维权，尽可能减少自身损失。因此金融消费者自身金融知识水平与素质高低将直接决定金融消费者保护自身权益的能力，而且对区域金融消费权益保护具有重要影响。在指标设定上，具体为监管机构宣传教育、金融机构宣传教育和媒体宣传教育等 3 个原始指标。

（五）法制保障

十八大以来，我国正全面推进依法治国，依法维权也是依法治国的必然要求，因此法制保障也是金融消费者权益保护的重要方面。法制保障可总结为两个方面：司法环境和监管环境。消费权益受到侵犯时需要司法部门的处理，因此司法环境对于维护金融消费权益意义重大。主要体现在法律机构与法律从业人员的数量以及纠纷案件处理等方面。其次，法制保障还体现在对司法公正、公平、公开性的监督以及相关规范法律法规文件的出台上，金融消费者权益保护需要法律依据，法律依据不仅是消费者权益保护的强有力保障，同时也是对金融机构行为的重要监管手段，这都体现了我国依法治国基本方略。

1. 司法环境。司法是金融消费权益保护的最后手段，但也是最直接、最有效的决定金融消费权益最终能否得到有效维护的指标。考虑到指标的简洁性和数据的可获得性，选取法庭覆盖率和法院出台的规范文件数 2 个原始指标，即法院和法庭的设置是否方便消费者随时随地提起诉讼，是否出台了保护金融消费者合法权益的审判指导性和规范性文件。另外，还加入了每万人注册律师数量，及法律人员的人员配备水平是否能够满足金融消费者维权的需要。

2. 监管环境。"一行三会"以及行业自律组织等金融监管组织机构是金融消费权益保护环境中的重要主题，通过对金融机构行为监管、出台规范性法律法规文件、加强对金融消费权益保护环境的调控等多种方式，指导和规范金融机构金融消费权益保护措施的实施，在金融消费权益保护环境中发挥着重要的作用。监管环境作为子项目层，又细分为现场检查率、沟通协调机制、消费者保护规则和金融机构行为监管准则等4个原始指标。

（六）普惠金融

随着金融业的快速发展，金融消费逐渐渗透到消费者的各个生活领域。发展普惠金融有利于克服现有金融体系的弊端，增强社会公平，促进和谐社会建设。不断提高金融服务的可获得性，满足其弱势产业、弱势地区、弱势群体的基础金融服务需求，是发展普惠金融的重要内容。普惠金融与金融消费权益保护之间是相辅相成的，二者都是对金融消费者权利的强调与保护，目标都是促进金融业稳健发展。普惠金融是区域金融消费权益保护环境评估的重要指标。消费者有权享有金融机构提供的必要的交易便利，并对金融普惠程度进行反馈监督。因此。我们要认真贯彻落实党的十八届三中全会精神，积极探索，不断推进我国普惠金融体系建设。在本次评估中，普惠金融指标设置的具体内容主要包括覆盖性、便利性、满意性以及消费基础。

1. 覆盖性。金融体系的弊端在当前的经济环境下越来越突出，其中较为突出的就是金融服务的覆盖性不足，金融服务越来越倾向于高端的客户，而忽略了金融市场中存在较大发展潜力的小微企业客户、私营企业主以及零散的个人客户，金融覆盖面狭隘，因此一部分金融服务对象无法通过合法合规的途径取得金融服务。因此，发展普惠金融要从广度和深度上进一步完善金融体系，从而最大限度地提供金融服务，提高金融服务的覆盖率。覆盖性作为子项目层，又细分为银行网点密度、保险服务乡镇覆盖率、ATM密度和农村POS密度等4个原始指标。

2. 便利性。消费便利性对金融消费环境有着非常重要的影响，通常讲的消费环境更多地与消费便利度息息相关，便利度也是金融消费者的基本权益之一，既反映了一个地区金融服务和产品的可获得性，也是该地区普惠金融发展的重要指标。该二级指标与下面4个原始指标密切相关：个人账户开户率、小微企业贷款覆盖率、农户贷款覆盖率和农业保险参保农户覆盖率。

3. 满意性。金融消费者的满意性评估是衡量区域金融消费权益保护环境好坏以及普惠金融发展水平的重要衡量标准。对金融消费者满意性进行评估是反映当前发展普惠金融的措施手段是否有效的重要途径，通过评估消费者满意度，也为当前普惠金融中金融消费者方面的制度、措施以及设施设置等方面进行不断改善提供了重要的依据。满意性在指标设置上主要包括小微企业贷款户均余额和农户贷款户均余额等2个原始指标。

4. 消费基础。消费作为拉动 GDP 增长的"三驾马车"之一，消费基础的提高对于经济增长具有重要的推动作用。消费基础是金融消费者进行消费的重要前提。随着普惠金融的发展，金融服务覆盖性、便利性与满意性的提高，金融消费者的消费环境进一步改善，金融消费活动逐渐增多，金融消费权益保护势在必行，因此评估中也将消费基础纳入指标体系之内。消费基础作为子项目层，又细分为人均 GDP、城镇人均可支配收入、农村人均纯收入、人均个人消费贷款余额等 4 个原始指标。

"湖南省金融消费权益保护环境评估"课题组

附表 3 - 1

2015 年湖南区域金融消费权益保护环境评估指标体系说明

项目层 （一级指标）	子项目层 （二级指标）	原始指标 （三级指标）	单位	计算及说明	数据来源
信息披露	信息公开	未告知产品的收益与风险次数	次	未向金融消费者如实告知金融产品的收益和风险，夸大收益、隐瞒风险、误导消费者、欺诈销售的次数（-）	金融机构、监管机构
		未告知业务流程次数	次	未向金融消费者提供金融产品或服务业务流程的次数（-）	金融机构、监管机构
		未告知售后服务次数	次	未向金融消费者提供金融产品或服务的售后服务次数（-）	金融机构、监管机构
		收费信息公示率	%	公示产品和服务收费规定的金融机构数/金融机构总数（+）	金融机构
		投诉电话公示率	%	设置投诉电话公告牌的金融机构数/金融机构总数（+）	金融机构
	制度公开	工作制度公开率	%	公开金融消费权益保护相关制度或向社会作出金融消费权益保护承诺的金融机构数/金融机构总数（+）	金融机构
		投诉流程公开率	%	在营业网点醒目位置对外公布投诉流程的金融机构数/金融机构总数（+）	金融机构
		责任部门和人员公开率	%	公开金融消费权益保护责任部门和人员的金融机构数/金融机构总数（+）	金融机构

续表

项目层 (一级指标)	子项目层 (二级指标)	原始指标 (三级指标)	单位	计算及说明	数据来源
交易公平	产品销售	限制客户选择次数	次	金融机构限制金融消费者自主选择的次数（-）	金融机构、监管机构
		捆绑销售次数	次	金融机构在销售金融产品或提供金融服务时有搭售行为的次数（-）	金融机构、监管机构
		违规收费次数	次	金融机构违反规定向客户收取费用的次数（-）	金融机构、监管机构
		不公平格式条款个数	个/次	金融机构作出排除或者减轻或者免除经营者责任、加重金融消费者责任等对消费者不公平、不合理的格式条款个数（-）	金融机构、监管机构
	信息保护	违规采集信息次数	次	金融机构违反法律、法规的规定和双方的约定收集消费者个人信息的次数（-）	金融机构、监管机构
		未建立防范措施的个数	个	金融机构未建立个人金融信息保护内控制度和防范措施的金融业务和软、硬件系统的数量（-）	金融机构、监管机构
		信息泄露次数	次	金融机构泄露、非法使用或非法对外提供客户个人金融信息的次数（-）	金融机构、监管机构
争端解决	投诉处理	投诉窗口设置率	%	设置投诉窗口或明确投诉受理人员的金融机构数/金融机构总数（-）	金融机构
		金融机构投诉电话接通率	%	金融机构的投诉电话接通次数/投诉电话总次数（+）	金融机构
		投诉处理时效	%	金融机构在规定时限内处理完毕的投诉次数/投诉总次数（-）	金融机构、监管机构
		投诉办结率	%	金融机构投诉办结数/受理投诉总数（+）	金融机构、监管机构
		投诉处理满意率	%	投诉人对金融机构处理投诉的满意次数/投诉总次数（+）	金融机构、监管机构

续表

项目层 （一级指标）	子项目层 （二级指标）	原始指标 （三级指标）	单位	计算及说明	数据来源
争端解决	调解机制	纠纷解决机制	个	区域建立独立、专业、有效的金融消费纠纷第三方解决机制的数量（＋）	地方政府、人民银行
		金融服务投诉率	次/万人	金融消费者向金融监管部门投诉、提起诉讼和仲裁的数量/地区总人口（万人）（－）	金融机构、监管机构、法院、仲裁机构、统计局
		重大群体性投诉事件数	次	投诉人在30人（含）以上的投诉事件或30人以下严重影响监管机构或金融机构正常办公秩序或社会稳定的投诉事件（－）	金融机构、监管机构
	追索赔付	赔付机制建立率	％	辖内已建立赔付机制的金融机构数/辖内金融机构总数（＋）	金融机构、监管机构
		客户索赔成功率	％	当事人获赔的人次/诉求赔偿的总人次（＋）	金融机构、监管机构、法院、仲裁机构
机制保障	组织机构	领导机构完备率	％	辖内市县两级金融机构成立金融消费权益保护工作领导小组数/辖内市县两级金融机构总数（＋）	金融机构、监管机构
		办事机构完备率	％	辖内确定金融消费权益保护工作具体负责部门的市县两级金融机构数量/辖内市县两级金融机构数量（＋）	金融机构、监管机构
		人员配备率	％	辖内市县两级金融机构确定专人负责金融消费权益保护工作数量/辖内市县两级金融机构总数（＋）	金融机构、监管机构
	制度设立	制度制定数	个	金融机构建立金融消费权益保护方面的内部控制体系、产品和服务的信息披露规定、投诉处理管理办法、金融知识宣传教育规划、工作报告制度、工作监督考评制度、重大突发事件应急预案等制度的数量（＋）	金融机构、监管机构
		工作创新数	个	金融机构金融消费权益保护工作创新的数量（＋）	金融机构、监管机构
		未执行制度次数	个	金融机构未执行金融消费权益保护相关制度规定和违反制度的个数（－）	金融机构、监管机构

续表

项目层 （一级指标）	子项目层 （二级指标）	原始指标 （三级指标）	单位	计算及说明	数据来源
机制保障	金融教育	监管机构 宣传教育	次	监管机构、行业协会和消费权益保护机构向社会公众宣传金融知识和金融维权知识的次数（＋）	监管机构、行业协会、消费者权益保护机构
		金融机构 宣传教育	次	金融机构向社会公众宣传金融知识和金融维权知识的次数（＋）	金融机构
		媒体宣传教育	次	媒体宣传报道金融消费权益保护知识或事件的次数（＋）	主流媒体
法制保障	司法环境	法庭覆盖率	%	辖内设置的县（市、区）一级法院数量＋农村乡镇法庭数量/辖内县（市、区）数量＋农村乡镇数量（＋）	法院、统计局
		法院出台的规范性文件数	个	辖内市县两级法院出台专门的金融消费权益保护方面的审判指导性文件（或包含金融消费权益保护内容条款的审判指导文件）数量（＋）	法院
		纠纷案件胜诉率	%	自然人金融类纠纷案件胜诉数/法院受理的自然人金融类纠纷案件总数（－）	法院
	监管环境	现场检查率	%	监管机构检查的金融机构数/金融机构总数（＋）	人民银行、银监部门、物价部门
		沟通协调机制	个	监管机构之间订立或者制定金融消费权益保护方面的备忘录、会议纪要、联席会议等制度的数量（＋）	监管机构
		消费者保护规则	个	监管机构制定管理制度、投诉处理等金融消费权益保护规则的数量（＋）	监管机构
		金融机构行为监管准则	个	金融监管机构制定的金融机构行为监管准则数量（＋）	监管机构

续表

项目层 （一级指标）	子项目层 （二级指标）	原始指标 （三级指标）	单位	计算及说明	数据来源
普惠金融	覆盖性	银行网点密度	%	银行网点数量/常住人口（每十万人）（+）	人民银行统计年鉴
		保险服务乡镇覆盖率	%	具有保险服务网点的乡镇数量/乡镇数量（+）	保监局、保险公司统计年鉴
		ATM密度	%	ATM等自助设备数量/常住人口（每十万人）（+）	人民银行统计年鉴
		农村POS密度	%	行政村POS机数量/行政村数量（每十万人）（+）	人民银行统计年鉴
	便利性	个人账户开户率	%	个人银行账户数/常住人口（+）	人民银行统计年鉴
		小微企业贷款覆盖率	%	在银行业金融机构有贷款余额的小微企业贷款笔数/小微企业数量（+）	人民银行统计年鉴
		农户贷款覆盖率	%	在银行业金融机构有贷款余额的农户贷款笔数/农户数量（+）	人民银行统计年鉴
		农业保险参保农户覆盖率	%	农业保险参保农户数量/农户数量（+）	人民银行、保监部门统计年鉴
	满意性	小微企业贷款户均余额	元	小微企业贷款余额/小微企业贷款户数（+）	人民银行统计年鉴
		农户贷款户均余额	元	农户贷款余额/农户贷款户数（+）	人民银行统计年鉴
	消费基础	人均GDP	元/人	以统计局公布的数据为准	统计局
		城镇人均可支配收入	元/人	以统计局公布的数据为准	统计局
		农村人均纯收入	元/人	以统计局公布的数据为准	统计局
		人均个人消费贷款余额	万元	个人消费贷款余额/常住人口个人消费贷款余额（+）	人民银行、统计局

第 4 章

基于层次分析法权重的确定及评估步骤

4.1 评估数据来源及说明

本课题组评估使用的数据分为统计数据和调查数据。统计数据由中国人民银行长沙中心支行和中国人民银行湖南省内各市州中心支行提供。所采集的数据为 2014 年的数据。其中信息披露、交易公平方面的数据来自各地金融机构、金融监管机构等。争端解决方面的数据来自各地金融机构、金融监管机构、法院、仲裁机构等。机制保障方面的数据主要来自各地金融机构、金融监管机构等。法制保障方面的数据来自各地法院、司法局、统计局、中级法院、人民银行、银监会、物价部门、监管机构等。普惠金融方面的数据来自人民银行湖南省内各分支机构、统计年鉴等。

我们采用专家打分的方式确定层次分析法中相关指标权重。由高校专家学者、银行业专家以及银行系统相关部门人员填写征求意见表，确定指标体系中的子项目之间和项目之间两两相对的重要程度，并打出相应分值，课题组根据层次分析法原理，对这些意见表进行处理，得出相应权重。专家征求意见表见附表 4-1。

4.2 层次分析法基本原理

4.2.1 层次分析法的基本介绍

层次分析法（Analytic Hierarchy Process，AHP）是将与决策有关的元素分解成目标、准则、方案等层次，在此基础之上进行定性和定量分析的决策方法。该方法是美国运筹学家匹茨堡大学教授托马斯·塞蒂（T. L . Saaty）于20世纪70年代初在为美国国防部研究"根据各个工业部门对国家福利的贡献大小而进行电力分配"课题时，应用网络系统理论和多目标综合评价方法，提出的一种层次权重决策分析方法。

层次分析法作为一种定性和定量相结合的、系统化、层次化的分析方法。具有如下优点：

1. 从系统视角出发的分析方法。层次分析法是一种常见的系统分析的工具，通过把研究对象看做一个完整的系统，再综合运用像分解、比较判断等思维方式，从而对研究对象进行相关的决策。把研究对象看做一个整体的关键思想在于能够注意到各个因素之间的相互影响而不是将其分割开来；对层次分析法中不同层次赋予权重，各层次的权重将会对结果产生一定的影响；并且可以将不同层次中每个因素对结果产生的影响进行量化。

2. 简洁实用的决策方法。层次分析法对数学方面的知识要求不高，也不是简单注重行为、逻辑以及推理等方法，而是把定性分析与定量分析结合起来，把系统分解成若干部分进行分析，能够把人们在层次分析法中的思维过程数学化、系统化，便于人们理解接受，这样就可以把那些有着多重目标和多重准则，并且难以进行量化的决策问题转化成多层次单一目标的问题。将同一层次元素与上一层次元素进行比较，确定其数量关系，再进行相应的数学计算。这样的话，即使是没有相应专业知识背景的评价者也可以对层次分析法的基本原理有一定的了解，并能掌握该方法及进行相关的计算；另外由于计算结果简单明了，便于决策层了解具体情况与进行决策。

3. 对于定量数据信息要求较少。相比于一般的定量分析方法，层次分析法更注重对研究对象的本质与要素的理解，因此更注重于定性分析后再进行相应的判断。再者，层次分析法通过模拟人类进行决策时的思维过程，把对各要素重要性的判断交给大脑，这样就可以把大脑对要素重要性的判断转化成相对简单的权重并进行相应的计算。

4.2.2　运用层次分析法进行评估的基本步骤

经过上文中标准化处理的数据，即可用于各指标得分的计算。根据层次分析法的要求，指标得分逐层汇总时需要确定各层次指标的权重。对于原始指标层，我们分别采用简单平均归一化确定指标的权重。对于项目层和子项目层各指标，我们采用层次分析法确定各指标的权重。确定各层次指标权重的方法如表4-1所示：

表4-1　　　　　　　　　　　各层次指标权重的方法一览表

项目层	子项目层	指标层
层次分析法	层次分析法	简单平均归一化

运用层次分析法建模，大体上可按下面四个步骤进行：（1）建立递阶层次结构模型；（2）构造成对比较（判断）矩阵；（3）层次单排序及一致性检验；（4）层次总排序及一致性检验。

（一）建立递阶层次结构模型

将决策所考虑的因素、所达到的目标和决策对象按它们之间的相互关系的重要性分为最低层、中间层和最高层，并绘出相应的层次结构图。层次结构图如图4-1所示：

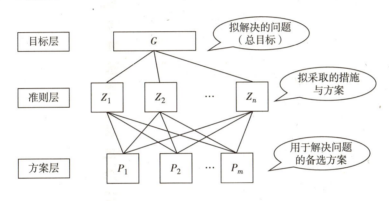

图4-1　层次结构图

（二）构造成对比较（判断）矩阵

1. 判断矩阵的构造。构造判断矩阵需要根据各层次之间的隶属关系以及同层次的各个指标的相对重要性，即通过两两比较同一层次中的各指标对上一层次某指标的相对重要性，并赋予一定的权重分值。在这里，我们采用 T. L. Saaty 提出的比较标度法，如表4-2所示。

表4-2　　　　　　　　　　　　判断矩阵的比较标度

标度	定义	说明
1	两个元素同样重要	判断矩阵的主对角线元素为1
3	i 元素比 j 元素稍微重要	$a_{ij} = \dfrac{1}{a_{ji}}$ 或 $a_{ji} = \dfrac{1}{a_{ij}}$
5	i 元素比 j 元素明显重要	
7	i 元素比 j 元素重要得多	
9	i 元素比 j 元素极端重要	此为两元素间的最高差别
2, 4, 6, 8	上述两相邻判断的中间值	

根据 T. L. Saaty 的比较标度法，几个进行比较的指标构成了判断矩阵：

$$A = (a_{ij})_{n \times n}$$

其中，a_{ij} 为针对上一层次的某指标而言，指标 a_i 比较 a_j 的相对重要性程度，被称为比例标度。

则针对上一层某指标，判断矩阵 $A = (a_{ij})_{n \times n}$ 如下所示：

$$A = \begin{vmatrix} a_{11} & a_{12} & \cdots & a_{1n} \\ a_{21} & a_{22} & \cdots & a_{2n} \\ \cdots & \cdots & \cdots & \cdots \\ a_{n1} & a_{n2} & \cdots & a_{nn} \end{vmatrix}$$

其中，$a_{ii} = 1$，$a_{ij} > 0$，$a_{ij} = \dfrac{1}{a_{ji}}$。判断矩阵记做 $A = (a_{ij})_{n \times n}$，$A$ 为正互反矩阵。在本次评估中运用层次分析法，计算的子项目层判断矩阵及一致性检验结果见附表 4 - 2。

2. 计算各层次指标的权重。

（1）原始指标层权重的确定。简单平均归一化较为简单，此时原始指标层指标权重仅与其上属子项目层指标所包含的原始指标个数相关，即为该个数的倒数，以调解机制为例，其下属原始指标个数为 3，分别为金融服务投诉率和重大群体性事件数，则其权重 ω_{321}、ω_{322}、ω_{323} 均为 1/3 在原始指标层的权重。运用这两个权重就可求得上述两个指标对应的子项目层指标债权保护的分数，即为

$$调解机制 = 纠纷解决机制 \times \omega_{321} + 金融服务投诉率 \times \omega_{322}$$
$$+ 重大群体性事件数 \times \omega_{323}$$

同理可计算出信息公开、制度公开、产品销售、信息保护等其他 15 个子项目层各指标所包含的原始指标的权重。运用简单平均归一化方法确定的原始指标层各指标权重参见附表 4 - 3。

（2）根据判断矩阵计算各指标权重。根据判断矩阵提供的信息，可以用幂法求解得到特征根和特征向量。最常用的求解方法有求和法和方根法。设判断矩阵 A 的元素为 a_{ij}，$i, j = 1, 2, 3, 4, \cdots, n$，特征向量 W 的分量为 w_i。

①求和法：

a. 将判断矩阵每一列作归一化处理：$\bar{a}_{ij} = \dfrac{a_{ij}}{\displaystyle\sum_{k=1}^{n} a_{kj}} (i, j = 1, 2, \cdots, n)$

b. 求出每一行各元素的和：$\overline{W}_i = \sum\limits_{j=1}^{n} \overline{a}_{ij}(i = 1,2,\cdots,n)$

c. 对其进行归一化处理：$W_i = \dfrac{\overline{W}_i}{\sum\limits_{j=1}^{n} \overline{W}_j}(i = 1,2,\cdots,n)$

其中，W_i 即本层各要素对上一层某要素的相对权重向量。

②方根法：

a. 计算判断矩阵每一行元素之乘积：$M_i = \prod\limits_{j=1}^{n} a_{ij}(i,j,\cdots,n)$

b. 计算 M_i 的 n 次方根：$\overline{W}_i = \sqrt[n]{M_i}(i,j,\cdots,n)$

c. 对 $\overline{W}_i$ 进行归一化处理：$W_i = \dfrac{\overline{W}_i}{\sum\limits_{j=1}^{n} W_j}(i,j,\cdots,n)$

我们采用比较简便的求解方法，即方根法，确定的项目层与子项目层的指标权重参见附表 4 – 4。

（三）层次单排序及一致性检验

层次单排序是指对于上一层某要素而言，本层次各要素的重要性次序。所谓一致性是指判断思维的逻辑一致性。例如，当甲比丙极端重要，而乙比丙稍微重要，显然甲一定比乙重要。这就是逻辑思维的判断一致性，否则判断就会矛盾。所以需要进行一致性检验，即评估判断矩阵的可靠性。

在进行一致性检验之前，首先要计算最大特征值 $\lambda_{\max}$。上述计算得到的 ω_i 能否作为下层要素对上层某要素排序的依据呢？需要检验判断矩阵中的 a_{ij} 值之间是否具有一致性，即 $\forall i,j = 1,2,\cdots,n$，有 $a_{ij} = a_{ik}/a_{kj}(k = 1,2,\cdots,n)$，其原理为 ω_i 标志第 i 个要素的重要程度，当判断矩阵具有一致性时，$a_{ij} = \omega_i/\omega_j$，因而判断矩阵可写做：

$$A = (a_{ij})_{n\times n} = \begin{vmatrix} \dfrac{\omega_1}{\omega_1} & \dfrac{\omega_1}{\omega_2} & \cdots & \dfrac{\omega_1}{\omega_n} \\ \dfrac{\omega_2}{\omega_1} & \dfrac{\omega_2}{\omega_2} & \cdots & \dfrac{\omega_2}{\omega_n} \\ \vdots & \vdots & & \vdots \\ \dfrac{\omega_n}{\omega_1} & \dfrac{\omega_n}{\omega_2} & \cdots & \dfrac{\omega_n}{\omega_n} \end{vmatrix}$$

$$AW = A \begin{bmatrix} \omega_1 \\ \omega_2 \\ \vdots \\ \omega_n \end{bmatrix} = n \begin{bmatrix} \omega_1 \\ \omega_2 \\ \vdots \\ \omega_n \end{bmatrix} = nW$$

这里 n 为特征值,当判断矩阵完全一致时有 $\lambda_{max} = n$,而当判断矩阵在一致性上存在误差时有 $\lambda_{max} > n$,误差越大,$(\lambda_{max} - n)$ 的值就越大。其中:

$$\lambda_{max} = \frac{1}{n} \sum_{i=1}^{n} \frac{\sum_{j=1}^{n} a_{ij} \omega_j}{\omega_i}$$

一致性检验的计算步骤如下:

(1)计算随机一致性指标(Consistency Index,CI):

$$CI = \frac{\lambda_{max} - n}{n - 1}$$

其中,λ_{max} 为判断矩阵的最大特征根,且满足式 $\lambda_{max} = \frac{1}{n} \sum_{i=1}^{n} \frac{\sum_{j=1}^{n} a_{ij} \omega_j}{\omega_i}$。

因判断矩阵的阶数 n 越大时,一致性越差,为消除阶数对一致性检验的影响,引进修正系数 RI(Random Index),并最终用一致性比率 CR 值作为判断矩阵是否具有一致性的检验标准。

(2)计算一致性比率(Consistency Ratio,CR):

$$CR = \frac{CI}{RI}$$

其中,RI 为平均随机一致性指标,由表 4-3 查得。

表 4-3　　　　　　　　平均随机一致性指标

矩阵阶数	1	2	3	4	5	6	7	8	9	10
RI	0	0	0.58	0.89	1.12	1.26	1.36	1.41	1.46	1.49

一致性的判定:

当 $CR < 0.1$ 时,则认为判断矩阵的一致性可以接受;

当 $CR > 0.1$ 时,则应对判断矩阵作适当的修正。

通过汇总专家调查问卷,本课题组得到项目层和子项目层的判断矩阵,并且计算每个判断矩阵的 CR 值。

(四)层次总排序及一致性检验

确定某层所有因素对于总目标相对重要性的排序权值过程,称为层次总排序。该过程是从最高层到最底层依次进行的，对于最高层而言，其层次单排序的结果就是总排序的结果。参考图4-2，设 B 层 m 个元素对于总目标 Z 的权数排序（特征向量）依次为 $b_1, b_2, \cdots, b_m$，C 层的 n 个元素对于 B 层中因素 B_j 的层次单排序（特征向量）为 $c_{1j}, c_{2j}, \cdots, c_{nj}(j = 1, 2, \cdots, m)$。则 C 层对于总目标的权数排序为：$c_1, c_2, \cdots, c_n$，其中，$c_i = \sum_{j=1}^{m} b_j c_{ij}$。

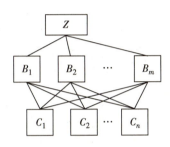

图4-2 层次结构图

设 C 层 $C_1, C_2, \cdots, C_n$ 对于上层 B 层中因素 B_j 的层次单排序一致性指标为 CI_j，平均随机一致性指标 RI_j，则层次总排序的一致性比率为

$$CR = \frac{a_1 CI_1 + a_2 CI_2 + \cdots + a_m CI_m}{a_1 RI_1 + a_2 RI_2 + \cdots + a_m RI_m}$$

一致性的判定：

当 $CR < 0.1$ 时，则层析总排序通过一致性检验；

当 $CR > 0.1$ 时，则应对判断矩阵作适当的修正。

在本评估中各要素权重结果见图4-3：

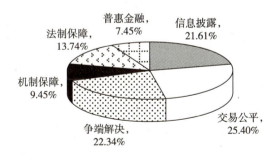

图4-3 金融消费权益保护环境评估各要素权重

4.3　原始数据处理以及各层次得分计算

（一）与数据标准化相关的样本处理说明

此次金融消费权益保护环境评估的对象是湖南省 14 个市（州）。根据评估方法的需要，首先要对原始数据进行标准化处理，便于数据的统一处理和计分。

原始数据收集完毕后，不能直接将其用于权重计算以及计分汇总，这是由两方面的原因造成的。

一方面，各指标对应的原始数值在量纲上不统一（如收费信息公示率和限制客户选择次数两个指标，前者为百分数，后者为次数）；

另一方面，从实际意义上来说，虽然大部分指标为正向指标（其数值越大，消费权益保护环境越好，如投诉处理满意率等指标），但也有少数指标为逆向指标（其数值越小，消费权益保护环境越好，如未告知产品的收益与风险次数等指标）。

对于第一类问题，本课题组运用正态标准化方法和累积概率分布方法对各指标原始数据予以统一处理，将各指标原始数据转化为无量纲的 0 ~ 100 分之间的数值。对第二类问题，则需要在正态标准化以及累计概率分布处理的基础上，并且要对逆向指标的数据进行正向化的处理。其详细的处理过程如下：

首先，对数据进行正态标准化的处理。对于同一年份中各市（州）的同一个考核指标，将该指标 X_j 视为一随机变量，且随机变量服从均值为 μ_j、标准差为 σ_j 的正态分布，即 $X_j \sim N(\mu_j, \sigma_j)$。设第 i 个市（州）在第 j 个考核指标 X_j 上的值为 X_{ij}，通过计算得出 X_j 的均值 μ_j 和标准差 σ_j，并采取（4.1）式进行正态标准化：

$$X'_{ij} = \frac{X_{ij} - \mu_j}{\sigma_j} \tag{4.1}$$

经过正态标准化后，指标 X_j 转化为一均值为 0、标准差为 1 的随机变量 X'_j，即 $X'_j \sim N(0,1)$。

其次，计算各市（州）i 在指标 X_j 上的累计概率分布值 p_{ij}。此时，第 j 个指标 X_j 已转化为一均值为 0、标准差为 1 的随机变量 X'_j，即 $X'_j \sim N(0,1)$。则 X'_j 对应的分布函数如下：

$$P_j = \frac{1}{\sqrt{2\pi}} \int_{-\infty}^{Z_{ij}} e^{-\frac{t^2}{2}} dt \tag{4.2}$$

根据（4.2）式分布函数可以求出 X'_{ij} 对应的累积概率分布值 p_{ij}，其含义为 $P(X_j < x_{ij}) = p_{ij}$。由于累计概率值 p_{ij} 分布在 $0 \sim 1$ 之间，将累积概率值 p_{ij} 乘以 100 即得到相应的标准化数值（取值范围为 0 到 100 分）。当所有原始数据都化成 $0 \sim 100$ 之后，再对一些逆向指标进行正向化处理，这些指标是未告知产品的收益与风险次数、业务流程未告知次数、售后服务未告知次数、限制客户选择次数、捆绑销售次数、违规收费次数、不公平格式条款个数、违规采集信息次数、未建立防范措施的个数、信息泄露次数、投诉处理时效、金融服务投诉率、重大群体性投诉事件数、未执行制度次数、纠纷案件结案率。处理方法是用 100 减去相应数值即得到正向化后的指标数值。

（二）各层次得分的计算

运用前面所确定的各层次指标的权重便可计算各层次的得分。例如，利用信息公开的得分 X_{11}、制度公开的得分 X_{12} 和相应的权重 ω_{11}、ω_{12}，即可计算信息披露的得分 X_1：

$$\text{信息披露}(X_1)\,\text{得分} = \text{信息公开}(X_{11})\,\text{得分} \times \omega_{11}$$
$$+ \text{制度公开}(X_{12})\,\text{得分} \times \omega_{12}$$

同理可得交易公平、信息披露、机制保障、法制保障、普惠金融的得分如下所示：

$$\text{交易公平}(X_2)\,\text{得分} = \text{产品销售}(X_{21})\,\text{得分} \times \omega_{21}$$
$$+ \text{信息保护}(X_{22})\,\text{得分} \times \omega_{22}$$

$$\text{争端解决}(X_3)\,\text{得分} = \text{投诉处理}(X_{31})\,\text{得分} \times \omega_{31}$$
$$+ \text{调解机制}(X_{32})\,\text{得分} \times \omega_{32}$$
$$+ \text{追索机制}(X_{33})\,\text{得分} \times \omega_{33}$$

$$\text{机制保障}(X_4)\,\text{得分} = \text{组织机构}(X_{41})\,\text{得分} \times \omega_{41}$$
$$+ \text{制度设立}(X_{42})\,\text{得分} \times \omega_{42}$$
$$+ \text{金融教育}(X_{43})\,\text{得分} \times \omega_{43}$$

$$\text{法制保障}(X_5)\,\text{得分} = \text{司法环境}(X_{51})\,\text{得分} \times \omega_{51}$$
$$+ \text{监管环境}(X_{52})\,\text{得分} \times \omega_{52}$$

$$\text{普惠金融}(X_6)\,\text{得分} = \text{覆盖性}(X_{61})\,\text{得分} \times \omega_{61}$$
$$+ \text{便利性}(X_{62})\,\text{得分} \times \omega_{62}$$
$$+ \text{满意性}(X_{63})\,\text{得分} \times \omega_{63}$$
$$+ \text{消费基础}(X_{64})\,\text{得分} \times \omega_{64}$$

　　为便于分类分析与处理，在得到综合得分的基础上，将信息披露、交易公平、争端解决、机制保障、法制保障、普惠金融等利用功效系数法统一规范到 40~100 得分区间。以下以某 A 市（州）为例，分别说明信息披露、交易公平、争端解决、机制保障、法制保障、普惠金融得分的调整：

调整后的 A 市（州）信息披露得分 =

$$40 + 60 \times \frac{\text{A 市信息披露得分} - \min\{14 \text{ 市州信息披露得分}\}}{\max\{14 \text{ 市州信息披露得分}\} - \min\{14 \text{ 市州信息披露得分}\}}$$

调整后的 A 市（州）争端解决得分 =

$$40 + 60 \times \frac{\text{A 市争端解决得分} - \min\{14 \text{ 市州争端解决得分}\}}{\max\{14 \text{ 市州争端解决得分}\} - \min\{14 \text{ 市州争端解决得分}\}}$$

调整后的 A 市（州）机制保障得分 =

$$40 + 60 \times \frac{\text{A 市机制保障得分} - \min\{14 \text{ 市州机制保障得分}\}}{\max\{14 \text{ 市州机制保障得分}\} - \min\{14 \text{ 市州机制保障得分}\}}$$

调整后的 A 市法制保障得分 =

$$40 + 60 \times \frac{\text{A 市法制保障得分} - \min\{14 \text{ 市州法制保障得分}\}}{\max\{14 \text{ 市州法制保障得分}\} - \min\{14 \text{ 市州法制保障得分}\}}$$

调整后的 A 市（州）普惠金融得分 =

$$40 + 60 \times \frac{\text{A 市普惠金融得分} - \min\{14 \text{ 市州普惠金融得分}\}}{\max\{14 \text{ 市州普惠金融得分}\} - \min\{14 \text{ 市州普惠金融得分}\}}$$

　　最后，将上述规范后的信息披露、交易公平、争端解决、机制保障、法制保障和普惠金融的得分汇总，得出金融消费权益保护环境综合得分。若采用层次分析法求得的信息披露、交易公平、争端解决、机制保障、法制保障、普惠金融的归一化权重为 ω_1、ω_2、ω_3、ω_4、ω_5、ω_6，则金融消费权益保护环境综合得分为

$$\begin{aligned}
\text{金融消费权益保护环境综合得分} = {} & \text{信息披露得分} \times \omega_1 + \text{交易公平得分} \times \omega_2 \\
& + \text{争端解决得分} \times \omega_3 + \text{机制保障得分} \times \omega_4 \\
& + \text{法制保障得分} \times \omega_5 + \text{普惠金融得分} \times \omega_6
\end{aligned}$$

　　经过计算得到 2015 年湖南省 14 市（州）金融消费权益保护环境评估综合得分与排名见附表 4-5。

"湖南省金融消费权益保护环境评估" 课题组

附表 4-1

2015 年湖南区域金融消费权益保护环境专家意见表

尊敬的领导、专家：

您好！

为了对湖南区域金融消费权益保护环境的现状有一个全面、客观、准确的了解，为地区金融消费权益保护工作的提高提供依据，请您对金融消费权益保护环境的各个要素进行比较判断。本意见采用两两比较的方式进行判断，相对重要性程度分为四个等级，即稍微重要、明显重要、重要得多和极端重要；每一等级按照强弱再分为两个次等级，其中"稍微重要"赋值分别为 2、3，2 比 3 重要性程度弱，"明显重要"分别赋值为 4、5，"重要得多"分别赋值为 6、7，"极端重要"分别赋值 8、9，赋值采用画圈的方式表示。

工作部门：_____ 职务：_____ 签名：_____

判断示例：

示例一：

对于金融消费权益保护环境来说，A 与 B 重要性比较：（A 相对重要）

a. A 比 B 重要，其相对重要性程度为

   2 3 4 5 ⑥ 7 8 9

b. B 比 A 重要，其相对重要性程度为

   2 3 4 5 6 7 8 9

c. 两者同等重要

示例二：

对于金融消费权益保护环境来说，A 与 B 重要性比较：（B 相对重要）

a. A 比 B 重要，其相对重要性程度为

   2 3 4 5 6 7 8 9

b. B 比 A 重要，其相对重要性程度为

   2 3 4 5 6 7 ⑧ 9

c. 两者同等重要

示例三：

对于金融消费权益保护环境来说，A 与 B 重要性比较：（同等重要）

a. A 比 B 重要，其相对重要性程度为

   2 3 4 5 6 7 8 9

b. B 比 A 重要，其相对重要性程度为

   2 3 4 5 6 7 8 9

c. 两者同等重要

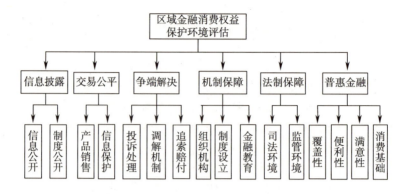

区域金融消费权益保护环境评估层次体系示意图

下面请您对各要素进行两两比较：

第一部分　项目层重要性两两比较

一、对于金融消费权益保护环境来说，信息披露与交易公平重要性比较：

a. 信息披露比交易公平重要，其相对重要性程度为

　　 2　3　4　5　6　7　8　9

b. 交易公平比信息披露重要，其相对重要性程度为

　　 2　3　4　5　6　7　8　9

c. 两者同等重要

二、对于金融消费权益保护环境来说，信息披露与争端解决重要性比较：

a. 信息披露比争端解决重要，其相对重要性程度为

　　 2　3　4　5　6　7　8　9

b. 争端解决比信息披露重要，其相对重要性程度为

　　 2　3　4　5　6　7　8　9

c. 两者同等重要

三、对于金融消费权益保护环境来说，信息披露与机制保障重要性比较：

a. 信息披露比机制保障重要，其相对重要性程度为

　　 2　3　4　5　6　7　8　9

b. 机制保障比信息披露重要，其相对重要性程度为

　　 2　3　4　5　6　7　8　9

c. 两者同等重要

四、对于金融消费权益保护环境来说，信息披露与法制保障重要性比较：

a. 信息披露比法制保障重要，其相对重要性程度为

　　 2　3　4　5　6　7　8　9

b. 法制保障比信息披露重要，其相对重要性程度为

　　 2　3　4　5　6　7　8　9

c. 两者同等重要

五、对于金融消费权益保护环境来说，信息披露与普惠金融重要性比较：

a. 信息披露比普惠金融重要，其相对重要性程度为

   2 3 4 5 6 7 8 9

b. 普惠金融比信息披露重要，其相对重要性程度为

   2 3 4 5 6 7 8 9

c. 两者同等重要

六、对于金融消费权益保护环境来说，交易公平与争端解决重要性比较：

a. 交易公平比争端解决重要，其相对重要性程度为

   2 3 4 5 6 7 8 9

b. 争端解决比交易公平重要，其相对重要性程度为

   2 3 4 5 6 7 8 9

c. 两者同等重要

七、对于金融消费权益保护环境来说，交易公平与机制保障重要性比较：

a. 交易公平比机制保障重要，其相对重要性程度为

   2 3 4 5 6 7 8 9

b. 机制保障比交易公平重要，其相对重要性程度为

   2 3 4 5 6 7 8 9

c. 两者同等重要

八、对于金融消费权益保护环境来说，交易公平与法制保障重要性比较：

a. 交易公平比法制保障重要，其相对重要性程度为

   2 3 4 5 6 7 8 9

b. 法制保障比交易公平重要，其相对重要性程度为

   2 3 4 5 6 7 8 9

c. 两者同等重要

九、对于金融消费权益保护环境来说，交易公平与普惠金融重要性比较：

a. 交易公平比普惠金融重要，其相对重要性程度为

   2 3 4 5 6 7 8 9

b. 普惠金融比交易公平重要，其相对重要性程度为

   2 3 4 5 6 7 8 9

c. 两者同等重要

十、对于金融消费权益保护环境来说，争端解决与机制保障重要性比较：

a. 争端解决比机制保障重要，其相对重要性程度为

   2 3 4 5 6 7 8 9

b. 机制保障比争端解决重要，其相对重要性程度为

   2 3 4 5 6 7 8 9

c. 两者同等重要

十一、对于金融消费权益保护环境来说，争端解决与法制保障重要性比较：

a. 争端解决比法制保障重要，其相对重要性程度为

　　2　3　4　5　6　7　8　9

b. 法制保障比争端解决重要，其相对重要性程度为

　　2　3　4　5　6　7　8　9

c. 两者同等重要

十二、对于金融消费权益保护环境来说，争端解决与普惠金融重要性比较：

a. 争端解决比普惠金融重要，其相对重要性程度为

　　2　3　4　5　6　7　8　9

b. 普惠金融比争端解决重要，其相对重要性程度为

　　2　3　4　5　6　7　8　9

c. 两者同等重要

十三、对于金融消费权益保护环境来说，机制保障与法制保障重要性比较：

a. 机制保障比法制保障重要，其相对重要性程度为

　　2　3　4　5　6　7　8　9

b. 法制保障比机制保障重要，其相对重要性程度为

　　2　3　4　5　6　7　8　9

c. 两者同等重要

十四、对于金融消费权益保护环境来说，机制保障与普惠金融重要性比较：

a. 机制保障比普惠金融重要，其相对重要性程度为

　　2　3　4　5　6　7　8　9

b. 普惠金融比机制保障重要，其相对重要性程度为

　　2　3　4　5　6　7　8　9

c. 两者同等重要

十五、对于金融消费权益保护环境来说，法制保障与普惠金融重要性比较：

a. 法制保障比普惠金融重要，其相对重要性程度为

　　2　3　4　5　6　7　8　9

b. 普惠金融比法制保障重要，其相对重要性程度为

　　2　3　4　5　6　7　8　9

c. 两者同等重要

第二部分　子项目层重要性两两比较

一、对于信息披露来说，信息公开与制度公开重要性比较：

a. 信息公开比制度公开重要，其相对重要性程度为

　　2　3　4　5　6　7　8　9

b. 制度公开比信息公开重要，其相对重要性程度为

　　2　3　4　5　6　7　8　9

c. 两者同等重要

二、对于交易公平来说，产品销售与信息保护重要性比较：

a. 产品销售比信息保护重要，其相对重要性程度为

    2 3 4 5 6 7 8 9

b. 信息保护比产品销售重要，其相对重要性程度为

    2 3 4 5 6 7 8 9

c. 两者同等重要

三、对于争端解决来说，投诉处理与调解机制重要性比较：

a. 投诉处理比调解机制重要，其相对重要性程度为

    2 3 4 5 6 7 8 9

b. 调解机制比投诉处理重要，其相对重要性程度为

    2 3 4 5 6 7 8 9

c. 两者同等重要

四、对于争端解决来说，投诉处理与追索赔付重要性比较：

a. 投诉处理比追索赔付重要，其相对重要性程度为

    2 3 4 5 6 7 8 9

b. 追索赔付比投诉处理重要，其相对重要性程度为

    2 3 4 5 6 7 8 9

c. 两者同等重要

五、对于争端解决来说，调解机制与追索赔付重要性比较：

a. 调解机制比追索赔付重要，其相对重要性程度为

    2 3 4 5 6 7 8 9

b. 追索赔付比调解机制重要，其相对重要性程度为

    2 3 4 5 6 7 8 9

c. 两者同等重要

六、对于机制保障来说，组织机构与制度设立重要性比较：

a. 组织机构比制度设立重要，其相对重要性程度为

    2 3 4 5 6 7 8 9

b. 制度设立比组织机构重要，其相对重要性程度为

    2 3 4 5 6 7 8 9

c. 两者同等重要

七、对于机制保障来说，组织机构与金融教育重要性比较：

a. 组织机构比金融教育重要，其相对重要性程度为

    2 3 4 5 6 7 8 9

b. 金融教育比组织机构重要，其相对重要性程度为

    2 3 4 5 6 7 8 9

c. 两者同等重要

八、对于机制保障来说，制度设立与金融教育重要性比较：

a. 制度设立比金融教育重要，其相对重要性程度为

    2　3　4　5　6　7　8　9

b. 金融教育比制度设立重要，其相对重要性程度为

    2　3　4　5　6　7　8　9

c. 两者同等重要

九、对于法制保障来说，司法环境与监管环境重要性比较：

a. 司法环境比监管环境重要，其相对重要性程度为

    2　3　4　5　6　7　8　9

b. 监管环境比司法环境重要，其相对重要性程度为

    2　3　4　5　6　7　8　9

c. 两者同等重要

十、对于普惠金融来说，覆盖性与便利性重要性比较：

a. 覆盖性比便利性重要，其相对重要性程度为

    2　3　4　5　6　7　8　9

b. 便利性比覆盖性重要，其相对重要性程度为

    2　3　4　5　6　7　8　9

c. 两者同等重要

十一、对于普惠金融来说，覆盖性与满意性重要性比较：

b. 覆盖性比满意性重要，其相对重要性程度为

    2　3　4　5　6　7　8　9

b. 满意性比覆盖性重要，其相对重要性程度为

    2　3　4　5　6　7　8　9

c. 两者同等重要

十二、对于普惠金融来说，覆盖性与消费基础重要性比较：

a. 覆盖性比消费基础重要，其相对重要性程度为

    2　3　4　5　6　7　8　9

b. 消费基础比覆盖性重要，其相对重要性程度为

    2　3　4　5　6　7　8　9

c. 两者同等重要

十三、对于普惠金融来说，便利性与满意性重要性比较：

a. 便利性比满意性重要，其相对重要性程度为

    2　3　4　5　6　7　8　9

b. 满意性比便利性重要，其相对重要性程度为

    2　3　4　5　6　7　8　9

c. 两者同等重要

十四、对于普惠金融来说，便利性与消费基础重要性比较：

a. 便利性比消费基础重要，其相对重要性程度为

    2　3　4　5　6　7　8　9

b. 消费基础比便利性重要，其相对重要性程度为

    2　3　4　5　6　7　8　9

c. 两者同等重要

十五、对于普惠金融来说，满意性与消费基础重要性比较：

a. 满意性比消费基础重要，其相对重要性程度为

    2　3　4　5　6　7　8　9

b. 消费基础比满意性重要，其相对重要性程度为

    2　3　4　5　6　7　8　9

c. 两者同等重要

关于金融消费权益保护环境评估指标体系，请留下您的宝贵意见，谢谢！

意见：＿＿＿＿＿＿＿＿＿＿＿＿＿＿＿＿＿＿＿＿＿＿＿＿＿＿＿

附表 4 - 2

子项目层判断矩阵

信息披露

	信息公开	制度公开
信息公开	1	4.55
制度公开	0.22	1

一致性检验			
CI	0.000771		
CR	0.001329	CR < 0.1	有效

交易公平

	产品销售	信息保护
产品销售	1	0.47
信息保护	2.11	1

法制保障

	司法环境	监管环境
司法环境	1	0.33
监管环境	3.00	1

争端解决

	投诉处理	调解机制	追索赔偿
投诉处理	1	3.00	1.45
调解机制	0.33	1	0.65
追索赔偿	0.69	1.55	1

一致性检验		
CI	0.004633	
CR	0.007988	有效

普惠金融

	覆盖性	便利性	满意性	消费基础
覆盖性	1	2.20	2.00	3.80
便利性	0.45	1	1.40	1.83
满意性	0.50	0.71	1	1.23
消费基础	0.26	0.55	0.81	1

机制保障

	组织结构	制度设立	金融教育
组织机构	1	1.5	0.67
制度设立	0.67	1	0.5
金融教育	1.50	2.00	1

一致性检验		
CI	0.007994	
CR	0.008882	有效

附表 4 – 3

原始指标层权重

X111	0.2000	X421	0.3333	X223	0.3333	X612	0.2500
X112	0.2000	X422	0.3333	X311	0.2000	X613	0.2500
X113	0.2000	X423	0.3333	X312	0.2000	X614	0.2500
X114	0.2000	X431	0.3333	X313	0.2000	X621	0.2500
X115	0.2000	X432	0.3333	X314	0.2000	X622	0.2500
X121	0.3333	X433	0.3333	X315	0.2000	X623	0.2500
X122	0.3333	X511	0.3333	X321	0.3333	X624	0.2500
X123	0.3333	X512	0.3333	X322	0.3333	X631	0.5000
X211	0.2500	X513	0.3333	X323	0.3333	X632	0.5000
X212	0.2500	X521	0.2500	X331	0.5000	X641	0.2500
X213	0.2500	X522	0.2500	X332	0.5000	X642	0.2500
X214	0.2500	X523	0.2500	X411	0.3333	X643	0.2500
X221	0.3333	X524	0.2500	X412	0.3333	X644	0.2500
X222	0.3333	X611	0.2500	X413	0.3333		

附表 4 – 4

项目层及子项目层权重

项目层指标	权重
信息披露	0.216
交易公平	0.254
争端解决	0.223
机制保障	0.094
法制保障	0.137
普惠金融	0.075

子项目层指标	权重
信息公开	0.820
制度公开	0.180
产品销售	0.321
信息保护	0.679
投诉处理	0.502

续表

子项目层指标	权重
调解机制	0.185
追索赔偿	0.314
组织结构	0.319
制度设立	0.221
金融教育	0.460
司法环境	0.250
监管环境	0.750
覆盖性	0.453
便利性	0.233
满意性	0.183
消费基础	0.131

附表 4 – 5

2015 年湖南省 14 市（州）金融消费权益保护环境评估综合排名

排序	市州	综合得分	信息披露	交易公平	争端解决	机制保障	法制保障	普惠金融
1	长沙市	93.11	93.27	94.45	81.95	100.00	100.00	100.00
2	郴州市	86.99	100.00	86.67	100.00	68.97	76.88	52.90
3	益阳市	79.34	82.88	88.13	89.82	59.72	64.70	59.56
4	岳阳市	78.07	85.59	100.00	68.48	57.54	76.06	40.00
5	株洲市	77.58	90.51	92.10	57.82	61.19	68.34	87.62
6	邵阳市	73.00	97.51	51.07	84.49	80.96	66.20	44.74
7	湘潭市	72.48	63.90	86.68	76.09	52.09	59.55	87.86
8	怀化市	71.28	80.82	53.76	77.08	79.04	75.19	68.88
9	永州市	69.92	73.04	75.21	71.26	88.43	41.97	66.91
10	衡阳市	69.58	87.60	60.52	77.05	73.46	51.27	54.68
11	湘西州	67.73	70.17	95.36	40.00	42.87	82.23	54.42
12	张家界市	64.85	68.03	73.48	62.26	48.81	53.92	74.44
13	常德市	60.08	84.85	58.46	58.11	40.00	40.00	62.12
14	娄底市	55.46	40.00	40.00	77.88	42.46	80.58	55.94

评估报告篇

第 5 章

2015 年湖南区域金融消费权益保护
环境评估报告

随着金融市场的不断发展，金融逐渐渗透到了人们日常生活的各个方面，金融消费的内涵和外延不断扩展，金融消费权益保护也越来越受到关注。2008年的次贷危机让金融消费者付出了巨大的代价，也使各国金融监管机构清醒地意识到，忽视金融消费权益保护，会破坏金融机构赖以发展的公众基础，从而危及整个金融系统安全。金融监管不能仅着眼于金融机构的稳健，同时也要有效保护金融消费者的权益，两者相辅相成，对于金融系统的安全与稳定具有不可替代的作用。

危机后，国际机构和各国政府也更加注重对金融消费者的保护，二十国集团、世界银行、经合组织、金融稳定委员会、金融包容联盟等均将金融消费者保护作为一项核心工作。加强金融消费权益保护已成为金融系统稳定和健康发展的重要保障，对金融消费权益保护的行为监管，与宏观审慎管理、微观审慎监管一起，成为了金融监管改革的三大主线。金融消费权益保护环境评估（以下简称环境评估）是维护金融消费者权益、优化金融环境的有效监管手段之一，开展环境评估工作能有效衡量区域金融消费权益保护总体状况，发现工作薄弱环节，提出优化环境改善措施，督促金融主体依法履行金融消费权益保护职责，促进金融消费权益得到有效保护。

2014 年，中国人民银行为深入探索金融消费权益保护监督管理的新机制，构建金融消费权益保护环境评估体系，着手开展金融消费权益保护环境评估研究，并选择广州、长沙、宁波作为试点城市。2014 年 3 月，中国人民银行长沙中心支行正式启动试点，按照"统一组织、全省推动、整体策划、选点实证"的工作思路，构建评估指标体系，设计评估模型，开展实证评估，并在娄底市、衡阳市和张家界市开展试评估，取得了良好成效。2015 年，按照中国人民银行总行的统一部署和总体要求，长沙中支继续深化试点，稳步扩大评估影响，与湖南大学金融管理研究中心合作，在全省范围铺开金融消费权益保护环境评估工作，借助高校科研力量，进一步完善评估指标体系，改进数据采集，验证环境评估结果，以提高评估的科学性、可复制性和可推广性。

5.1 湖南区域金融消费权益保护环境评估结果

根据对国际组织以及美、英等国颁布的相关法律和文件，如《G20 金融消费者保护高级原则》《金融消费者保护的良好经验》《重点涉及信贷的消费者金融保护》，以及《多德—弗兰克华尔街改革与消费者保护法》等关于金融消费权益保护界定的梳理和归纳，并结合中国金融消费及权益保护研究成果与现状，本研究认为，区域金融消费权益保护环境评估体系应包含金融消费交易流程、金融消费权益保护工作机制、金融消费权益保护法律基础、金融消费可及性四个方面，具体包括 6 个项目层、16 个子项目层和 55 个原始指标（见图 5-1），并通过层次分析法计算得出湖南区域金融消费权益保护环境的评估结果。

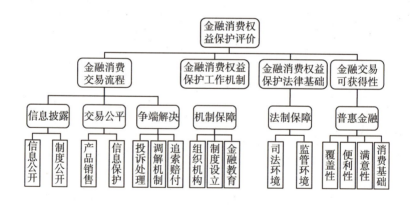

图 5-1　金融消费权益保护环境评估框架

5.1.1　湖南 14 个市（州）金融消费权益保护环境评估综合排名

综合排名依次为：长沙市、郴州市、益阳市、岳阳市、株洲市、邵阳市、湘潭市、怀化市、永州市、衡阳市、湘西州、张家界市、常德市、娄底市（见图 5-2）。

从全省 14 个市（州）的环境综合评估结果来看，得分多集中在 60~80 分，其中 60~70 分有 5 个市（州），70~80 分有 6 个市（州），80 分以上的

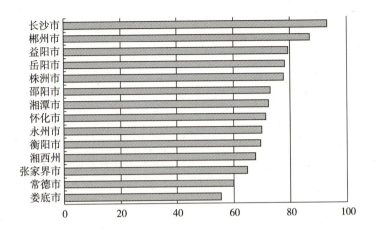

图 5－2　湖南区域金融消费权益保护环境评估：综合排名

有 2 个市（州），60 分以下的仅 1 个市（州），得分分布均匀，分化现象不明显。

5.1.2　湖南 14 个市（州）金融消费权益保护环境评估分项排名

各分项排名前三的市（州）分别为：信息披露为郴州市、邵阳市和长沙市；交易公平为岳阳市、湘西州和长沙市；争端解决为郴州市、益阳市和邵阳市；机制保障为长沙市、永州市和邵阳市；法制保障为长沙市、湘西州和娄底市；普惠金融为长沙市、湘潭市和株洲市（见图 5－3）。

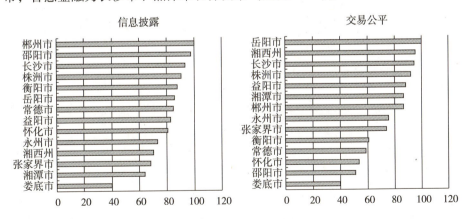

图 5－3　湖南区域金融消费权益保护环境评估：分项排名

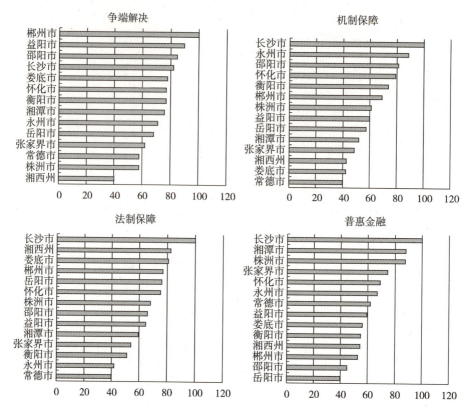

图5-3　湖南区域金融消费权益保护环境评估：分项排名（续）

从全省14个市（州）的分项评估结果来看，信息披露最为突出，得分在80分左右；交易公平、争端解决平均得为75分和73分；机制保障、法制保障和普惠金融表现较为不足，平均得分分别为64分、67分和61分，各市（州）之间存在一定差距。

5.2　湖南区域金融消费权益保护环境评估综述

5.2.1　湖南区域金融消费权益保护环境总体评估

一个功能完善的金融消费权益保护环境能够为金融消费者提供有效的保障，使其能够行使法律赋予的权利，履行法律规定的义务。从评估结果来看，湖南区域金融消费权益保护环境整体较好，金融交易流程基本规范，金融消费权益保护工作机制建设不断完善，金融消费权益保护的法律基础逐步夯实，金融产品和金融服务可及性不断提升。

5.2.2　湖南区域金融消费权益保护环境特点

（一）综合评分呈现显著的区域特征

从湖南省辖全局来看，东部市（州）的得分高于中、西部。从经济区域来看，长株潭两型试验区①的平均综合得分最高，显著高于其他地区；湘南承接产业转移示范区和环洞庭湖经济圈的平均综合得分低于长株潭两型试验区，但高于湘中地区和武陵山区；武陵山区和湘中地区的平均综合得分相对较低（见图5－4、图5－5）。

图例
湖南区域金融消费权益保护环境
评估得分
■ 55.463898 ~ 60.077084
□ 60.077085 ~ 73.004461
□ 73.004462 ~ 93.105091

图5－4　湖南省金融消费权益保护环境评估得分地理分布图

———————————————

① 湖南省14个市州可以划分为5个经济板块。分别为：长株潭两型社会建设综合改革试验区（长沙、株洲、湘潭）、环洞庭湖经济圈（岳阳、常德、益阳）、湘南承接产业转移示范区（衡阳、郴州、永州）、湘中地区（娄底、邵阳）和武陵山区（湘西、张家界、怀化）。

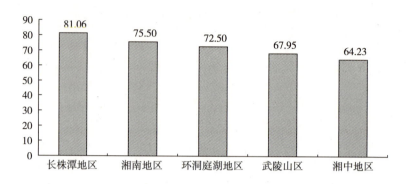

图 5 - 5　湖南省五个经济区域金融消费权益保护平均综合得分

（二）分项表现各具优势

从经济区域的分项得分来看，各地区的排名表现各异。长株潭地区的交易公平、法制保障、普惠金融3个项目层均列第一，其他3个项目层排名居中，明显领先于其他地区；湘南地区的信息披露、争端解决、机制保障3个项目层排名第一，但交易公平、法制保障、普惠金融的排名靠后，呈现两极分化现象；湘中地区的争端解决、法制保障2个项目层名列第二，信息披露、交易公平、普惠金融则排名最后，差异明显；环洞庭湖地区的信息披露、交易公平排名靠前，机制保障排名最后，各要素整体表现居中；武陵山区的项目层多排名中、后，整体表现偏后。由此可见，五个经济区域的环境评估要素各具优势（见图5-6）。

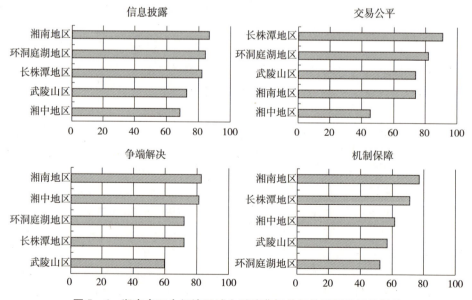

图 5 - 6　湖南省五个经济区域金融消费权益保护子项目平均得分

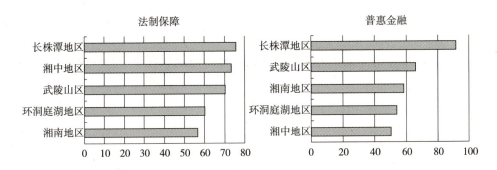

图 5 - 6 湖南省五个经济区域金融消费权益保护子项目平均得分（续）

（三）权重在合理区间分布

湖南区域金融消费权益保护环境评估指标项目层权重分别为：信息披露 21.61％，交易公平 25.40％，争端解决 22.34％，机制保障 9.45％，法制保障 13.74％，普惠金融 7.45％；子项目层权重大于 10％ 的为信息公开、信息保护、投诉处理和监管环境，权重处于 5％ ～10％ 的为产品销售和追索赔付，权重低于 5％ 的为制度公开、调解机制、组织机构、制度设立、金融教育、司法环境、覆盖性、便利性、满意性和消费基础。从权重的分布来看，在 6 个项目层中，交易公平的权重最大，争端解决和信息披露次之，机制保障、法制保障和普惠金融的权重相对较小；16 个子项目层中，信息公开、信息保护、投诉处理和监管环境的权重相对较大，产品销售和追索赔偿次之，其他子项目层的权重相对偏低。各层次权重分布基本合理（见图 5 -7）。

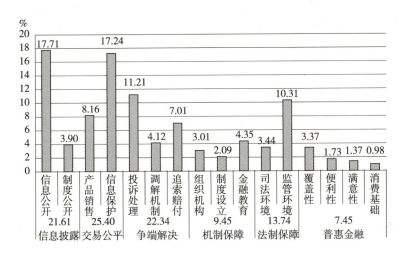

图 5 -7 项目层与子项目层权重分布

环境评估体系各层次权重的确定是基于当前湖南省金融消费权益保护环境现状，在对项目层和子项目层进行赋权时，通过向高校学者、监管部门及金融机构高级管理人员和专家发放调查问卷，问卷评分具有较高的权威性和可信度。从指标赋权结果可以看出，权重分布与当前金融消费中凸显的问题相吻合。信息披露、交易公平、争端解决指标的权重较高，这三方面的问题是当前金融消费领域常见的问题，也是金融消费者最关注的热点；而权重次之的法制保障和机制保障作为政府及监管部门的工作范畴，对于维护金融消费者保护环境具有重要保障和监督作用；虽然普惠金融的权重较低，但其是金融消费的前提条件，也是金融消费权益保护环境评估的基础。

5.3 湖南区域金融消费权益保护环境要素分析

（一）信息披露

保护消费者合法权利，是金融机构的义务，金融消费者对交易对象、交易程序、售后服务、投诉渠道等依法享有知情权，完善的信息披露制度有助于减少由于信息不对称给消费者带来的权益损害。信息披露包括信息公开和制度公开 2 个子项目层、8 个原始指标。全省 14 个市（州）信息披露的平均得分为79. 87 分，该项目层得分最高（见图 5 - 8），表明金融消费权益保护信息披露较充分，能较好地向金融消费者提供金融产品、业务流程和售后服务等相关信息。

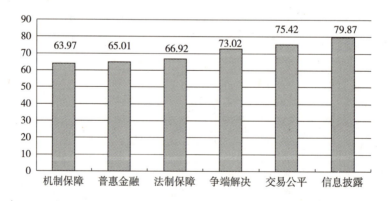

图 5 - 8　湖南省 14 个市（州）6 个项目层平均得分情况

14 个市（州）中，郴州市、邵阳市、长沙市的信息披露得分分列前三。郴州市金融机构的信息公开和制度公开充分、全面，产品的收益与风险、业务流程和售后服务方面的投诉较少，收费信息公示率、投诉电话公示率、工作制度公开率、投诉流程公开率、责任部门和人员公开率均为100%。娄底市的该项得分最低，主要表现为信息公开执行情况不佳，未告知业务流程、售后服务两个方面的投诉在14个市（州）中最多，收费信息公示率、投诉电话公示率、工作制度公开率、投诉流程公开率、责任部门和人员公开率均远低于全省平均水平。

（二）交易公平

随着金融创新不断加快，金融工具和产品变得愈加复杂。公平交易权是金融消费者享有的主要权利之一，金融机构在与消费者进行交易的过程中，往往会利用金融消费者的认知偏差，使用格式合同、隐含条款、不明收费等侵害金融消费者权利，导致金融消费者所承担的风险被放大。交易公平包括产品销售和信息保护2个子项目层、7个原始指标。全省14个市（州）交易公平的平均得分为75.42分，位列第二，表明金融消费权益保护中，交易公平情况良好，金融机构能够在交易中尊重消费者自主选择和保护消费者隐私，维护其合法权益。

14个市（州）中，岳阳市、湘西州、长沙市的交易公平得分位列前三。岳阳市2014年度受理的投诉案件中，未发生违规收费、不公平格式条款、信息泄露、重大群体性投诉事件，较好地保护了金融消费者的公平交易权和隐私。而邵阳市此项得分较低，突出的问题是违规收费和信息泄露，较为典型的案件是"越权查询、非法买卖个人信用报告案"，当事人利用职务之便，套取查询用户操作口令，越权查询并出售他人的信用信息；2014年共发生违规收费投诉62起、信息泄露投诉2 021起。

（三）争端解决

《金融消费者保护的良好经验》中指出，金融机构应当有受理消费者投诉的途径以及明确的投诉解决程序。在争端解决中，能够便捷地反映金融消费者的诉求，并有效处理金融纠纷，是衡量金融消费权益保护工作的重要标志。争端解决包括投诉处理、调解机制和追索赔偿3个子项目层、10个原始指标。争端解决的全省平均得分为73.02分，较其他5个项目层，该板块得分较高，各市（州）得分差异较大。评估显示，投诉处理情况良好，但调解机制和追索赔付机制亟待改善，特别是第三方解决机制应作为今后金融消费权益保护机制建设的重点。

14个市（州）中，郴州市、益阳市、邵阳市的争端解决得分位列前三。郴州市通过建立"政府主导＋央行推动＋部门协作＋金融联动"的组织管理模式、"保护中心＋投诉站＋投诉联络员"的客户投诉受理模式和"保护中心＋社会公众＋特约监督员"的维权监督模式等工作机制，疏通了投诉渠道，有效地处理了各种投诉。湘西州的投诉处理指标得分仅为 11.76，远远低于全省的平均得分，投诉处理时效、投诉办结率、投诉处理满意率均比较低。

（四）法制保障

法制保障是金融消费权益保护工作的有力支撑和基础保障，同时也是依法治国方略的体现。司法是金融消费权益保护的最后手段，也是最直接、最有效维护金融消费权益的有效方式。法制保障包括司法环境和监管环境 2 个子项目层、7 个原始指标。全省 14 个市（州）法制保障的平均得分为 66.92 分，该项目层得分居中。在当前的金融消费权益保护实践中，由于缺乏顶层法律保障，地方立法机构、司法机关和监管部门难以制定出适用性较强的法律、法规，同时金融消费权益保护部门之间缺乏有效的协调机制，从而导致法制保障得分不高。因此，金融消费权益保护工作的相关法律法规还有待不断补充和完善。

14 个市（州）中，长沙市、湘西州、娄底市的法制保障得分位列前三。长沙市具有众多的司法管理部门和省级金融机构，在司法环境与监管环境方面具有明显优势。永州市、常德市在该项目层排名靠后，得分低于全省平均水平。

（五）机制保障

金融消费权益保护机制和制度是金融机构开展金融消费权益保护工作的基础条件，没有健全的保护机制，就无法开展金融消费权益保护工作。机制保障包括组织机构、制度设立、金融教育 3 个子项目层和 9 个原始指标。全省 14 个市（州）的平均得分 63.97 分，该项得分排名最后，表明机制保障这一基础性工作亟待改善和有效提升。

14 个市（州）中，长沙市、永州市、邵阳市的机制保障得分位列前三。长沙市的机制保障项目层得分最高，常德市得分最低，主要表现为金融机构中缺乏相应的金融消费权益保护部门，相关制度制定数和媒体宣传教育次数也远低于全省平均水平。

（六）普惠金融

普惠金融的水平越高，区域内的金融消费者就能更加轻松地享受到金融服务带来的便利，使金融真正地走进人们的日常生活。普惠金融包括覆盖性、便利性、满意性和消费基础 4 个子项目层及 14 个原始指标。全省 14 个市（州）普惠金融的平均得分 65.01 分，相比于其他 5 个项目层，该项得分相对较低，具有较大提升空间。由于普惠金融程度不高，金融消费者无法获得便捷的金融服务，不能满足其消费需求，从而抑制了当地的金融消费，乃至经济金融的发展，因此，提高普惠金融水平显得刻不容缓。

14个市（州）中，长沙市、湘潭市、株洲市的普惠金融得分位列前三。长沙市凭借在金融服务的覆盖性和经济基础的绝对优势，位居第一。湘潭市普惠金融基础较好，同时积极开展农村支付服务环境、空白乡镇银行网点建设及保险机构下乡等工作，取得较好成效。岳阳市金融服务的覆盖性最低，该子项得分仅为20.68分，远低于全省平均水平，岳阳市需在金融基础设施建设上不断加强，大力提升金融产品和服务的覆盖面。

5.4　湖南区域金融消费权益保护环境需关注的问题

（一）制度建设处于起步阶段，制度机制相对薄弱

从湖南区域金融消费权益保护环境评估实践看，法律法规、制度建设相对滞后，不能满足当前金融消费权益保护工作的需要，主要表现在以下方面：

1. 金融消费者权益保护法律、法规不健全，缺乏顶层法律保障。从法律层面看，现行的《中华人民共和国消费者权益保护法》尽管适用于保护金融消费者的合法权益，但没有考虑金融消费权益保护的特殊性和专业性，进而不能给予金融消费者充分的、有针对性的法律保护。《商业银行法》《中国人民银行法》《银行业监督管理法》等法律尽管在保护金融消费者合法权益方面作出了一些规定，但这些法律主要是从监管的角度规范银行运行秩序，并没有将保护金融消费者合法权益作为其主要立法价值取向。从监管政策规定看，相关金融监管部门发布了一些规章和规范性文件，对保护金融消费者的财产权、知情权、公平交易权等提出了监管要求，但效力层次相对较低、刚性约束不强，不能满足实践需要。从司法审判看，法院专门出台针对金融消费领域如银行卡盗刷等民事案件的指导性审判文件数量较少，从评估结果来看，湖南辖内大部分法院都没有出台金融消费领域方面专门性审判指导规范性文件。

2. 区域金融消费权益保护工作缺乏有效的沟通协调机制。在分业监管的金融体制下，金融消费权益保护机构的设置也相应地采取了分业监管模式，实际上是一种多头管理模式，而现今交叉性金融产品发展日益复杂化，金融监管部门缺乏沟通协调，不能适应金融产品跨市场、跨行业发展需要，不能满足金融业多元化发展的需要。评估数据显示，有的市（州）中心支行尽管加强与地方金融监管部门、消费者协会等的沟通协调，但沟通协调的内容、方式等有待进一步加强。

3. 金融机构自身金融消费权益保护工作协作机制有待完善。总体上看，

银行、证券和保险业金融机构重视金融消费权益保护，建立了相关的制度，但制度体系仍不完善。大多数金融机构没有根据自身实际情况制定相应的制度，而是使用其上级部门的相关金融消费权益保护方面的制度和考核、处罚规定，金融机构普遍没有建立专门的产品和服务的信息披露规定、消费者金融知识宣传教育规划、消费者权益保护工作制度和监督考评等工作制度。由评估数据可知，各市（州）关于金融消费权益保护的制度制定数量参差不齐，工作创新力度不够。

4. 金融纠纷多元化解决机制不健全。金融机构内部处理金融消费纠纷自律管理错位，金融机构主要通过客户服务热线、柜面等方式受理金融消费者投诉，处理纠纷的公正性受到金融消费者质疑。行业协会作用发挥存在较大局限。如保险业协会、银行业协会一般只在市州一级成立，其主要任务是避免行业的恶性竞争；由于组织的欠缺、配套制度不完善、法律意识不强等原因，仲裁解决纠纷的方式难以适用；向法院起诉要求金融消费者收集合法、有效的证据支持自己的诉讼请求，而金融消费者往往因为难以收集证据而容易败诉，加上诉讼程序复杂、时间长，普通消费者一般难以承受高昂的维权成本。

（二）信息不对称问题突出，金融机构违规频发

侵害金融消费者合法权益，责任主体是金融机构。作为金融消费的相对方，金融机构熟悉和掌握着较多的金融服务和产品信息，在追求利润最大化的目标驱动下，凭借着信息优势较容易出现不规范经营行为。评估显示，湖南辖内发生的"存款变保险"、冒名贷款导致不良信用、理财产品销售误导等金融消费投诉热点反映了金融机构经营行为不规范。

1. 信息披露不到位。金融消费者对交易对象、交易程序、售后服务、投诉渠道等依法享有知情权，完善的信息披露制度有助于减少由于信息不对称给消费者带来的权益损害。金融机构为了追求利益最大化，会利用自身与金融消费者之间存在的信息不对称，不对金融产品进行充分的信息披露和风险提示，甚至故意夸大收益，回避风险，更有甚者会误导消费者。评估显示，14 个市（州）都不同程度地存在金融机构未告知产品的收益与风险、业务流程和售后服务等情况。

2. 公平交易权得不到切实维护。公平交易权是金融消费者享有的主要权利之一，金融机构在与消费者进行买卖交易的过程中，往往会利用金融消费者的认知偏差，使用格式合同、隐含条款、不明收费等方式侵害金融消费者的合法权益，放大金融消费风险。常见的侵害公平交易权的方式主要利用格式合同自行免责或加重金融消费者责任、强制增加一些不合理义务、强制销售商品或服务，此次评估发现，各市（州）金融机构普遍存在限制客户选择、捆绑销

售、违规收费和不公平格式条款等现象。

3. 对金融消费者的信息保护不当。部分金融机构业务操作不规范、内控制度薄弱，员工保护客户个人信用报告意识不强，出现违规使用他人信息，冒名贷款导致产生不良信用记录等现象，从而引发当事人投诉。

（三）金融消费者维权意识薄弱，金融教育有效性不足

金融消费者金融认知度偏低，金融消费知识水平不高，在金融消费中对业务办理流程，消费价格，潜在风险，双方的权利、义务和法律责任等不完全清楚。当自身合法权益受到侵害时，作为维权的主体，金融消费者自身维权意识不强，大部分金融消费者在自身合法权益遭受侵害或与金融机构发生纠纷后，不知道维权或不清楚维权的渠道。

评估显示，金融知识宣传活动的有效性和针对性亟待提升。监管机构、金融机构、新闻媒体都开展了金融知识宣传教育工作，但金融知识的普及广度和深度需进一步扩展，尤其是广大农村地区和弱势群体的金融知识宣传活动亟待加强。金融机构在日常金融知识宣传中，不是从金融消费者需求出发开展宣传，侧重于金融产品的营销性广告宣传。

（四）金融基础设施相对滞后，普惠金融发展不平衡

随着金融业的快速发展，金融消费逐渐渗透到消费者的各个生活领域，普惠金融水平越高，金融产品和服务的可及性就越高。从微观层面看，普惠金融受到金融基础设施、金融意识、交易成本等诸多具体因素的影响；从宏观视角出发，区域经济发展水平是影响普惠金融发展的决定性因素，两者相互促进，互为因果。由于普惠金融对经济发展水平的依赖性较强，经济发展的不平衡使得普惠金融的发展水平也不平衡。纵观全省普惠金融的发展现状，主要存在两个方面的问题：

1. 普惠金融在区域内发展不平衡。从全省的经济发展现状来看，长株潭地区的经济发展领先于其他经济区域，普惠金融也是如此，评估显示，长株潭地区的银行网点密度、保险乡镇覆盖率以及 ATM 密度显著高于其他地区，平均覆盖性水平在全省 5 大经济区域中位列第一。长沙市、株洲市和湘潭市的银行网点密度分别为 19.8 个/十万人、29.8 个/十万人、20.2 个/十万人，远高于全省 7.26 个/十万人的平均水平；湘中地区的娄底市、邵阳市分别为 6.2 个/十万人和 10.7 个/十万人，可见湘中地区的网点密度较低。

2. 城乡地区发展不平衡。出于风险的考虑，金融机构向小微企业、农户、农村增加金融资源投入的积极性不高，向农户和小微企业发放的小额贷款管理成本高、风险大，金融机构受利益驱动，更愿意选择向有政府背景的、有实力的企业投放大额贷款。即使加大了对经济薄弱领域的支持，也仍然偏向城镇，

对农村的贷款投放相对较少。缺乏必要的资金支持，农村发展问题很难得到解决，这就出现了"循环因果"的现象，难以破解城乡发展差距的问题。

5.5　优化区域金融消费权益保护环境建议

（一）加强制度机制建设

完善的机制和制度是金融消费权益保护的重要基础。制定《金融消费者保护条例》或适时修订《中华人民共和国人民银行法》《银行业监督管理法》《商业银行法》《中华人民共和国保险法》等相关法律，突出金融消费者合法权益保护的立法价值取向，增加对金融服务关系与金融消费者权益保护调整的相关规定，强化银行对金融消费者的告知、信息披露等义务，建立投诉受理和补偿机制等。建立健全国家层面"一行三会"沟通协调机制，充分发挥人民银行综合协调作用，以备忘录等形式对于沟通协调内容、形式、信息共享等作出制度安排。对金融机构内部建立金融消费权益保护工作机制提出监管要求和标准，督促金融机构有效落实制度规定。构建多元化、分层次的纠纷处理机制，充分发挥金融机构内部处理金融消费者投诉优势，积极引导行业协会调解金融消费纠纷，完善对金融消费者的司法保护，在诉讼程序中可采用举证责任倒置，由银行对其处于优势地位而掌握的数据、信息等形成的证据进行举证，当举证不能时承担损害赔偿责任。

（二）规范金融机构经营行为

金融机构规范自身经营行为是预防金融消费投诉发生，减少金融消费争议的根本途径。针对当前"存款变保险"、误导销售理财产品等违规经营问题，金融机构要严格遵循法律法规和监管规定，充分履行告知和风险提示义务；加强业务合规性检查，强化内部监督，将规范经营纳入目标考核；依照金融法律法规及时修改、完善侵犯金融消费者合法权益的合同条款、产品设计、服务收费等方面的规定，细化业务操作规程，充分履行信息披露、告知、公平交易等义务，严格遵守监管规定。

与此同时，人民银行、银监会等金融管理部门应加强对金融机构经营行为的监管，对金融机构开展业务时应履行的告知、提示义务和合同格式范本等提出明确的监管要求，或对可能侵害金融消费者合法权益的条款、事项进行审查。根据金融消费保护环境中存在的主要问题，有针对性地适时采取相应监管措施进行规范。结合处理金融消费者投诉案例，对于投诉发生较多的金融机构采取约见谈话、发出监管函、通报等措施，及时纠正金融机构不规范经营行为；金融消费者投诉中反映金融机构行为依法应给予行政处罚的，作出行政处罚决定。人民银行分支机构继续做好评估工作，督促金融机构落实工作要求。

（三）强化金融宣传教育

开展金融知识宣传教育，增强金融消费者对现代金融产品、金融服务和相应风险的识别和了解，能有效提高金融消费者的自我保护能力。监管部门以"贴近实际、贴近生活、贴近群众"为原则，组织金融机构针对不同消费者群体，继续深化开展"3·15消费者维权日"、金融知识宣传月等金融知识宣传活动，充分利用金融机构网点以及网站、微博、微信等平台扩大宣传覆盖面。借助政府门户网站、地方日报和电视台等主流媒体宣传金融业务的有关常识、金融消费者享有的权利、金融消费权益保护制度、投诉举报途径及典型案例等，提高金融消费者风险意识和自我保护能力。金融机构要区分金融知识宣传和金融产品营销性广告宣传，切实增强金融消费者对于日常金融业务的知识水平。重点加强对农村人口、外出务工人员、老年人等弱势群体的金融知识教育，以简单易懂、通俗明白的素材等开展宣传。

（四）推动普惠金融发展

进一步提升金融服务水平，扩大金融覆盖面，提升金融便利化水平。督促和引导金融机构从物理网点布局、业务渠道拓展等方面提升金融服务的普惠性，推进金融网点和服务向县乡"下沉"。试点推广移动金融在农村地区的应用，提高农村地区金融服务的可得性。对于经济欠发达地区，应鼓励商业性金融机构出台专门的倾斜政策，放宽网点设置条件，并根据各地区差异，开发具有地方特点的金融产品，满足不同群体和企业的金融需求，让金融服务更多地惠及社会大众。

"湖南省金融消费权益保护环境评估"课题组

第 6 章

2015 年长沙市金融消费权益保护
环境评估报告

6.1 导语

为探索建立金融消费权益保护监督检查新机制和新方式，评估区域金融消费权益保护总体状况，分析存在的问题，有针对性地提出优化区域金融消费权益保护环境的建议，按照人民银行总行开展区域金融消费权益保护环境评估（以下简称环境评估）试点要求，2015 年人民银行长沙中支在长沙市开展环境评估工作。

2014 年末，长沙市常住总人口 731.15 万人，全年实现地区生产总值（GDP）7 824.81 亿元，人均 GDP 达 1 07 683 元，财政总收入 1003.08 亿元，全年城镇居民人均可支配收入 36 826 元。

2014 年末，长沙市共有银行业金融机构 36 家，1 443 个网点，金融机构各项存款余额 11 266.10 亿元，金融机构各项贷款余额 1 077.82 亿元；省级保险分公司 47 家，保险机构原保险保费收入 165.77 亿元；法人证券公司 3 家，61 家证券公司营业部，75 家上市公司。

本报告根据信息披露、交易公开、争端解决、机制保障、法制保障、普惠金融 6 类一级指标、16 个子项目层（二级指标）和 55 个原始指标（三级指标）的指标体系，通过人民银行金融消费权益保护部门日常监管掌握的情况、人民银行处理的投诉、人民银行调查统计和支付结算部门相关统计数据、统计局统计公报、金融机构报送的投诉工单等多种途径采集原始数据，并对原始数据进行汇总分析和真实性校验，运用简单平均归一化方法和层次分析法，最终计算出长沙环境评估的得分。

6.2 环境评估工作开展情况

近年来，长沙中支扎实开展各项工作，完善制度，处理投诉，开展监督检查，加强宣传，在长沙市稳步推进金融消费权益保护工作，为区域金融消费权益保护环境改善奠定了良好基础。

（一）加强制度机制建设

2012 年 11 月，制定《金融消费者权益保护办法》，明确金融消费者权利和金融机构的义务，明晰金融消费争议处理流程。2013 年 6 月，印发《关于加强湖南省金融消费权益保护工作的通知》，要求金融机构建立金融消费者权益保护工作制度，完善投诉处理机制，规范经营。2013 年 12 月，印发《金融消费权益保护工作评估办法（试行）》，增强金融消费权益保护工作约束力。人民银行长沙辖内县市支行结合实际制定本辖区金融消费权益保护制度办法。长沙辖内各金融机构建立健全客户投诉处理等制度，以上制度办法为金融消费权益保护工作顺利、有序开展提供了制度保障。

2013 年 1 月，长沙中支成立金融消费权益保护处，组织受理、调查和调解金融消费投诉，查处有关违法违规行为等；长沙中支召开金融机构参加的工作推进会，统一思想认识，明确工作要求；加强与湖南银监局、证监局、保监局、消费者协会等部门的协调，加强工作联动。金融机构也按要求完善本单位的工作机制，部分机构成立了全行性的金融消费权益保护工作委员会，确定个人金融或零售银行等部门作为责任部门，明确责任人具体负责相关工作，对外公开投诉电话或联系方式，对下级行提出明确要求，加强与人民银行的沟通，认真贯彻落实工作要求。工作机制的健全完善，有力推动了金融消费权益保护工作深入、规范开展。

（二）有效处理咨询投诉

2014 年 3 月 1 日，顺利开通和有效运行 12363 电话，通过新闻媒体公开12363 电话，采用"属地接听、属地受理"模式接听咨询投诉。2014 年 11 月，开展金融消费权益保护信息管理系统试点运行，该系统在长沙辖内 36 家银行业金融机构成功上线运行。长沙中支和辖内人民银行县市支行认真解答金融消费咨询和投诉受理、转办、调解、答复等，2014 年长沙中支解答 74 个咨询，处理 25 个投诉，咨询投诉均得到妥善处理，咨询主要涉及个人信用报告查询、贷款卡办理等；投诉内容主要集中在冒名贷款导致不良信用、"存款变保险"、银行卡盗刷、银行服务态度等方面。长沙中支积极处理金融消费争议，采取转送金融机构办理的方式，督促金融机构依法合理解决。建立投诉案例数据库，加强典型案例分析。金融机构能积极处理通过电话银行、信访等途径转交的投诉，加强与金融消费者沟通协商，详细了解金融消费者诉求，认真细致地做好解释和处理工作，并向人民银行报送转办的金融消费者投诉处理情况。

（三）稳步推进监督检查和评估

2014 年按照总行要求对交通银行湖南省分行开展银行卡领域金融消费权益保护检查，查找问题，提出工作要求。对长沙辖内 34 家银行业金融机构和 5 家法人非金融支付机构 2013 年金融消费权益保护工作进行评估，对评估为 D 等级的 3 家机构予以约见谈话，针对存在的问题，提出整改意见；加强金融产品监管，向湖南省农村信用联社发出监管意见函。开展金融消费风险提示，选取已处理的不法分子假冒遗失的真实身份证本人开立银行卡盗取客户资金的投诉案例，向银行业金融机构发出金融消费风险提示，提出工作要求。

（四）有序开展金融知识宣传活动

开展"3·15 金融消费者权益日"和 9 月"金融知识普及月活动"，宣传金融消费者主要权利、投诉途径和金融知识。编印宣传资料，悬挂宣传横幅，开展"进校园、进社区、进乡村"等宣传活动，如长沙中支 2014 年于 9 月 17 日、18 日、19 日连续三天分别在中南大学、湘江世纪城社区、长沙县金井镇开展金融知识"进校园、进社区、进乡村"活动。金融机构借助各种业务宣传渠道，开展了挂横幅、贴标语、印海报、立展板、发短信和微信、送资料、播视频、答咨询、开讲座等形式多样、丰富多彩的金融知识宣传教育活动，向客户宣传金融消费者主要权利、金融知识普及月活动内容信息。借助媒体平台通过文字、图片、视频等形式大力宣传报道，如潇湘晨报等报纸和新浪湖南、红网等网站发布《金融消费投诉可拨打央行 12363 咨询投诉电话》专题文章，红网发布《人民银行长沙中心支行启动 2014 年金融知识普及月活动》文章，详细介绍金融知识普及月的主题、口号和活动安排。

6.3   长沙市环境评估结果及分析

2014 年长沙市金融消费权益保护环境评估综合得分为 93.11 分。从评估结果来看，长沙市金融消费权益保护环境整体较好，金融机构信息披露较充分，公平交易环境进一步优化，争端解决不断加强，工作机制持续完善，法制保障得到强化，普惠金融稳步发展。

（一）信息披露

在金融消费中，由于信息不对称和金融产品多样性及复杂性，金融机构做好金融产品信息公开和制度公开，充分告知金融消费者金融产品业务知识/风险和收益，将"合适的产品出售给合适的人"，由金融消费者根据自身情况选择合适的金融产品和服务，对于维护金融消费者合法权益至关重要。2014 年金融机构积极通过网络、宣传单、宣传折页、LED、报纸等进行多种形式的信息披露和业务宣传，如对各项涉及客户的有关业务规章制度或协议基本通过各金融机构官方网站进行公示，在营业网点摆放的宣传折页如实记载业务风险提示，宣传银行卡安全使用、网上银行、手机银行使用知识，金融机构在营业网点摆放或公示收费价目表，告知投诉流程，明确投诉责任部门和人员，公开金融消费权益保护相关制度或作出承诺。但也要看到，还存在一些金融机构利用信息优势侵害金融消费者合法权益的投诉，这在销售理财产品时表现尤为突出，如"存款变保险"代理销售基金或信托产品到期不能兑付。

（二）交易公平

交易公平是维持良好金融消费关系的基础，保障金融消费者交易公平权是金融机构的主要义务。2014 年金融机构能基本做到尊重金融消费者选择权，按照金融机构总部确定的收费项目和标准收费，以黑体加粗的方式提请金融消费者注意金融产品或服务的费用、价款、安全注意事项或风险警示等信息，对特别重要的风险警示、注意事项要求客户抄写；基本能严格按规定在收集、保存、使用金融消费者个人金融信息时，采取有效措施，加强对个人金融信息的保护，确保信息安全，防止泄露或非法使用个人金融信息。但在一些金融机构网点也存在侵害金融消费者公平交易权和个人金融信息权的行为，如部分员工为了完成考核任务，存在发放贷款时购买保险或理财产品等捆绑销售行为；金融机构总部制定的金融产品格式合同文本，存在一些不公平格式条款，这在一些银行的信用卡领用合约中表现尤为突出；一些农村信用社违规采集个人金融信息产生冒名贷款导致不良信用；部分金融机构未事先取得信用主体的书面授权查询个人信用报告。

【案例 6 – 1】

湖南省农村信用社系统冒名贷款导致不良信用记录引发投诉

近年来，湖南省农村信用社（含农村合作银行、农村商业银行）系统因使用他人身份证复印件、假冒他人签名等产生了许多冒名贷款，导致被冒名贷款人在金融信用信息基础数据库中产生不良信息，损害了金融消费者的合法权益。被冒名贷款人在申请住房贷款、申请信用卡时因不良信息被银行拒绝，不能办理住房贷款和信用卡等，成为投诉热点。农信社系统没有按照法律法规规定采集贷款人的姓名、身份证号等信息。2014 年 6 月，人民银行长沙中心支行向湖南省农村信用社联合社发出《关于清理整治冒名贷款导致不良信息的监管意见》（长银函〔2014〕72 号），该省联社采取了全面清理核实、妥善处理投诉、规范贷款管理等多项措施处理冒名贷款导致不良信用记录。

　　（三）争端解决

　　有效的金融机构投诉处理及赔付机制和完善的第三方纠纷解决机制对于化解金融消费纠纷至关重要。2014 年辖内金融机构均在经营场所或网点醒目位置对外公布了客服电话，明确投诉人员，设立金融消费者意见簿等，建立来电、来函、来访等多种形式、多种投诉渠道。金融机构能够按照相关管理规定，基本在规定的时效内处理投诉，针对不同类型的客户投诉，采取实地调查、返还出错款项、修正错误业务计费方式等方式妥善处理投诉个案，投诉办结率较高；绝大部分客户投诉均由金融机构与金融消费者正面接触，以协商方式解决，投诉人对金融机构处理投诉处理较满意。长沙中支成立了湖南省金融消费权益保护中心，发挥独立、专业解决金融消费纠纷作用。金融机构赔付机制有待进一步完善，特别是当金融消费者发生银行卡盗刷造成资金损失时，小额（如 1 万元以下）赔付机制亟待建立。2014 年中国银行湖南省分行和工商银行湖南省分行积极处理代售湖南博沣公司信托产品未按时兑付引发客户群体性投诉事件。

【案例 6 - 2】

中国工商银行湖南省分行和中国银行湖南省分行处理代售信托产品未按时兑付客户群体性投诉事件

　　2014 年 12 月，因购买中国工商银行湖南省分行和中国银行湖南省分行代理销售的湖南博沣资产管理有限公司信托产品不能如期兑付客户资金，百余名客户到中国工商银行湖南省分行和中国银行湖南省分行部分网点采取散发传单、拉横幅、阻止其他客户办理业务等方式维权，引发群体性投诉，和讯网、湖南都市频道等新闻媒体对该事件进行了报道。据中国工商银行湖南省分行和中国银行湖南省分行相关报告，该群体性投诉事件涉及金额约为 8 000 余万元。银行代理销售金融产品时，应向金融消费者履行金融产品的风险和收益的告知义务，中国工商银行湖南省分行和中国银行湖南省分行部分营业网点工作人员没有告知该信托产品的风险，代理销售行为不规范。目前，长沙市打击非法集资相关部门对该群体性事件客户进行债权申报等工作。

（四）机制保障

金融消费权益保护机制和制度是金融机构开展金融消费权益保护工作的基础条件；同时，开展金融消费者教育，有利于提高金融消费者金融知识水平，增强识别金融产品风险的能力。2014 年，辖内金融机构成立由主要负责人担任组长、相关业务部门负责人为成员的金融消费权益保护领导小组，明确个人金融、法律合规、零售银行等部门作为金融消费权益保护牵头部门，明确专人负责金融消费权益保护具体工作。绝大部分金融机构按要求建立了客户投诉处理、金融知识宣传培训、信息保护披露、工作监督和内部考评、重大事件应急预案等制度，并在工作中较好地执行落实。长沙中支开展"3·15 金融消费者权益日"和 9 月"金融知识普及月"活动，宣传金融消费者主要权利、投诉途径和金融知识；银监部门开展"金融知识万里行"活动；金融机构在营业网点摆放和向社会公众免费发放宣传资料，播放宣传标语，悬挂宣传横幅，利用客户短信和微信平台向客户发送宣传内容。红网、潇湘晨报等新闻媒体通过文字、图片、视频等形式大力宣传报道金融知识宣传活动情况。

（五）法制保障

法院审判活动和监管机构监管行为是金融消费权益保护工作的重要法制保障。2014 年长沙辖内法庭覆盖基本合理，出台的一些审判指导性文件包含金融消费者权益保护相关内容，但出台针对金融消费纠纷热点如银行卡盗刷专门审判指导性文件有待进一步加强；金融机构起诉自然人的案件数量较多，主要表现为信用卡纠纷；在银行卡盗刷案件中，法院判决银行承担全部或大部分赔偿责任趋势值得关注。人民银行对金融机构开展支付结算、征信管理、反洗钱、货币金银等执法检查，依法处理侵害金融消费者合法权益的违法违规行为，长沙中支制定《金融消费者权益保护办法》《金融消费权益保护工作评估办法（试行）》，为金融消费权益保护工作提供制度保障；长沙中支与湖南证监局签订投资者教育和消费者权益保护合作备忘录。

（六）普惠金融

不断提高金融服务的可获得性，满足其弱势产业、弱势地区、弱势群体的基础金融服务需求，是发展普惠金融的重要内容。普惠金融与金融消费权益保护之间相辅相成，二者都是对金融消费者权利的强调与保护，目标都是促进金融业稳健发展。2014 年，长沙市普惠金融持续发展，金融消费覆盖性、便利性和满意性得到提高，银行网点和 ATM 等自助设备布局较合理，农村支付环境建设继续深化，银行卡助农取款服务推广至各行政村；加强和改善小微企业金融服务，小微企业贷款需求得到基本满足，农户贷款可获得性提高，保险服务乡镇全覆盖，农业保险覆盖率稳步提升。长沙市消费基础在全省排名第一，人均 GDP 和城镇（农村）人均可支配收入远远超过其他市州。

6.4　辖区金融消费权益保护环境存在的问题

（一）金融机构经营行为不规范

金融机构在经营活动中要根据法律法规的规定认真履行告知、信息披露、保密、风险提示等各项义务，规范经营，在格式合同制定、金融产品设计、服务收费等方面依法保护金融消费者合法权益。但以追逐利润最大化为目标的金融机构薪酬机制和激励制度，容易使金融机构工作人员忽视消费者利益，履行义务不到位，存在一些不规范经营行为，如向金融消费者推介一些跨市场、跨行业金融产品时信息披露不充分，夸大收益，隐瞒风险，导致群体性投诉事件发生；部分基层金融机构存在"存款变保险"、收费不合理、泄露或违规使用客户个人信息、捆绑销售等损害金融消费者知情权、隐私权、选择权、公平交易权等合法权益的行为。

（二）金融机构投诉处理不到位

由于金融机构利益最大化的经营目标和保护金融消费者合法权益之间存在冲突，金融机构在处理金融消费者投诉时，往往以经营目标为价值取向，这在出现资金损失如银行卡盗刷的金融消费者投诉时表现得尤为突出；有的金融机构没有积极加强与金融消费者的沟通协商，认真细致做好解释，没有遵循金融消费者投诉在现场解决、在金融机构内部解决的原则及时妥善处理金融消费者投诉；有的金融机构没有按照当地人民银行要求及时反馈转办的金融消费者投诉办理情况；有的金融机构没有认真整改客户投诉个案中反映的本单位制度性问题，出现同类问题屡次投诉的现象。

（三）金融知识宣传有效性不高

辖内金融知识普及和教育工作还处在起步阶段，大部分金融机构金融知识宣传停留于挂横幅、打字幕等简单形态，宣传内容侧重于金融机构自身金融产品的广告性宣传，对于金融产品或金融服务中的权利、义务、法律责任的宣传较少，开展日常金融业务和新产品、新业务风险提示的宣传教育不够，如存款与保险的区别、理财产品预期收益不确定性、银行卡安全使用、第三方支付使用风险等。

（四）原始数据采集方法和渠道有待进一步规范

指标体系中信息披露、交易公开、投诉处理等原始数据主要来源于金融机构投诉工单，但金融机构对于投诉分类不统一，投诉工单数据量大，由金融机构自己分析和填报环境评估指标，难免会出现差异，甚至失真。普惠金融指标数据采集范围广、渠道多，金融消保工作人员限于专业水平对于指标理解存在差异，数据不能做到准确界定，存在多次填报问题。

6.5 优化区域金融消费权益保护环境的建议

（一）规范金融机构经营行为

金融机构要将金融消费者权益保护理念贯穿于业务操作、金融服务和产品设计、市场营销等各个环节，认真履行法律法规规定的告知、信息披露、公平交易、风险提示、个人金融信息保护等各项义务，向金融消费者进行充分的信息披露和风险提示，按照金融法律法规及时修改和完善侵犯金融消费者合法权益的合同条款、产品设计等方面规定，采取有效措施防范和处理产品风险。正确对待媒体监督，加强声誉风险管理。

（二）加强检查监督和评估

人民银行分支机构依法运用约见谈话、通报等软性约束措施，督促金融机构做好金融消费权益保护日常工作；开展执法检查，依法处理违法违规行为；建立典型案例通报制度，对于投诉个案暴露出的问题，督促金融机构改进内控制度和产品规则；针对投诉热点，开展金融消费风险提示；继续开展对金融机构的金融消费权益保护规则年度评估；加强产品监管，督促金融机构强化金融产品信息披露和风险控制。

（三）妥善处理金融消费者投诉

人民银行分支机构积极处理通过 12363 电话、来信、来访等途径的金融消费者投诉，做好受理、处理、转办、调解等工作；有效运行金融消费权益保护信息管理系统；对重大金融消费者投诉，开展投诉调查。金融机构继续优化金融消费者投诉处理流程，力争金融消费者投诉在金融机构内部处理；探索建立小额赔付机制，减轻金融消费者维权成本；整改金融消费者投诉个案暴露出现的问题，注重完善内控制度和产品设计。

（四）有效开展金融消费者教育

人民银行分支机构继续开展"3·15 金融消费者权益日"和 9 月"金融知识普及月"活动，针对老年人、农村人口等不同金融消费者群体编印金融知识读本。金融机构要建立集中性和日常性相结合的金融消费者教育长效机制，在员工教育培训中主动将金融消费权益保护纳入培训内容；正确区分金融知识普及和产品营销；按照人民银行工作要求，在本单位、本系统做好宣传活动；强化与媒体的宣传合作，发挥舆论引导。

（五）规范评估数据采集方法

对于统计数据，要逐步建立一套金融消费权益保护环境评估的统计数据体系，统一投诉分类标准，对金融机构投诉工单进行规范化和标准化处理，提高投诉原始数据真实性，避免主观性判断。规范数据来源，明确采集渠道。对于调查数据，要明确调查方法，掌握调查口径，并且要对调查数据进行真实性核查，确保评估结果真实可靠。

主执笔人：周伟中

第 7 章

2015 年湘潭市金融消费权益保护
环境评估报告

7.1 湘潭市基本概况

7.1.1 湘潭市社会、经济概况

湘潭市位于湖南省中部，面积 5 015 平方公里，与长沙市、株洲市构成湖南省政治、经济、文化最发达的"金三角"地区。湘潭市辖三县（市）二区，2014 年实现地区生产总值 1 570.6 亿元，全年进出口总额达 23.7 亿美元，社会消费品零售总额实现 450.0 亿元。全市居民人均可支配收入 21 535 元，其中城镇居民人均可支配收入 27 067 元，农村居民人均可支配收入 14 092 元。全市居民人均消费支出 15 538 元，其中城镇居民人均消费支出 18 952 元，农村居民人均生活消费支出 10 944 元。

7.1.2 湘潭市金融概况

截至 2014 年末，湘潭市共有银行业金融机构 24 家，银行业金融机构网点实现乡镇全覆盖；保险业金融机构 38 家，其中寿险、财险各 19 家；证券业金融机构 6 家。湘潭市金融机构数量在湖南省市州中仅次于长沙市。

2014 年末，湘潭市金融机构本外币各项存款余额为 1 546.4 亿元，比年初新增 149.7 亿元。其中，单位存款余额 586.6 亿元，比年初新增 46.1 亿元；个人存款余额 937.8 亿元，比年初新增 105.3 亿元。本外币各项贷款余额 1 135.2 亿元，比年初新增 137.8 亿元。其中，短期贷款余额 546.2 亿元，比年初新增 37.8 亿元；中长期贷款余额 567.2 亿元，比年初新增 95.6 亿元。

全年保险公司实现保费收入 33.9 亿元，比上年增长 13.0%。其中，寿险

保费收入 22.6 亿元，增长 7.0%；财产险保费收入 11.3 亿元，增长 15.0%。各项赔款及给付支出 11.9 亿元，增长 7.0%。

全年证券业金融机构实现证券交易额 980 亿元，同比增长 53.5%，创历史新高；共有 17 997 位新股民进场，是 2013 年的 4.2 倍。截至 12 月末，全市股民达到 153 493 人。

7.2 金融消费权益保护环境评估背景

7.2.1 全国金融消费权益保护工作开展情况

金融消费者权益保护已成为全世界关注的热点，其防范化解金融危机、维护公众信息和金融体系稳定的作用被各国所重视。在我国，随着社会主义市场经济迅猛发展、市场化程度不断深入、市场消费空间持续拓展以及消费层次不断提高，生产经营者在追求利益最大化而进行的市场争夺过程中侵害消费者权益的现象屡见不鲜，消费者权益保护问题已经成为经济社会发展中的一个重大问题。《中华人民共和国消费者权益保护法》于 1994 年 1 月 1 日正式实施，拉开了我国消费者权益保护工作的序幕，但涉及金融消费权益保护则最近几年才起步。2008 年金融危机给世界带来的教训之一，就是由于忽视了对金融消费者的教育和保护，导致金融消费者对所购产品缺乏了解，风险分散不尽合理，给金融系统的稳定带来了极大的风险。2011 年开始，由人民银行牵头金融消费权益保护工作，"一行三会"相继成立金融消费权益保护部门，2012 年 3 月中央机构编制委员会办公室批复人民银行成立金融消费权益保护局。随后，中国人民银行印发《中国人民银行金融消费权益保护工作管理办法（试行）》（银办发〔2013〕107 号），中国银监会印发《银行业消费者权益保护工作指引》（银监发〔2013〕38 号），中国保监会印发《中国保监会关于加强保险消费者权益保护工作的意见》（保监发〔2014〕89 号），"一行三会"金融消费权益保护工作机制初步建立。2014 年 2 月，人民银行在全国开展金融消费权益保护环境评估试点工作，确定湖南省为全国三个试点地区之一，湖南省完成对辖内娄底市、衡阳市和张家界市金融消费权益保护环境评估。

7.2.2 湘潭市金融消费权益保护工作开展情况

2011 年，人民银行长沙中心支行（以下简称长沙中支）批复同意人民银行湘潭市中心支行（以下简称湘潭市中支）在湘潭市及辖区韶山市开展金融消费权益保护试点工作,并率先在全省开展金融消费者权益保护试点工作;2012 年,经长沙中支批复同意,人民银行湘乡市支行开展金融消费权益保护试点工作,湘潭市及下辖韶山市、湘乡市均由市政府牵头成立金融消费者权益保护试点工作领导小组,主管金融工作的副市长为组长,均制定了《金融消费者权益保护实施办法(试行)》《金融消费者申诉管理办法(试行)》《金融消费权益保护工作内部操作规程(试行)》等制度,保证了金融消费权益保护的统一领导,做到了金融消费权益保护"一盘棋",为规范金融消费权益保护工作提供了制度保障。2013 年,韶山市被长沙中支确定为湖南省首批金融消费权益保护工作示范县,制定了《韶山市创建金融消费权益保护"示范市"工作实施方案》《韶山市金融消费权益保护工作评价实施办法》以及《韶山市旅游景区金融消费权益保护工作评价细则》,使金融消费权益保护工作有效融入地方特色经济。同时,湘潭市中支根据《中国人民银行长沙中心支行金融消费权益保护工作评价办法(试行)》要求,对辖内金融机构金融消费权益保护工作进行评估,评估结果逐年通报,对评估结果为 D 级的机构负责人实行约见谈话,并对辖内部分金融机构开展了金融消费权益保护专项检查,逐步规范金融消费权益保护工作管理,金融机构对金融消费权益保护工作日趋重视。对申诉处理采取"金融机构 + 保护中心"的"二级申诉"受理模式,对消费者的投诉能解决的一定解决在现场、解决在本行,不拖不推,及时处理消费咨询和投诉,又快又好地解决矛盾纠纷,有效减轻了金融消费权益保护中心的工作压力,提高了申诉处理效率。

7.3 湘潭市金融消费权益保护环境评估实施情况

7.3.1 湘潭市金融消费权益保护环境评估总体情况

根据《中国人民银行长沙中支办公室关于开展 2015 年湖南区域金融股消费权益保护环境评价工作的通知》(长银办〔2015〕103 号)文件要求,湘潭市中支组织对 2014 年湘潭区域金融消费权益保护环境进行评估,涉及信息披露、公平交易、争端解决、机制保障、法制保障、普惠金融等 6 个一级指标,16 个二级指标,55 个三级指标;数据来源涵盖了金融机构、监管机构、法院、统计、物价等部门。为保证数据采集及时、准确,湘潭市中支一是加强系统内联动,明确由办公室牵头,调查统计科、科技科、支付结算科等相关科室以及辖内县支行全力配合;二是加强横向联系,与湘潭市银监分局、湘潭保险行业协会、湘潭市中级人民法院、湘潭市统计局、湘潭市物价局等单位积极沟通取得工作支持；三是加强对银行、证券等机构的评价工作督导，详细说明指标口径和取数来源。通过统一口径、严格取数、认真计算、反复核实，2014 年湘潭市金融消费权益保护环境评估综合分值为 72.48 分（见表 7 - 1），其中交易公平、普惠金融分别得分 86.68 分、87.62 分，争端解决得分 76.09 分，信息披露得分 63.90 分，法制保障、机制保障分别得分 59.55 分、52.09 分。

表 7 - 1　　湘潭市 2014 年度金融消费权益保护环境评估得分表

项目	综合得分	信息披露	交易公平	争端解决	机制保障	法制保障	普惠金融
分值	72.48	63.90	86.68	76.09	52.09	59.55	87.62

7.3.2　湘潭市金融消费权益保护环境评估结论及原因分析

（一）普惠金融基础较好，但普惠金融服务有待加强

普惠金融指标评估得分居 6 个一级指标首位，其原因：一是个人消费能力提高。截至 2014 年末，湘潭市常住人口为 279.96 万人，农户数量为 61.91 万户；2014 年城镇人均可支配收入 2.71 万元，农村人均收入 1.41 万元，人均个人消费贷款 0.49 万元。二是农户办理金融业务较方便。银行机构在乡镇一级的覆盖率为 100%，POS 机在行政村一级的覆盖率为 100%，保险服务覆盖了 92.45% 的乡镇，农业保险参保农户覆盖率达到了 74.29%。

1. 普惠金融基础覆盖性强。近年来，湘潭市中支与其他金融监管机构积极推动辖内农村支付服务环境建设、空白乡镇银行网点建设、保险机构下乡等工作，在缩小城乡金融服务差距方面取得了一定成效。2014 年，湘潭市居民人均银行账户 5.62 个，湘潭市每 10 万常住人口拥有银行网点 20.26 个、拥有 ATM 自助设备 48.66 台，银行网点实现了乡镇全覆盖，POS 机实现了行政村全覆盖（见表 7 - 2）。

表 7 - 2　　普惠金融指标覆盖性情况

		原始指标（三级指标）	2014 年实际值
普惠金融	覆盖性	银行网点密度	20.2 个/十万人
		保险服务乡镇覆盖率	92.5%
		ATM 密度	48.4 台/十万人
		农村 POS 密度	1.3 个/十万人

2. 普惠金融便利性不足。办理贷款的小微企业仅占小微企业数量的两成，办理农户贷款的不足一成，农户贷款覆盖率仅为 5.37%。主要原因：一是小

微企业抗风险能力低，财务制度不健全，缺乏足够的抵押物，很难获得银行信贷支持；二是融资成本比较高，影响了小微企业和农户贷款的积极性（见表7-3）。

表7-3   普惠金融指标便利性情况

		原始指标（三级指标）	2014 年实际值
普惠金融	便利性	个人账户开户率	5.62 个
		小微企业贷款覆盖率	22%
		农户贷款覆盖率	6%
		农业保险参保农户覆盖率	75%

（二）金融消费权益保护主动性和创新性不强，机制建设有待完善

组织机构指标得分52.09 分，居6 个一级指标末尾，反映出湘潭市绝大部分金融机构虽已确立了金融消费权益保护工作体系，但开展金融消费权益保护工作的主动性和创新性有待加强。一是金融机构的工作制度基本沿用其上级机构制度，未结合辖内实际制定实施细则，制度缺乏可操作性；二是金融消费权益自主宣传意识不强，停留在监管机构统一部署的层面，全年以"3·15 宣传""9 月金融知识宣传月"为主，宣传方式以传统方式为主，自主宣传创新不够。

1. 机构建设较完备。分别有24 家银行业金融机构、29 家保险业金融机构和5 家证券业金融机构建立了金融消费权益保护工作领导小组（见表7-4）。

表7-4   组织机构指标具体情况

	原始指标（三级指标）	2014 年实际值（%）
组织机构	领导机构完备率	82.65
	办事机构完备率	82.65
	人员配备率	81.63

2. 制度建设有分化。金融机构在金融消费权益保护制度建设方面分化为两种情况：一是完全沿用其上级机构制定的规章制度，主要是中小银行分支机构和规模偏小的证券、保险机构；二是能结合辖内实际，对上级机构相关规章制度进行细化，建立了操作性较强的本地制度。2014 年，湘潭市24 家银行业金融机构建立各项制度132 个，平均每家机构建立制度5.5 个。

3. 金融教育常态化。一是金融机构积极参加金融监管机构统一组织的"3·15 金融消费者权益日""金融知识普及月活动"等年度固定活动，宣传方式不局限于传统模式，而是积极借助电视、网络、报刊等媒体，宣传范围更

广、时间空间更长。二是金融机构主动性宣传逐渐增强，如湘潭农商行通过举办"广场舞电视大奖赛"宣传金融知识，工商银行湘潭市分行自主印发《消费者金融知识宣教手册》。2014 年，湘潭市银行业金融机构的自发宣传与媒体宣传分别达到了 192 次、58 次。

（三）投诉渠道较畅通，但投诉处理能力需加强

一是金融机构均对投诉电话、投诉流程进行了公示，投诉电话接通率达到了 100%，基本上能在投诉处理时效内进行办结。二是纠纷解决仍以金融机构自主解决为主。三是基层金融机构对消费者投诉尤其是索赔的自主处理权受限。金融机构基本沿用其上级机构制定的赔付制度，部分有索赔要求的投诉仍需通过司法途径解决。2014 年，湘潭市法院受理金融消费诉讼为 276 起，占到了银行机构受理投诉数量的 70% 以上。

1. 银行业金融机构投诉处理情况良好，保险业金融机构次之，证券业金融机构未发生投诉。2014 年，湘潭市银行业金融机构电话接通率、投诉处理时效、投诉办结率均为 100%，投诉处理满意率为 99.78%；保险业金融机构电话接通率为 100%，投诉处理时效、投诉办结率、投诉处理满意率分别为 74.35%、98.37%、74.35%。这主要是因为保险业金融机构竞争激烈，从业人员流动性大，部分从业人员存在过分强调收益、故意避谈风险或隐瞒风险、误导客户购买保险的情况（见表 7 - 5）。

表 7 - 5　　　　　　　　　　投诉处理指标具体情况

二级指标	原始指标（三级指标）	2014 年银行业实际值	2014 年证券业实际值	2014 年保险业实际值
投诉处理	投诉窗口设置率	68%	1%	82.9%
	金融机构投诉电话接通率	100%	—	100%
	投诉处理时效	100%	—	74.35%
	投诉办结率	100%	—	98.37%
	投诉处理满意率	99.78%	—	74.35%

2. 追索赔付成功率偏低。2014 年，湘潭市金融服务投诉每万人为 1.22 次，未发生重大群体性投诉事件，但消费者投诉索赔成功率不足五成。其主要原因有两个方面：一是金融机构赔付机制建立率仅为 13.37%，赔付处理权力有限；二是部门间协调机制尚不完善，金融监管机构与公安、人民法院等部门未完全建立金融消费权益保护工作协调机制，消费者附带索赔要求的投诉情况取证和责任划分较困难，在银行卡盗刷、网络支付等方面尤其突出。

（四）公平交易和信息披露制度的执行仍然不到位

两项指标得分分别为 86.68 分、63.90 分。一是存在未履行有效告知的情况，主要表现为金融机构从业人员向客户营销产品、提供服务时夸大产品收益，刻意隐瞒产品风险，误导消费者购买产品或服务，此类现象主要发生在保险业；二是部分机构、部分业务未建立有效的个人信息保护内控制度和防范措施；三是违规收费的现象仍然存在。

1. 制度公开及收费信息、投诉电话公示良好。收费信息公示率、投诉电话公示率分别达到 90.8%、94.4%；工作制度公开、投诉流程公开、责任部门及人员公开分别达到 70%、92.4%、85.9%。这主要得益于金融监管部门加大对金融机构公示工作的监督检查力度，也包括媒体监督的介入促使金融机构强化了基层网点公示管理。

2. 侵害消费者权益的行为仍然存在。一是侵害消费者知情权，主要涉及信息公开中未告知产品收益与风险、未告知业务流程、未告知售后服务三项指标，银行业金融机构分别发生了 1 次、3 次和 1 次，主要表现为"存款变保险"。二是侵害消费者公平交易权，主要涉及限制客户选择和捆绑销售两类，在银行业金融机构均发生 1 次。三是侵害消费者隐私权，主要涉及违规采集信息，银行业金融机构发生 1 次，突出表现为冒名贷款导致消费者个人信用记录受到影响。

（五）司法和监管环境有待进一步改善

此项指标得分 59.58 分，得分在 6 个一级指标中排名居后。一是司法方面，县（市、区）均设置了一级法院，但尚未覆盖所有乡镇；缺乏针对金融消费权益保护方面的司法指导性文件。二是监管方面，金融机构行为监管准则和沟通协调机制为空白，消费者保护规则偏少；物价监管部门仅对 4 家银行业金融机构开展过价格检查，银监部门侧重于传统的合规性业务检查，仅人民银行开展了金融消费权益保护专项检查，现场检查率为 12%。

1. 胜诉率低、立案困难、诉讼成本高是司法环境中的主要问题。湘潭市本级及所辖 3 县（市）2 区均建立了独立的法院，县（市、区）及乡镇共建立法院 32 个，占县（市、区）及乡镇总数的 55.17%，未实现法庭全覆盖；法院尚未就金融消费权益保护出台规范性文件；法院 2014 年共受理金融类纠纷案件 276 起，案件胜诉率仅为四成。此外，自然人发生的金融类纠纷涉及金额较低，立案较难；即使法院受理案件，消费者需承担的诉讼费用往往超过索赔金额，因此消费者宁愿选择反复投诉、协调或寻求媒体帮助都不愿意走诉讼渠道。

2. 监管机构加强履职，但尚未形成监管合力。2014 年，人民银行湘潭市中心支行、湘潭市银监分局、湘潭市物价局等监管单位对 71 个金融机构分支机构开展了现场检查，其中人民银行湘潭市中心支行开展 45 次，湘潭市银监分局开展 22 次，湘潭市物价局开展 4 次。湘潭市物价局开展的银行收费专项检查重点查处了乱收费现象；人民银行湘潭市中心支行对金融机构消费权益保护工作情况进行了年度评估，并就金融机构反假人民币、银行卡等领域履行金融消费权益保护义务的情况进行了专项检查，对发生违规情况的个别机构进行了行政处罚（见案例 7 - 1）。

【案例 7 - 1】

李先生诉农行出假钞案件

基本情况

2014 年 4 月 21 日，李先生向湘潭市金融消费权益保护中心投诉称：4 月 18 日，李先生在农业银行湘乡棋梓桥支行办理取款业务，金额 10 万元，因为当时临近下班，所以在取款时并没有过验钞机，随后李先生前往离农业银行不远的邮政储蓄银行办理转存，邮政储蓄银行经办人员在清点现金时，发现在李先生刚取出的现金中有 1 张 100 元假钞，随后邮政储蓄银行经办人员将该张假钞退还给了李先生。于是李先生找到农业银行湘乡棋梓桥支行要求给予赔偿，但遭到农业银行拒绝，农业银行称离柜概不负责。

处理情况

湘潭市金融消费权益保护中心在接到投诉后非常重视，经分析该投诉属于人民银行履职范围，第一时间与货币金银科进行了联系，并于 4 月 21 日组织货币金银科、湘乡支行负责人前往农业银行湘乡棋梓桥支行进行调查。

经过调查核实，农业银行湘乡棋梓桥支行虽装备了冠字号点钞机，但由于操作不当，并未对进出钞票进行冠字号码记录，无法证明假钞不是从本行流出，由农行向李先生赔付 100 元。投诉人李先生对处理结果无异议。

随即前往邮政储蓄银行湘乡棋梓桥支行进行调查，经查邮储银行湘乡棋梓桥支行将假钞退回给李先生属实，该行经办人员对柜台发现的假币没有进行收缴。

中国人民银行湘乡市支行根据《中华人民共和国人民币管理条例》第四十五条和《中国人民银行假币收缴、鉴定管理办法》第十七条规定，给予中国邮政储蓄银行湘乡棋梓桥支行 5000 元罚款，并在全辖进行通报。

法律分析

《中华人民共和国人民币管理条例》第三十四条规定："办理人民币存取

款业务的金融机构发现伪造、变造的人民币，数量较多、有新版的伪造人民币或者有其他制造贩卖伪造、变造的人民币线索的，应当立即报告公安机关；数量较少的，由该金融机构两名以上工作人员当面予以收缴，加盖'假币'字样的戳记，登记造册，向持有人出具中国人民银行统一印制的收缴凭证，并告知持有人可以向中国人民银行或者向中国人民银行授权的国有独资商业银行的业务机构申请鉴定。对伪造、变造的人民币收缴及鉴定的具体办法，由中国人民银行制定。"

《中国人民银行假币收缴、鉴定管理办法》第六条规定："金融机构在办理业务时发现假币，由该金融机构两名以上业务人员当面予以收缴。对假人民币纸币，应当面加盖'假币'字样的戳记；对假外币纸币及各种假硬币，应当面以统一格式的专用袋加封，封口处加盖'假币'字样戳记，并在专用袋上标明币种、券别、面额、张（枚）数、冠字号码、收缴人、复核人名章等细项。收缴假币的金融机构向持有人出具中国人民银行统一印制的《假币收缴凭证》，并告知持有人如对被收缴的货币真伪有异议，可向中国人民银行当地分支机构或中国人民银行授权的当地鉴定机构申请鉴定。收缴的假币，不得再交予持有人。"

本案中，中国邮政储蓄银行湘乡棋梓桥支行经办人员在办理业务时发现假人民币，未按规定进行收缴，而是将假人民币退还客户，属于违规行为。

案例启示及措施

银行机构在办理业务时发现假币不收缴，而是将假币退还给客户，属于违规行为，扰乱了人民币的流通秩序。

在湘潭市金融消费权益保护中心督促下，农业银行湘乡棋梓桥支行和邮储银行湘乡棋梓桥支行采取了以下改进和完善的措施：一是两家行都组织相关一线临柜人员认真学习了《中华人民共和国人民币管理条例》《中国人民银行假币收缴、鉴定管理办法》等法律法规，假币收缴、鉴定的操作流程和操作要点；二是农行棋梓桥支行对冠字号记录系统进行了重新设定，确保不出现漏登的情况。

但由于金融监管部门与工商、物价、公安、法院等单位尚未建立起金融消费权益保护工作协调机制，监管仍然处于各自为战的阶段，未能形成监管合力。

7.4　金融消费权益保护存在的主要问题

（一）金融消费权益保护跨部门工作架构尚未建立

目前，金融监管机构和金融机构虽然已建立系统内的组织机构、工作制度，但行业协会、司法机关未就金融消费权益保护建立或出台指导意见，金融监管机构与其他行政管理部门、法院等机构也未建立统一的工作协调机制，地（市）一级证券、保险业监管机构普遍未设立分支机构，县（市）一级银行、证券、保险也未设专门监管分支机构，人民银行作为金融消费权益保护主管机构，特别对于非人民银行受理范围内投诉处理职责有限，金融消费权益保护大打折扣。

（二）金融消费权益保护监管面临震慑力不强的尴尬

金融消费权益保护涵盖范围较广，基本上已融入金融机构大部分业务当中。物价部门对金融机构产品、服务等违规收费可依法进行行政处罚，但是人民银行作为金融消费权益保护主管机构，可对金融机构进行监管，近年来也就银行卡、个人金融信息保护等领域开展了金融消费权益保护专项检查，但《中华人民共和国消费者权益保护法》并未就金融消费权益保护违规行为处罚作出规定，金融消费权益保护检查对金融机构的震慑力不强。

（三）诉前调解受现实条件约束作用有限

金融机构的格式合同均有"最终解释权归本机构"的表述，金融机构即使存在信息披露不充分、风险告知不到位等情况，也能依据格式合同在诉前调解中处于强势地位，不仅损害消费者正当权益，也削弱了金融消费权益保护的工作效能。对于银行卡盗刷、个人信息泄露等投诉，由于取证比较困难，人民银行在调解过程中很难认定双方责任，诉讼判决方面银行败诉、责任均担、原告败诉均有案例，在投诉处理过程中更多地对金融机构进行督办，由金融机构自主处理，人民银行调解作用有限（见案例7-2）。

【案例7-2】

陈先生诉某银行ATM跨行取款被盗案件

基本情况

陈先生持华融湘江银行卡在湘潭市J银行的某支行ATM上取款后，在广州被人盗取现金10 100元，陈某随即报案。公安机关破案后告知陈先生，其银行卡是被犯罪嫌疑人安装在湘潭市J银行的某支行ATM上的摄像头窃取了账号密码并在异地复制后盗刷。陈某向湘潭市金融消费权益保护中心申诉，要求J银行赔偿相关损失。

处理情况

湘潭市金融消费者保护中心根据相关工作流程受理了陈某的申诉，将陈某的相关申诉材料及时转办华融湘江银行和J银行。但J银行的书面报告中认为

J 银行不存在过失，应由发卡行华融湘江银行赔偿申诉人损失，华融湘江银行认为是在 J 银行的 ATM 上被盗刷的，其不应赔偿，应由 J 银行承担相应赔偿责任。湘潭市金融消费者权益保护中心在调处无果的情况下，建议申诉人向当地人民法院进行起诉。最终，申诉人因诉讼时间和诉讼成本问题放弃了起诉。

法律分析

1. 《中华人民共和国商业银行法》第六条规定："商业银行应当保障存款人的合法权益不受任何单位和个人的侵犯"；第七十三条第一款第四项："商业银行有下列情况之一，对存款人或者其他客户造成财产损害的，应当承担支付迟延履行的利息及其他民事责任：……（四）违反本法规定对存款人或者其他客户造成损害的其他行为"。

2. 《储蓄管理条例》第三十七条规定："储蓄机构违反国家有关规定，侵犯储户合法权益，造成损失的，应当依法承担赔偿责任。"

3. 银监会颁布实施的《电子银行业务管理办法》（银监会令〔2006〕第 5 号）第八十九条规定："金融机构在提供电子银行服务时，因电子银行系统存在安全隐患、金融机构内部违规操作和其他非客户原因等造成损失的，金融机构应当承担相应责任。因客户有意泄漏交易密码，或者未按照服务协议尽到应尽的安全防范与保密义务造成损失的，金融机构可以根据服务协议的约定免于承担相应责任，但法律法规另有规定的除外"；第九十一条规定："金融机构已经按照有关法律法规和行政规章的要求，尽到电子银行风险管理和安全管理的相应职责，但因其他金融机构原因造成客户损失的，由其他金融机构承担相应责任……"

4. 银监会于 2004 年颁发的《关于加强银行卡安全管理有关问题的通知》规定，各商业银行对其他商业银行的银行卡信息应尽到充分保密的义务，没有尽到充分保密义务造成信息外泄的，应承担由此给其他银行和其他银行持卡人所造成的损失。

存款人申办银行卡和银行为其发放银行卡，存款人与银行间建立储蓄存款合同关系，银行应当为存款人的存款安全负责。保护存款人的财产权等合法权益是《商业银行法》的立法宗旨，《商业银行法》第六条明确了保障存款人的合法权益是商业银行的法定义务，《电子银行业务管理办法》第八十九条和《关于加强银行卡安全管理有关问题的通知》也明确了银行在电子银行业务中应履行的义务。银行履行这种合同上的义务，不仅是指对存款人个人信息的保密义务，也包括为到银行办理交易的储户提供必要的安全、保密的交易环境等安全保障义务。如果银行在 ATM 设备和管理上存在疏漏，犯罪嫌疑人在 ATM 机具等交易环境中安装摄像头等设施窃取了持卡人银行卡信息和密码，伪造银行卡导致持卡人资金损失，银行因没有尽到安全保障义务，依据《商业银行法》第七十三条第一款第四项、《储蓄管理条例》第三十七条和《电子银行业务管理办法》第八十九条等规定，银行应承担违约责任，赔偿持卡人的损失。

本案中，华融湘江银行在履行储蓄存款合同中，并未泄露申诉人银行卡的信息，且其对J银行提供的机具也无法控制，不应对申诉人使用银行过程中遭受的损失承担赔偿责任。而J银行应当保障其经营场所及交易机具的安全，加强监控，但其在他人安装非法设备后未及时发现、制止，造成申诉人密码泄露和银行卡信息被窃取，导致在接受申诉人委托发起电子支付指令过程中借记卡信息外泄，J银行没有全面履行安全保障义务，应对申诉人由此造成的损失承担赔偿责任。

案例启示

1. 在司法实践中，法院对于使用伪卡盗刷持卡人资金的诉讼案件，一般认为银行对于存款人负有安全保障义务，银行不仅要对于银行卡本身的安全性予以保障，也要保证交易场所和计算机信息系统设备的安全运行。有的法院判决认为银行计算机交易系统未能识别伪卡和未能提供安全交易环境，即对存款人未尽安全保障义务，应承担赔偿责任。

2. 本案涉及的华融湘江银行和J银行作为银联入网成员，通过银联信息交换中心，双方形成业务协助和清算关系；陈先生与华融湘江银行之间属储蓄存款合同关系；与J银行之间属委托发起电子指令的关系。《中国银联入网机构银行卡跨行交易收益分配办法》规定，持卡人在ATM跨行取款应支付手续费，该手续费由发卡行、提供ATM机具行、银联信息交换中心按比例进行分配。因此，发卡行与机具提供行之间既同属一个利益共同体——参加银联网分享银行卡业务利益，又分别与持卡人存在独立的法律关系，认定跨行交易过程中，无论是发卡行还是提供机具行，只要未尽到电子银行风险管理和安全管理的相应职责，没有履行安全保障义务，造成持卡人损失的，均应根据各自过错承担相应的责任。

在处理此类银行卡跨行盗刷投诉事件时，由于缺乏取证手段或取证不具备法律效力，湘潭市金融消费者保护中心对涉事各方的责任认定也难以得到涉事各方的认同，即使进行调解也作用有限，导致金融消费者不得不进入诉讼程序或因无法承担诉讼成本而放弃诉讼。

（四）宣传教育有待进一步加强

从金融机构受理投诉和法院受理诉讼的情况看，一方面消费者已经意识到可通过投诉和诉讼维护自身合法权益；另一方面索赔成功率和胜诉率不高也反映了金融消费者的金融知识、风险意识与自我保护意识有待进一步提升。另外，根据日常受理的投诉情况分析，部分因经办人员对相关法规、业务知识不了解及服务态度不好等原因引发的投诉，后经人民银行督办，向客户进行了解释说明、道歉而得到很好的解决。

7.5　做好金融消费权益保护工作建议

（一）完善顶层金融消费权益保护法规

国务院应尽快出台《金融消费权益保护条例》《金融消费权益保护实施细则》等法规，进一步丰富《中华人民共和国消费权益保护法》内涵，完善金融领域的消费者权益保护，明确人民银行在金融消费权益保护工作中的法定地位，列明银监会、证监会、保监会等监管机构的职责；同时，对金融消费权益保护架构设置、监督管理、法律责任进行明确，重点应对公平交易、信息保密及安全等方面作出详细规定，并列明相应的处罚措施，改变信息不对等的现状，建立一套完善的金融消费权益保护法制体系。

（二）尽快建立跨部门金融消费纠纷解决机制

目前，湘潭市虽然在市政府的领导下，成立了金融消费权益保护中心和领导小组，成员涵盖了法院、公安、工商、行业协会等部门，但《中华人民共和国消费者权益保护法》等法规并未就各部门的职责作出规定，在具体工作中缺乏操作性。建议由人民银行总行与相关部门进行商谈，明确各方在金融消费权益保护中的职责，联合下发指导意见，破除部门间协调不畅的困难；对于未设立分支机构的监管部门的地（市、县），可采取委托当地人民银行进行监管，避免出现监管"真空"地带；对不符合立案要求、金额较少的案件，可由监管机构、金融机构、司法机关建立一个协调机制，防止出现互相推诿，畅通信息渠道，尽可能以投诉的方式得到处理，避免客户反复投诉或采取过激行为，提高纠纷解决效率；另外，行业协会尽快建立行业自律机制，明确本行业投诉处理的基本原则和规定，保证行业内各机构投诉处理标准一致，切实保护金融消费者的"安全权、知悉权、选择权、公平交易权、索赔权、受教育权、受尊重权"。

（三）完善金融消费权益保护环境评估指标体系

一是扩大环境指标体系征求意见范围，征求意见范围可包括司法机关、部分金融机构和金融消费者，进一步完善金融消费权益保护环境指标，确保各项指标能更好地反映客观实际，进一步提高环境评估效果。二是就采集指标数值的真实性、准确性建立一个校对机制，确保数据准确，也可由提供数据的上级机构统一提供，则可保证数据的口径一致，从而为评估提供准确的依据。三是评估指标应对有效投诉、无效投诉进行明确。

（四）加强金融消费权益保护宣教力度

一是建议总行对金融知识普及工作进行战略提升。目前我国的金融知识普及工作散落在"一行三会"的组织文件通知中，缺乏全行业统一规划。建议从战略规划层面，明确金融知识普及工作的目标和原则，明确金融知识普及工作的组织机构，明确金融知识普及的利益攸关方及其职责和义务，明确"一行三会"及金融机构进行金融知识普及的法定职责，确定金融知识普及工作的执行框架。二是试点将金融知识普及纳入国民教育。在中小学校实施金融知识教育计划，对在校生设计趣味性和针对性强的金融知识教育活动，更有效、更直接地提高未成年人的金融能力，发动公益组织、社区组织面向弱势群体的未成年人开展金融知识教育，避免出现未成年人金融知识教育"真空"，确保金融知识成为国民素质的基本要求。三是多主体、多形式、多渠道地开展金融知识普及。试点建立由行业协会、教育部门、金融机构、学校和新闻媒体等多方参与的金融知识普及工作机制；突破发放手册、现场咨询等传统手段，充分发挥成本低、受众多的互联网传播方式的作用，开通消费者咨询帮助网页，建立和传播与金融知识普及相关的社交团体、网上游戏、网络录像，为公众提供客观、全面、及时的金融指导。四是试点金融知识普及工作评价。除主管部门的工作考核外，可尝试由第三方机构（高校研究团队）运用科学测评手段定期对金融知识普及的工作措施和成效开展盘点评价。

主执笔人：王一凡　罗志军

第8章

2015 年株洲市金融消费权益保护
环境评估报告

8.1　环境评估工作开展情况

金融消费权益保护环境是指能为金融消费者权益提供有效保护，确保消费者行使其权利，履行其法定义务的所有内外要素及其相互作用的总和，反映一定区域的金融消费权益保护的总体状况和整体水平。为推动辖区内金融消费权益保护环境持续改善，有效衡量区域金融消费权益保护总体状况，提升金融消费权益保护的能力水平，促进金融消费者权益得到更有效的保护，根据《湖南省金融消费权益保护环境评估方案》的工作要求，中国人民银行株洲市中心支行对辖区内 2014 年度金融消费权益保护环境进行了评估，评估报告如下。

本次评估采取指标评估并结合、参考了 2014 年度辖区内金融机构消费权益保护日常工作情况、金融消费权益保护中心受理的现场投诉情况，主要涵盖了金融消费交易流程、金融消费权益保护工作机制、金融消费权益保护法律基础、金融消费可及性四个方面维度，具体包括信息披露、交易公平、争端解决、机制保障、法制保障、普惠金融等多个方面的基本情况。经科学评估，辖区内 2014 年度金融消费环境各项指标得分情况如表 8 - 1 所示：

表 8 - 1 　　株洲市 2014 年度金融消费权益保护环境评估得分表

综合得分	信息披露	交易公平	争端解决	机制保障	法制保障	普惠金融
77.58	90.51	92.10	57.82	61.19	68.34	87.62

8.2 2014年度辖区内金融业运行基本情况

2014年度，株洲市金融业总体保持稳健运行。银行业资产负债规模进一步扩大，行业效益稳定提高，不良资产持续下降，金融体制改革稳步推进。证券业交易活力同比提升明显，资金吸附能力有效增强，上市公司融资风险有效控制。保险业市场进一步规范，保费收入稳步增长，经营质效稳步提升，保险保障功能得到有效发挥。截至年末，全市金融机构各项存款余额2 064.9亿元，同比增长12%；各项贷款余额1 114.2亿元，同比增长18.8%；余额存贷比为54%，新增存贷比为79.8%；新增地区社会融资规模262.4亿元，同比减少1.6%。目前，全市存贷款总量列全省第三位；增量分列全省第五位、第二位；增幅分列全省第九位、第三位。

从行业看，2014年度辖区内银行业发展较快，至2014年末，市辖内共有银行类金融机构23家，从业人数7 157人，同比减少482人。2014年末，全市银行业资产总额2 251.96亿元，比年初增加209.07亿元，同比增长10.23%，增速同比下降5.72个百分点；总负债2203.42亿元，同比增长10.09%，比年初增加201.89亿元。全年总盈利39亿元，同比增长23.1%。在认真贯彻落实稳健的货币政策背景下，全市银行业积极拓展信贷来源，持续优化存贷款结构，努力提升经营效益，防范和化解经营风险，有力地支持了地方经济发展。

证券期货业方面，株洲市辖内现有方正、国泰君安、申银万国等11家证券公司营业部和大有、德盛2家期货公司营业部，共有从业人员241人，其中高管人员14人。截至2014年末，全市证券期货业资产总额为13.97亿元，同比增长3.51%；净资本为7.35亿元，同比增长5.71%；净资产8.97亿元，同比增长6.17%；净资产率为110.26%，同比下降9.47个百分点。

保险业方面，2014年株洲市保险市场得到进一步规范，保险市场发展态势较好，全市共有保险机构41家，其中人身险公司22家，财产险公司19家。保费收入止跌稳升。全年实现保费收入40.74亿元，同比增长14.86%，比上年提高3.36个百分点，扭转了业务增速下滑的势头。

8.3 辖区环境评估结果及分析

8.3.1 法制保障

（一）评估结果（68.34分）

法制保障	司法环境	法庭覆盖率	65%
		法院出台的规范性文件数	0个
		纠纷案件胜诉率	32%
	监管环境	现场检查率	26.5%
		沟通协调机制	2个
		消费者保护规则	5个
		金融机构行为监管准则	2个

（二）结果分析

2014年，全市司法系统围绕经济社会发展大局，不断创新工作方式，完善实施方案，明确中级人民法院为加强司法环境建设责任部门，并提出了民商事、金融案件结案率、执行率等目标要求，组织中院领导和执行局领导参加金融生态指标评估，增强对司法环境建设重要性的认识；组织各金融机构对辖内金融债务诉讼案件情况的全面清理，明确清收的重点和顺序，由市政法部门提交执法部门，督促限期审理、执行结案，切实保障金融机构的合法债权；开展金融案件集中执行月活动，协助银行、信用社严厉打击恶意逃废银行债务行为，提高金融案件执结率；开展司法环境专项整治工作，通过大力打造金融维权、金融普法和金融安全工程，建立司法环境建设长效机构，全面推进全市金融司法环境建设。通过一年的司法环境建设，全市司法力度有所加强，司法环境明显好于上年。辖内五县（市）民商事案件结案率、执结率同比提高较快，金融案件结案率、执结率整体保持在一个较高的比率范围内。基层司法保障水平进一步提升，全市县乡法庭覆盖率达到了65%。

另外，社会诚信度建设方面，从2008年开始，株洲市就提出了创建"金融生态模范城市"的工作目标，开展了系列创建活动。2011年，市委、市政府根据湖南省"金融生态城市"创建工作方案要求，将创建"金融生态良好城市"列入全市社会信用体系建设十二五规划，以两办文件印发全辖，成立了以市委书记为政委、市长任组长，市委组织部长、纪委书记、宣传部长和市政府常务副市长、主管金融工作副市长任副组长，32个政府部门和相关单位为成员的社会信用体系建设领导小组，统筹安排创建工作，构建了"政府推动、部门联动、社会参与、整体推进"的创建工作格局，并将金融生态城市创建纳入政府部门政绩考核。株洲围绕职责任务，扎实推进创建工作。一是扎实推进金融安全区建设。2012 年 3 月，炎陵、攸县两县被省政府确认为达标单位，2014 年 3 月，醴陵被省政府确认为达标单位。2013 年 7 月，茶陵县、株洲县成功通过株洲市社会信用体系建设领导小组对两县进行验收考核，确认为市级达标单位。二是持续推进农村信用村镇创建。积极推进农村信用体系建设，引导农村金融机构增加贷款规模、提高授信额度、下浮贷款利率、简化手续、提供优质金融服务等配套优惠政策。截至 2013 年末，创建农村支付环境省级示范县（市）2 个，创建示范乡镇 43 个；设立助农取款服务点 816 个，布放电话 POS 终端 23 954 台。

8.3.2 机制保障

（一）评估结果（61.69 分）

机制保障	组织机构	领导机构完备率	80%
		办事机构完备率	100%
		人员配备率	100%
	制度设立	制度制定数	30 个
		工作创新数	15 个
		未执行制度次数	2 个
	金融教育	监管机构宣传教育	9 次
		金融机构宣传教育	65 次
		媒体宣传教育	35 次

（二）结果分析

1. 监管体系比较健全。株洲市成立了金融消费者权益保护中心。辖内 4 个县（市）均成立了相应机构。组建了株洲市银行业协会。总体上形成市消委、市金融办、市工商局、市人民银行、市银监局、金融消费者权益保护中心、市银行业协会、市保险行业协会各负其责的金融消费权益保护监督管理体系。2014 年，全市各监管机构和行业组织出台的金融机构行为监管准则和金融消费者保护规则等制度共有 5 个。另外，株洲市还专门成立了金融仲裁分会调处金融消费纠纷。分会作为株洲市仲裁委员会的派出机构，专门受理、调解和仲裁发生在金融消费领域的各类民商事纠纷。成立株洲市金融仲裁分会，是株洲市金融消费者权益保护中心创新工作方法，引入外部调处机制，快速、有效处理各类金融消费纠纷的一项重要举措。株洲市金融消费权益保护中心成立以来，始终坚持将纠纷在现场解决、在金融机构内部解决的原则，采取以非诉讼解决机制为主、诉讼解决为辅的方式，及时妥善处理各类金融消费纠纷，取得了较好的效果。

2. 第三方解决机制较为畅通。经过近年来的积极探索，通过不断创新工作方式，采取多种措施逐步理顺各方关系，形成良好的工作局面。辖区内金融消费权益保护各项工作全面展开，内部管理不断加强，基本步入程序化、规范化和科学化的轨道，主要表现在：一是全面开通了 12363 电话。健全完善电话管理制度、投诉处理操作规程，认真解答咨询和处理投诉，努力提高投诉电话接通率，尽力确保 12363 电话有效运行。同时，辖区内各金融机构目前都设立了包括现场（柜台）投诉、网点服务监督电话和全国客服电话（如工行的 95588、农行的 95599、中行的 95566、民安财险的 95506 等）在内的多种客户投诉渠道，并基本实现了多种投诉渠道之间的联动。二是理顺了消保工作关系。召开全市推进金融消费权益保护工作专题会，通报要求各金融机构确定处理投诉的部门和人员，理顺投诉受理、转办、反馈关系。同时编制了金融消费投诉典型案例，对投诉事由、法律规定、办理情况进行综合分析，并将典型案例在金融系统内进行通报，促使金融机构积极处理投诉，完善内部管理。

8.3.3　信息披露方面

（一）评估结果（61.69 分）

		未告知产品的收益与风险次数	5 次
信息披露	信息公开	未告知业务流程次数	0 次
		未告知售后服务次数	0 次
		收费信息公示率	100%
		投诉电话公示率	100%
	制度公开	工作制度公开率	87%
		投诉流程公开率	91.3%
		责任部门和人员公开率	78.3%

（二）结果分析

近年来，由于金融创新的飞速发展和混业经营行为初现端倪，一方面大量的银行理财产品纷纷上市，另一方面银行又以代理等方式参与保险代销、基金托管等非存款业务。由于这一过程中相应的投资者风险教育没有及时跟进，银行为获取巨额佣金而进行不当劝诱和宣传的可能性大大增加。在此背景下，全面、深入、合法的金融服务信息、金融产品信息披露就显得极为重要。调查发现，辖区内各银行业金融机构近年来的金融服务信息、金融产品信息披露工作正逐步改善。一是金融服务、金融产品信息宣传的工作力度有所加强。近年来，根据监管部门的工作要求和银行自身业务营销的需要，各家银行都通过宣传折页、海报、网点显示屏、手机短信、电视营销广告多种途径进行了大量金融业务和产品宣传，金融业务和产品的信息披露工作与以往相比有较大改观。二是金融服务、金融产品信息宣传的方式、方法有所创新。调查发现，辖区内部分银行业金融机构针对理财产品销售不当容易引发纠纷的问题，采取了不定期举办客户聚会、讲解产品特点和普及金融理财知识等方式开展金融产品信息宣传活动，取得了较好的效果。三是信息公开和制度公开的力度有所加大。辖区内大部分金融机构都以合理方式向客户告知了寻求援助的渠道、业务流程、收费信息、投诉电话等信息。同时，部分金融机构还公开了部分内部管理制度，包括消费权益保护工作制度、投诉受理程序和相关负责人等内容。

但同时也应当看到，由于种种原因，辖区内因信息披露不深入，信息不对称给消费者带来的权益损害的现象依然存在。这主要反映在银行理财产品的信息披露和告知方面。当前银行在代理销售或自主研发理财产品的过程中存在诸多不规范的问题。理财产品之所以成为投诉的"重灾区"，主要原因一是部分银行代理销售不规范，内控机制不完善。这在"存款变保险"中表现得最为明显，代理保险理财产品业务推出的初期，由于监管制度不健全，代理银行片面追求短期代理收益，甚至不顾道德风险，将推销业务分解到一线柜台人员，最终逐步演变为欺骗性极强的误导销售。目前这些保险理财产品大部分都进入了集中兑付期，由于无法实现当初推销时承诺的高收益而引发大量投诉。二是近年来部分银行在推出自己发行的理财产品时，一方面由于对市场风险把握不准，而另一方面又对金融消费者承诺了高额的收益率，一旦市场发生不利于银行投资的变化后，承诺的收益很难保证，导致不满和投诉。

8.3.4　交易公平方面

（一）评估结果（92.10分）

交易公平	产品销售	限制客户选择次数	0次
		捆绑销售次数	3次
		违规收费次数	0次
		不公平格式条款个数	56个
		违规采集信息次数	0次
	信息保护	未建立防范措施的个数	0个
		信息泄露次数	1次

（二）结果分析

公平交易权是金融消费者享有的主要权利之一，金融机构在与消费者进行买卖交易的过程中，往往会利用金融消费者的认知偏差向其推销不适合的产品和服务，损害金融消费者的利益。近年来，随着株洲市辖区内金融机构的增加，业务竞争的加剧，金融机构越来越注重根据消费者自身意愿提供专业、个性化的金融服务。金融消费者的交易地位提升明显。但从实际情况看，金融机构在维护消费者的公平交易权方面，还存在一些不尽如人意的地方，突出表现在如下几方面：

一是存在捆绑销售、违规收费等违规现象。例如，株洲市 8 家银行曾在株洲市银行同业公会的组织下召开会议，会后以"株洲市银行同业公会文件"的形式通过了《关于收取住房按揭手续费的约定》（以下简称《约定》）。《约定》"根据《商业银行法》《合同法》等法律法规以及各行住房信贷业务管理的规定（办法），结合当地银行业及房地产市场的具体情况"，要求银行同业公会的所有会员——即全市所有银行"在办理住房按揭贷款与房地产开发商签订按揭项目协议时，须向开发商收取 1% ~5% 的按揭手续费，其手续费不得转嫁消费者"。对于这一新设立的收费项目，银行同业公会在既未按规定向人民银行和银监部门报备，也未经当地物价部门审批的情况下，即在全市范围内开始施行。在实际执行过程中，大部分"按揭手续费"都是由银行向开发商直接收取。但部分开发商为了降低成本，违反其和银行关于"按揭手续费不得转嫁消费者"的内部约定，直接要求购房者向银行支付。上述行为违反了《中华人民共和国反垄断法》"禁止具有竞争关系的经营者通过达成垄断协议的方式固定或者变更商品价格"的规定，引发了当地市民和媒体的广泛质疑，但各家银行在同业公会的组织和协调下统一了答复口径，采取"一致行动"强行收取"按揭手续费"，同时拒绝向外界出示和提供《约定》的相关内容，也拒绝就该项收费的政策法律依据作出解释和说明。

二是不公平格式条款依旧存在。例如在交通银行的《太平洋信用卡章程》中就存在大量"霸王条款"，部分条款与监管部门的法律法规严重不符。如《太平洋信用卡章程》中明确提出"贷记卡内的资金不计利息"，明显与"存款有息"的基本原则不符。再如，《太平洋信用卡章程》中明确提出"白金卡核发后，不论激活与否，即计收年费"，该规定明显与监管部门规定的"信用卡发放后，如果未激活不得计收年费"条款不符。而该白金卡的年费标准达 1 000 元每年。

三是个人信息保护亟待加强。近年来，金融机构采取了一系列措施，规范管理，完善内控机制，依法合规地收集、保存、使用和对外提供个人金融信息，及时解决与个人金融信息保护相关的争议。各家金融机构在个人信息保护方面做了大量基础工作，主要表现在：组织机构较为健全，员工信息保密培训管理工作较为到位。大部分机构与员工签订了责任状，对员工的相关保密义务进行了约定；员工培训方面，通过其内部工作系统对员工进行了网上工作培训，保密培训管理工作较为到位。建立了与个人金融信息保护相关的工作制度。建立了信息安全和保密管理实施细则，对个人金融信息保护相关工作规则进行了规定。产品和宣传资料保密工作较为到位。金融机构一般通过格式化的"个人客户开户申请书"收集客户个人信息，具体操作采取客户填写纸质材料，由员工录入系统，随后纸质材料作为工作档案移交档案馆保管，较好地确保了不发生客户信息泄露。

但在个人信息保护方面，部分金融机构也存在不同程度的违规现象。例如，2015 年 4 月 1 日起，上海浦东发展银行信用卡中心在其官网发起了为期三个月的"全民催收大会战"活动。由于该活动主要以"网络人肉"方式催收客户信用卡欠款，涉嫌侵害客户基本权利，引发社会广泛争议。该项活动主要内容包括两个方面：一是向全体社会公众悬赏征集严重逾期客户的有效联系方式。如果参与民众能够提供一名严重逾期客户的联系方式，浦发银行信用卡中心将奖励 100 元刷卡金。二是向社会公众提供其内部掌握的逾期客户名单和相关信息，并以悬赏方式开展催收。无论参与民众能够以何种方式促使逾期客户成功还款，浦发银行信用卡中心将给予实际偿还金额的 4%，最高不超过5 000 元的刷卡金奖励。截至 2015 年 4 月底，浦发银行已经在该网站公示了全国 1 349 名信用卡严重逾期客户的基本信息，主要包括持卡人姓名、不完整的身份证号和住址，以及逾期本金金额。浦发银行的"全民催收"，其实质属于以"网络人肉"方式催收信用卡欠款，涉嫌侵害客户基本民事权利，造成了客户信息的过度曝光，并可能引发民事纠纷。

8.3.5　争端解决方面

（一）评估结果（57.82 分）

争端解决	投诉处理	投诉窗口设置率	100%
		金融机构投诉电话接通率	95%
		投诉处理时效	82%
		投诉办结率	93%
		投诉处理满意率	95%

续表

争端解决	调解机制	纠纷解决机制	1 个
		金融服务投诉率	2%
		重大群体性投诉事件数	0 次
	追索赔付	赔付机制建立率	35%
		客户索赔成功率	72%

（二）结果分析

2014 年度，辖区内各金融机构通过客服电话、现场（柜台）投诉、网点服务监督电话等方式接受并处理了大量投诉，从反馈情况看，全年此类投诉与处理活动呈现出以下一些新的特点：

一是投诉数量居高不下。辖区内各家金融机构基本均受理过客户投诉案例，主要来自于各家金融机构对外客服电话转办工单。据不完全统计，金融机构全年受理投诉数量最多的达 100 起以上，最少为 5 起左右，全市金融机构全年受理投诉量平均约为 60 起。

二是非理性投诉有所上升。据辖区内各家金融机构反映，在保护金融消费权益过程中，因非理性维权引起的消费投诉不断增多，甚至引发纠纷，使金融机构被迫投入大量精力应对，扰乱了金融秩序，影响了金融创新能力，削弱了金融消费权益保护效果。

三是投诉内容多种多样。投诉事项主要涉及以下几个方面：第一，理财产品问题。近年来部分银行在推出自己发行的理财产品时，一方面由于对市场风险把握不准，而另一方面又对金融消费者承诺了高额的收益率，一旦市场发生不利于银行投资的变化后，承诺的收益很难保证，导致不满和投诉。第二，不良信用记录问题。其中被人冒名贷款导致信用污点的情形较为突出。从投诉情况来看，冒名贷款导致消费者信用污点的原因主要有两类：一部分银行工作人员在审核客户贷款资料时不够严谨，如客户身份资料未经联网核查，从而导致身份被冒用；同时也存在部分银行工作人员内部作案，在未经客户同意的情况下，私自盗用客户办理其他业务时留存的个人信息资料，办理冒名贷款牟利。此类情况在内控机制较为松懈的农信社、商业银行农村网点较为常见。第三，银行卡业务问题。主要为银行卡被复制和银行卡被调换导致损失的案例。此类投诉集中反映出目前广泛使用银行卡交易系统存在安全隐患，容易被不法分子利用侵害消费者权益，亟须改造升级。同时也说明近年来不法分子采用调换银行卡方式进行诈骗的案件呈上升势头，消费者自身金融知识和安全意识有待提高。

8.3.6　普惠金融方面

（一）评估结果（57.82 分）

普惠金融	覆盖性	银行网点密度	29.8 个/十万人
		保险服务乡镇覆盖率	100%
		ATM 密度	26.6 个/十万人
		农村 POS 密度	0.3 个/十万人
	便利性	个人账户开户率	5.7 个
		小微企业贷款覆盖率	39%
		农户贷款覆盖率	27.9%
		农业保险参保农户覆盖率	209%
	满意性	小微企业贷款户均余额	65 万元
		农户贷款户均余额	6.9 万元
	消费基础	人均 GDP	44 891 元
		城镇人均可支配收入	28 663 元
		农村人均纯收入	12 908 元
		人均个人消费贷款余额	0.6 万元

（二）结果分析

1. 金融便利性大为改善。从全市来看，截至 2014 年末，株洲市现有银行业金融机构共 23 家，市区机构网点数 611 家，全辖机构网点 1 750 个（含无员工网点）。金融服务覆盖性大幅提升，积极推进农村信用体系建设，引导农村金融机构增加贷款规模、提高授信额度、下浮贷款利率、简化手续、提供优质金融服务等配套优惠政策。对信用乡镇建设进行专题督办，以电话、下发督办通知等形式对株洲县等创建信用乡镇落后地区进行督办，截至 2014 年末，创建农村支付环境省级示范县（市）2 个，创建示范乡镇 43 个；设立助农取款服务点 816 个，布放电话 POS 终端 23954 台。不断完善中小企业信用园区试点。敦请市政府制定出台《关于支持中小企业信用担保机构建设的意见》《关于加强对中小企业信用担保机构监管的实施办法》，有效推进全市中小企业信用担保体系制度建设。株洲市政府对信用担保体系建设日益重视，先后注资 5 亿元，对盛唐担保公司、高科时代担保公司进行资产重组，有力壮大了中小企业融资担保体系，2 家公司累计为 1 849 家企业提供担保，金额 35.12 亿元。

2. 金融基础设施持续稳步发展。2014 年全市实现了"农村助农取款服务全覆盖"工程，新装 ATM87 台，安装 POS 机具（含其他消费刷卡机具）

6 899台，期末存量分别为816 台和23954 台，分别比上年同期增长 11.93% 和40.45%。醴陵市每万人 ATM 布放数由上年1.74 台上升到2.6 台。全市每万人 POS 及电话支付终端布放数60.11 台，比上年增加了17.02 台。全市每万人拥有银行网点数2.23 个，乡镇银行类机构网点布放率为4.79 个/乡镇，5 县（市）每万人银行网点数同比略有提高。人均个人银行结算账户3.29 个，银行卡业务渗透率由去年的 37.23% 上升到44.07%。全市反假防假网络全面建成，反假货币宣传覆盖率达100% 。

3. 金融消费知识教育有成效。近年来，辖区内金融机构在金融消费者宣传教育方面开展了大量卓有成效的工作。在业务宣传方面，辖区内金融机构借助各种业务宣传渠道，包括 LED 显示屏、宣传折页手册、报刊杂志、电视、网络、广播等，采用广告、软文或新闻报道等多种形式，开展金融产品和金融服务的宣传。在金融知识推广普及活动方面，辖区内金融机构印制了形式多样的宣传资料，在各营业机构大厅张贴宣传海报，发放宣传折页，提高客户的安全意识。多次开展走进社区的活动，重点宣传、推广提供的便捷、多样化的金融服务、理财产品，引导客户理性选择银行服务，强化风险意识，规范零售业务的宣传与销售。在金融消费者问卷调查活动方面，辖区内部分金融机构设计了调查问卷（内容涵盖银行产品、渠道、服务、信息等金融消费者关心的问题），结合实际情况，在行风评议期间，组织开展了为期一周的金融问卷调查活动，发放并收回了调查问卷，认真总结分析调查问卷所反映的问题，并进行了积极整改，取得了较好的社会效果。

8.4 辖区金融消费外部环境存在的主要问题

（一）金融消费权益保护力度和保护效果不平衡

从实际情况看，各地金融消费权益保护力度和保护效果与当地金融行业的竞争状况和监管水平有一定关系。一般城区因为金融机构较多，相互之间竞争激烈，各家金融机构都十分注重改善金融服务水平，对于消费者投诉的处理比较到位。而在相对比较偏远的县（市）、乡镇，由于国有商业银行网点收缩，形成了一行或一社独家经营的垄断格局，造成部分金融机构利用自身垄断地位违规经营，侵犯消费者权益。

（二）解决金融消费者投诉的方式和方法不到位

金融机构内部处理是解决消费者投诉主要方式。这种方式具有方便快捷、易于沟通的优点，但其缺陷也显而易见：金融机构内部处理消费者投诉时，为最大限度维护自身利益，往往带有明显的危机应对倾向和机会主义色彩。调查发现，金融机构在处理消费者投诉时经常故意"照顾重点，忽视一般"，即对已发生的投诉个案会全力解决，但对投诉个案所反映的同类问题则不会主动修正，导致"保护个体，侵害集体"的不合理现象出现。

（三）金融消费者教育与多元化金融需求不匹配

随着金融创新的发展，金融产品和服务迅速增加，为防止金融机构在金融产品市场开拓和服务的过程中出现信息披露不充分、过度交易和违规操作等侵害消费者权益的行为，必须加强消费者教育，通过宣传教育工作和相关信息披露，增进公众对现代金融产品、服务和相应风险的识别和了解能力以及讨价还价能力。调查发现，株洲市辖区内金融消费者教育工作还处在起步阶段，仅有少数金融机构有组织地开展了金融理财知识培训工作，大部分金融机构存在重业务宣传推广，轻风险揭示和消费者金融知识教育的问题。

（四）侵害金融消费者权益的案件情况复杂，存在的问题较多

近年来，随着金融创新的加快，导致金融产品和服务日趋多样化、个性化，随之产生的金融消费者投诉、金融消费纠纷也日趋多元化、复杂化。从保护中心日常处理的金融消费投诉情况看，金融机构在存款、贷款、中间业务、银行卡、信用征信等业务中，误导推销产品、"存款变保险"、办理贷款时捆绑销售、违反规定收费、冒名贷款导致不良信用报告、拒绝兑付残损币、泄露个人信用信息、银行卡盗刷、错误转账等侵害金融消费者财产权、知情权、公平交易权、选择权等权益的行为较为常见。这些由于金融机构不规范经营导致的金融消费投诉案件，如果得不到及时有效的处理，轻则影响金融机构的社会形象，降低金融机构的社会声誉，重则可能诱发群体性事件，甚至诱发金融风险。

（五）处理金融消费投诉的工作力度不平衡，思想认识不一致

从保护中心成立以来的运行情况看，在处理保护中心转办的各类投诉时，辖区内大部分金融机构都较为重视，能够积极落实投诉者反映的情况，认真了解当事人的诉求，依法合规的处理相关争议，并及时向保护中心反馈处理进度和结果。但同时也发现各家金融机构在处理中心转办的投诉时存在工作力度不平衡的问题。主要表现在：一是个别金融机构对这项工作重视不够，配合度不高。有的金融机构没有专人负责处理投诉，有的则以内部分工不明确为由互相推诿，有的则简单答复要求消费者向其上级行（或总行）投诉热线反馈，致使转办投诉案件无法真正落实。二是存在拖延处理投诉案件，敷衍、糊弄消费者等不良现象。个别转办的投诉案件石沉大海；个别金融机构以经办人员不在、领导外出开会为由对消费者的投诉久拖不决，造成消费者向保护中心二次

投诉；还有的投诉已经办结，但未按规定及时向保护中心反馈情况，致使信息沟通不畅；还有的声称投诉已经处理完毕，但保护中心回访时，当事人却反映问题根本未得到合理解决。

8.5 改进措施和建议

（一）建立完善多元化的金融消费纠纷处理机制

一是督促金融机构进一步建立健全消费者投诉处理机制和争议解决程序。一方面要求地方性中小法人金融机构和农村边远地区金融服务机构将建立健全消费者投诉处理机制作为完善法人治理结构的重要内容，防止农村边远地区成为金融消费者权益保护的"盲区"；另一方面要引导金融机构克服投诉处理活动中"重个案，轻问题"的不良倾向，深入研究个案反映的一般性问题，全面规范金融服务。二是逐步解决仲裁机构、消费者权益保护组织工作人员金融专业知识不足的问题，通过人才引进和知识培训提高仲裁员、调解员解决金融消费纠纷案件的业务能力，同时简化程序，充分发挥仲裁、诉讼在金融消费争议解决中的独特作用，为消费者解决金融消费纠纷提供更多选择。

（二）规范金融机构信息披露行为，加强金融消费者教育

要着力解决金融创新过程中金融机构和金融消费者之间信息不对称的问题。一方面要进一步督促金融机构简化和明确各类金融服务信息，另一方面要积极宣传金融产品和服务的有关知识，引导消费者购买适合自己的金融产品。这既有利于加强对相关信息披露行为的规范和对金融消费者的教育，又有利于逐步提高金融消费者对产品风险和服务问题的认知、判断和防范能力。

（三）全面落实监督检查和工作评估机制

人民银行株洲中支将结合辖区内各金融机构的被投诉数量、投诉受理处理、制度建设等工作进行综合评价。同时将适时开展监督检查，依法查处辖区内金融机构在消费投诉案件中暴露出来的各类违法违规行为。对于评估结果和查处的各类典型案件，将根据需要在一定范围内进行通报和披露，必要时将情况抄报至金融机构的上级单位。

（四）逐步拓展消费纠纷调处机制

畅通金融消费投诉受理渠道、妥善处理金融消费投诉，是金融消费权益保护工作的重要内容。一方面，辖区内各金融机构要按照将纠纷在现场解决、在金融机构内部解决的原则，以非诉讼解决机制为主、诉讼解决为辅的方式及时妥善处理金融消费投诉。另一方面，对于部分不适宜或当事人不愿调解处理的

投诉案件，保护中心将逐步引入金融消费纠纷仲裁和公益诉讼方式，通过引入外部强制力量，督促金融机构及时解决金融消费纠纷，避免出现纠纷久拖不决、调而不处等现象。

（五）积极探索金融消费者教育新模式

从保护中心以往受理的投诉情况看，有相当一部分的消费纠纷源于金融机构对自身提供的金融产品或金融服务的宣传、解释不到位，对金融消费者的金融风险提示不够。辖区内各金融机构要从防范金融消费纠纷、履行自身社会责任感的角度，转变工作观念，创新工作方式，积极开展金融消费知识宣传教育，在推广自身产品和业务的同时，全面、深入、完整地介绍金融产品和金融服务中的消费者和金融机构各自的权利、义务、法律责任等，让消费者真正实现明白消费。

主执笔人：胡坚强　李道进

第9章

2015年岳阳市金融消费权益保护
环境评估报告

9.1 导语

为全面了解岳阳区域金融消费权益保护环境的整体状况，准确把握消保工作中存在的主要问题，有针对性地提升消保工作整体水平，人民银行岳阳市中心支行对岳阳区域2014年消保工作进行了全面的分析评估。所涉及的金融主体，具体来说包括金融监管机构、银行等。所涉及的金融消费者，既包括自然人，也包括小微企业。总体上看，消保工作制度体系逐步完善，组织管理体系逐步完备，金融服务能力稳步提升。在消保工作水平整体趋好的同时，受相关因素的影响，仍然存在部分值得关注的问题。

9.2 经济金融运行情况

2014年，全市上下及金融系统认真贯彻中央、省委决策部署，主动适应经济发展新常态，把握稳中求进总基调，科学谋划，积极作为，保持了经济金融的平稳健康发展的良好态势。经济社会发展稳中向好。实现地区生产总值2 669.39亿元，增长9.3%，实现公共财政预算收入256.3亿元，同比增长0.1%，经济总量、财政收入总量等主要经济指标继续保持全省第二。抢抓改革机遇活力增强。全市积极抢抓"一带一区"（长江经济带和洞庭湖生态经济区）重大机遇和节点优势，申报岳阳城陵矶"一区一港四口岸"工作取得成功。岳阳市成功入选全国最佳商业城市百强榜。经济金融发展环境不断优化。把创建全国文明城市与优化区域经济发展环境、健全社会信用体系深度契合，成功跨入了全国文明城市行列。在 2014 年度全省县（市）金融生态评估公开发布的前 50 位名单中，辖内 6 个县（市）全部入围。金融行业运行整体质效提升。金融体制改革持续深入，金融组织体系不断健全，金融服务水平和保障能力不断提质。银行业积极推进金融产品和服务方式创新，切实保证重点建设项目信贷需求。截至 2014 年末，全市金融机构本外币各项存款余额 1 474.8 亿元，比年初增加 162.1 亿元，同比增长 7.35%；各项贷款余额 781.7 亿元，比年初增加 103.2 亿元，同比增长 15.21%；中长期贷款余额 455.6 亿元，比年初增加 92.3 亿元，同比增长 25.41%。证券业交易市场活跃，多层次、多渠道资本市场发展提速，资本市场融资功能进一步增强。保险业延续前期良好发展势头，保费收入同步增长，理赔服务进一步优化快捷。

9.3　金融消费权益保护环境评估组织开展情况

9.3.1　金融消费权益保护工作开展情况

开通 12363 金融消费权益保护咨询投诉电话，在金融机构网点进行了公示，并在《岳阳日报》予以公告。推广应用金融机构用户金融消费权益保护信息管理系统，与市政府 12345 公众服务热线建立协作机制，制定了《中国人民银行岳阳市中心支行 12363 电话接听处置办法》《岳阳市金融消费权益保护工作评价办法（试行）》，强化对银行业金融机构金融消费权益保护工作的考核管理，规范投诉处置流程，提高办理效率。全年受理金融消费者投诉 225件，满意率达 98%，在市政府行风热线季度考评中始终保持 A 档。按照"资源共享、信息共享、成果共享"的要求，在全市组织开展了"金融知识普及月"宣传活动，参与宣传的金融机构达 300 多家，发放宣传资料 5 万多份，接受咨询 1 万多人次，营造了较好的宣传氛围，《岳阳日报》等媒体对此进行了跟踪报道。创新开展了金融法律法规资料汇编工作，通过收集整理近十年与金融业有关的法律、法规、规章以及规范性文件，编辑成金融法律法规资料汇编，经验做法被《金融时报》推介。

9.3.2　金融消费权益保护环境评估工作开展情况

根据长沙中支关于开展 2015 年金融消费权益保护环境评估工作的通知，岳阳市中支迅速召开辖内银行业金融机构工作会议，及时传达解读金融消费权益环境评估工作的重要性和工作要求，并制定环境评估原始数据采集联系表，要求各金融机构上报负责人和经办人信息，确保数据采集工作有序开展。

在数据采集过程中，加强与市中级法院、市工商管理局、岳阳银监分局等部门沟通协调，上门走访获取相关数据，确保原始数据来源准确，结果真实、客观。同时，强化内部办公室、调查统计科、支付结算科等职能科室的联动，严格按照环境评估指标体系计算和说明要求，认真填列相关指标。该中支组织专人对 10 家市级银行业金融机构报送的原始数据进行核对和汇总，得到最终的评估指标值。

本评估报告内容包括信息披露、交易公平、争端解决、机制保障、法制保障、普惠金融六大项目指标，经数据标准化处理后各项指标评估得分分别为85.59 分、100 分、68.48 分、57.54 分、76.06 分、54.68 分，整个岳阳市金融消费权益保护区域环境评估得分为 78.07 分（见表 9 - 1）。数据显示，交易公平项目得分最高，达到 100 分，表明金融机构在产品销售、信息保护方面能够充分尊重、保护金融消费者的权益；普惠金融和机制保障得分较低，不到60 分，表明岳阳市金融消费保护工作在覆盖面、便利性、满意性、消费基础以及制度设立、金融教育等方面有待进一步改善。

表 9 - 1　　　岳阳市 2014 年度金融消费权益保护环境评估得分

综合得分	信息披露	交易公平	争端解决	机制保障	法制保障	普惠金融
78.07	85.59	100	68.48	57.54	76.06	40

9.4　金融消费权益保护环境评估分析

（一）信息披露

2014 年，金融机构在制度公开方面落实比较到位，工作制度公开率、责任部门和人员公开率均达到 100%。

信息公开方面主要是未向金融消费者如实告知产品的收益和风险，夸大收益、隐瞒风险、误导消费者，例如"存款变保险"、购买银行理财产品等，全年共发生 4 件投诉案件。

（二）交易公平

信息保护方面存在 1 件投诉银行违规采集消费者信息办理银行卡案件。产品销售方面主要是金融机构限制金融消费者自主选择的权利，或者在提供金融服务或金融产品时存在捆绑销售行为，例如 2014 年 7 月岳阳市中支就处理了一起多人投诉建行在客户办理工资卡业务时，强制要求开通网上银行业务的案件（见案例 9 - 1）。

【案例 9 - 1】

刘女士等人投诉银行强迫开通网上银行案

案情简介

2014 年 10 月 12 日，某物业公司刘女士、麦女士、熊女士接连向人行岳阳市中支投诉，称有 40 多名物业工人在建行岳阳市分行某网点开户办理工资卡业务时，被强制要求开通网上银行。投诉人要求建设银行撤销强制开通的网上银行，并给予合理的解释。

处理过程

人行岳阳市中支接到投诉后，分析认为投诉涉及人员较多，情况较为特殊，社会影响较大，应采取非常规即上门核实调查方式进行处置。建行岳阳市分行高度重视，及时组织该行银行卡部和个人金融部负责人核实相关情况。本次集中投诉主要是由于大部分物业工人年龄偏大，接受网上银行这种新事物意愿较低（即使不收费），而该行工作人员为完成相应的网上银行业务指标，要求刘女士等人开通网上银行业务，没有向客户做好相关解释工作所致。为此，提出如下改正方案：一是立即与投诉人联系，撤销强制开通的网上银行；二是对其他没有投诉的物业工人一一进行回访，做好相关的解释工作；三是要求该行各个网点不能强制要求客户办理网上银行，杜绝类似事件发生。建行岳阳市分行立即行动，回访投诉客户，并与有关开户人员做好沟通交流，对不愿意办理网上银行的，予以撤销。

法律分析

1. 《商业银行法》第五条规定：商业银行与客户的业务往来，应当遵循平等、自愿、公平和诚实信用的原则。这一规定要求商业银行应按照客户的要求提供相应的金融产品和服务，不能强制客户办理相关业务。

2. 《消费者权益保护法》第九条规定：消费者享有自主选择商品或服务的权利。因此，商业银行在办理业务过程中，应该充分尊重客户的意愿提供相应的金融产品和服务，提示风险，避免发生纠纷。

案例启示

一是金融机构在办理业务过程中对相关的金融产品和服务要作充分的说明，让客户真正了解金融产品和金融服务。

二是应当细分金融消费者的年龄、金融知识水平、职业背景等具体情况，在办理业务时不得剥夺金融消费者的自主选择权和知情权，不能为了自身利益而置客户利益于不顾。

三是金融管理部门要加强监督检查，督促金融机构合法合规经营，履行服务承诺，承担必要的社会责任。

存在的问题：金融机构没有充分了解金融消费者的风险偏好和风险认识，没有对产品风险与客户风险承受能力匹配度进行评估，履行适合性义务。业务员在进行业务营销时，存在夸大收益、隐瞒风险、误导消费者的行为。

原因分析：金融机构及其业务员出于业务发展需要，受利益驱使，对风险提示、客户风险承受能力评估有回避的可能。

（三）争端解决

投诉处理及时有效，消费者对金融机构的美誉度明显提高。

1. 投诉窗口设置率。全市418个营业网点有231个设置了投诉窗口，投诉窗口设置率为56%，投诉窗口主要是设在市、县城区网点和较大乡镇网点，部分偏远乡镇没有设置投诉窗口，但明确了投诉受理接待部门和人员，同时公布了统一的投诉咨询电话，投诉相当方便。

2. 投诉处理时效。全市各金融机构2014年共受理727件有效投诉，其中708件得到及时处理，处理效率为97.5%。

3. 投诉办结率。727件投诉案件中720件在规定的时间办结，主要是因为2014年岳阳市政府在全市推广自行车租赁卡，鼓励广大市民绿色出行，办卡人员数量较大，而办卡机构只有农业银行一家，导致出现的问题较多，未能得到及时解决，后经市政府登报、新闻播报，问题得以妥善解决。

4. 投诉处理满意率。727件投诉中704件得到投诉人理解，表示满意，满意率为96.4%。投诉处理效果较好。

（四）机制保障

1. 组织机构体系逐步建立健全，有待进一步健全完善。全市10家市级银行业金融机构成立了金融消费权益保护工作领导小组，确定金融消费权益保护工作具体负责部门，明确专人负责金融消费权益保护工作。

存在的问题：人员配备素质无法保障，难以建立起专业化的金融消费权益保护组织体系。

原因分析：各金融机构由于人员配备少的问题，基本上无法建立起金融消费权益保护的专职机构，金融消费权益保护工作人员也无法做到专职，经抽查，如建行岳阳市分行各网点金融消费权益保护工作人员全部为兼职人员。而当前，金融消费权益保护工作职责大部分由建行办公室部门承担，而办公室部门本身业务工作繁杂，近年来在增加金融消费权益保护工作的同时，还增加了其他新职责，工作量、工作责任加大，在这样的背景下，如何兼顾做好金融消费权益保护工作本身就是一个难题，按部就班地做好金融消费权益保护"规定动作"已不容易，要进一步强化管理、提升水平有较大难度。

2. 制度建设逐步完善，有待进一步加强。10 家市级金融机构基本上建立金融消费者权益保护工作内部控制体系、金融消费者投诉受理流程及处理程序，并具有一定的可操作性。制度公开方面主要是公开金融消费权益保护工作制度和责任部门以及工作人员、在营业网点醒目位置对外公开投诉流程等制度。

存在的问题：普遍没有建立专门的产品和服务的信息披露规定、金融知识宣传教育规划、工作报告制度、工作监督考评制度、重大突发事件应急预案等工作制度，工作创新也不足。

原因分析：各金融机构将大量的人力、财力投放于业绩拓展，金融消费权益保护工作只是按照上级行的要求落实到位，或者按照监管部门的要求完成相应任务，创新动力不足，未能根据本机构业务实际制定金融消费权益保护专项制度，未将金融消费权益保护工作当做日常的一项重要工作进行考核。

3. 积极进行金融消费者教育宣传，但员工金融消费权益保护工作培训不够系统。2014 年全市 10 家市级金融机构先后开展了"3·15 金融消费权益保护"、9 月"金融知识普及月"和金融知识万里行、反假人民币、反洗钱、征信业管理条例宣传、信用关爱日宣传和宣传周、征信知识宣传月、人民币反假知识宣传、支付结算知识、国债业务、跨境人民币结算、证券、保险等专题宣传累计 22 次，印发的宣传资料将近 10 万份。在实际工作中，岳阳市中支注意部门与部门的协调作战，把整个金融系统各单位宣传活动融入金融教育工作中，实现"信息共享、资源共享、成果共享"，如 2014 年"金融知识普及月"活动，把"金惠工程"宣传内容与人民币反假、金融消费者权益保护、征信知识等系列宣传活动结合起来，发挥整体宣传功能，浓厚金融教育氛围，为助推金融教育活动开展发挥了积极作用。

全市各金融机构开展从业人员金融消费权益保护知识培训 6 次。从 2014 年对交通银行岳阳分行金融消费权益保护工作检查情况来看，该银行未将金融消费权益保护工作纳入本单位教育培训计划，缺少专项培训，培训内容主要是业务培训。

存在的问题：金融机构员工金融消费权益保护知识缺乏，风险意识较为薄弱（见案例 9 - 2）。

原因分析：金融机构长期以来注重业务拓展，未能积极主动承担消费者教育的社会责任，未能认识到消保工作对银行稳健经营和长远发展的重要意义。

【案例 9 – 2】

未按规定清点钞票导致短款纠纷案

案情简介

2014 年 12 月 2 日，投诉人龙某向人行岳阳市中心支行投诉称：2014 年 11 月 29 日下午到岳阳市太阳桥农行取款本息 91 300 元，后去岳阳市交行存款时，交行工作人员点收发现少 2 000 元，龙某赶回农行向该行工作人员说明情况，要求补齐款项。农行工作人员认为"钱已出门，概不负责"，拒绝补款。在双方协商未果的情况下，龙某向人行岳阳市中心支行投诉。

处理情况

人行岳阳市中心支行将该起投诉资料转送给农行岳阳市分行办理，该银行给出的答复报告称，经调阅太阳桥农行录像资料，投诉人龙某在 2014 年 11 月 29 日下午 2 点 59 分左右到柜台取款，当经办人员要将款项过机清点时，龙某要求不用清点，就急忙将款项拿走，农行认为经办人员已经明示客户当面清点现金，不存在过错。人行岳阳市中心支行根据相关规定，认为经办人员对现金款项未在柜台内的验钞机清点，违反了商业银行对外付款时必须经过验钞机具清点后方可付款的操作规程。同时，龙某拒绝对款项进行清点，也应承担一定的责任。后经协调，农行经办人员向龙某赔偿 1 000 元，龙某对调解结果表示满意。

法律分析

《中华人民共和国合同法》第四十条规定，提供格式条款一方免除其责任、加重对方责任、排除对方主要权利的，该条款无效。

本案中"钱已出门，概不负责"的规定是金融机构单方订立的格式条款，免除了金融机构的主要责任，排除了消费者追偿的权利，是无效的，银行经办人员未按照相关规定办理现金业务，就应承担一定的责任。同时，消费者在办理现金业务时，也应当面进行清点，否则，一旦离开柜台，就会出现举证不能的风险。

案例启示

银行工作人员在办理现金业务时，提高风险意识，严格按照法律规定和内部管理规定进行业务操作，对外付款时，必须经过验钞机具清点后方可付款，确保业务合规，杜绝银行长短款业务的发生，同时，消费者也应增强责任意识，对业务办理过程进行监督。

（五）法制保障

监管环境不断改善，沟通协调机制有待加强。在监管环境方面，2014年全年监管部门对市、县两级金融机构现场检查208次，其中人民银行岳阳市中心支行12次（含银行、证券、保险）、市银监分局193次、市物价局3次，对市、县两级金融机构现场检查覆盖率为49.76%，通过执法检查，规范金融机构依法合规经营，保护消费者权益。制定金融消费权益保护规则11个，出台金融机构行为监管准则7个。

人民银行岳阳市中心支行根据总行、长沙中支有关金融消费权益保护的工作要求，早在2010年就成立了由一把手任组长的金融消费权益保护领导小组，统一负责金融消费权益保护的相关工作。领导小组下设办公室，作为金融消费权益保护工作的协调办事机构，专门负责金融消费权益保护日常事务的处理。辖内各县（市）支行在中支的统一框架下，均成立了相应的金融消费权益保护组织体系。另一方面，对外加强与市政府12345热线办的联系，选派经验丰富的业务骨干负责12345相关工单的处理，加强政银协调沟通；同时，要求各金融机构以正式文件确定1个对口部门及联系人，负责联系人民银行金融消费权益保护工作。2014年出台了《岳阳市金融消费权益保护工作评价办法（试行）》，强化对银行业金融机构做好金融消费权益保护工作的督促与考核。在辖内新开通了12363金融消费权益保护咨询投诉电话，组织金融机构在其网点公示了12363电话，并在《岳阳日报》进行了公告。制定了《中国人民银行岳阳市中心支行12363电话接听处置办法》，明确了工作职责、工作标准、责任追究等方面的制度性内容，规范金融消费权益保护工作开展。在投诉受理方面以《中华人民共和国消费者权益保护法》《中国人民银行长沙中心支行金融消费者权益保护办法（试行）的通知》等法律法规和文件规定为制度依据进行处理，切实保护金融消费者合法权益，不断改进和提高金融服务质量和水平。在监管机构中，市银监分局建立了相关的金融消费权益保护制度，市政府、市中级法院等均通过一定形式对金融消费权益保护工作提出了具体工作要求。总体上看，岳阳市金融消费权益保护工作监管环境不断完善，确保了金融消费权益保护工作的规范、有序和严谨。

存在的问题：各监管部门之间未订立或者制定金融消费者权益保护工作方面的联席会议、备忘录、会议纪要等沟通协调机制。

原因分析：目前，人民银行、银监局、保监局等监管机构对金融消费者权益保护都有各自的规定和要求，未能形成全面有效的保护工作机制。岳阳市中支金融消费权益保护工作下一步的重点就是牵头银监局、保险协会、各金融机构建立了岳阳市金融消费权益保护工作联席会议制度，明确联席会议工作制度的内容，每半年召开一次全市金融机构金融消费权益保护工作联席会议，讨论和交流金融消费权益保护取得的成绩、存在的问题、改进的措施等。

（六）普惠金融

1. 法庭覆盖率基本能满足金融消费者的诉讼需要。岳阳市全市4区6县，155个乡镇，共有10个县级法院和38个乡镇法庭，法庭覆盖率为29.1%。2014年法院受理的自然人金融纠纷案件累计为10件，胜诉率为60%。主要是偏远和人口较为集中的山区乡镇，为方便诉讼当事人而设置的乡镇法庭，以基层法院的名义受理、审理、裁决一些简单的民事案件。基本上法庭设置已经能够满足金融消费者的诉讼要求。

存在的问题：法庭覆盖率过低，仅部分偏远和人口较集中的乡镇设置了法庭。市县两级法院都没有出台专门的保护金融消费者合法权益的审判指导性、规范性文件。

原因分析：自然人害怕诉讼烦琐、取证困难，不愿走诉讼途径维护合法权益。

2. 金融服务基础设施建设覆盖面不够广，普惠金融发展任重而道远。银行网点密度为11.2个/万人、保险服务乡镇覆盖率为21.8%，ATM密度为15.8台/万人、个人账户开户率为1.6个/人，农村POS密度为每个乡镇1.7个，小微企业贷款覆盖率为1.54笔/个，小微企业贷款户均余额为103.9万/户，农户贷款覆盖率为11.53%，农户贷款户均余额7.9万/户。

存在的问题：小微企业、涉农信贷投放不足。

原因分析：传统的金融服务不能满足农民、城市低收入人群、小微企业等特殊群体需要，具备覆盖面更广、受众更多、距离更近、成本更低等特征的普惠金融产品和服务，需要不断金融产品创新和服务优化升级。

9.5 金融消费权益保护工作有待完善的几个问题

调查显示，岳阳市金融消费权益保护基础工作整体较为扎实，但由于金融消费权益保护工作相对于传统的业务工作来说，仍是一项较新的业务，不可避免地存在一些薄弱环节，进而对金融消费权益保护环境带来一定影响。

（一）金融消费者求助求偿权未得到有效保障，缺乏有效的投诉和纠纷解决途径

2014年，岳阳市人民银行系统和银行业金融机构共接到客户投诉727件，其中10件诉求赔偿投诉案件，占比1.38%，成功获赔的6件，客户索赔成功

率60%。岳阳地区尚未建立独立、专业、有效的金融消费纠纷第三方解决机制。目前，金融消费者遭遇纠纷时，一般通过双方协商、向消费者协会投诉、向监管部门投诉、向法院提起诉讼、申请仲裁等几种方式解决。由于金融机构内部为消费者投诉、维权、解决争议提供的途径缺乏第三方监督和约束，纠纷解决效率低，协商解决的结果缺乏强制性，导致争议难以公平公正解决。就投诉到消费者协会而言，由于消费者协会工作人员专业技能、知识结构等方面水平有限，消费者协会对金融消费者的保护非常薄弱。投诉到金融监管部门，尚未形成完备的处理投诉和解决纠纷的机制。金融消费者在遇到侵权行为时很少采用法院诉讼的形式，原因在于有些金融消费者考虑到请求法律援助、聘请律师代理诉讼以及向人民法院提起诉讼等程序相对复杂，费时耗力，因此望而却步，使其合法权益得不到有效维护。目前尚缺乏较为便利、快速的仲裁机制。

（二）非金融机构责任的消费者投诉不断增加，人民银行消保机构只能被动受理

《中国人民银行金融消费权益保护工作管理办法（试行）》（银办发〔2013〕107号，以下简称《办法》）对人民银行各级行受理金融消费者投诉范围，以及不予受理情形进行了明确。但是对于明显非金融机构责任的投诉情形没有明确，对于该类投诉，人民银行金融消费者权益保护机构也只能被动接受，并且转交金融机构处理。如《办法》第十六条规定不予受理的情形主要有：没有明确的投诉对象和事由；已经达成和解协议并执行，没有新情况、新理由；已就投诉事项进行过调解；其他部门已经受理或者处理等几种情形。调查发现，该类非金融机构责任投诉人普遍对金融机构欠缺必要的信任，一旦出现疑问或纠纷，便主观将问题责任指向金融机构，从而寻求监管部门支持。如一名消费者对其存款余额存有异议，认为办理业务当天存入了两笔款项，但存款余额没有显示。后来通过其开户行对账户流水进行核对发现，该名客户反映的资金存入流水记录并不存在，很可能是客户记忆出现偏差。

（三）金融消费权益保护工作分散在各监管部门，未能形成全面有效的保护工作机制

目前，"一行三会"之间必要的工作协作性不足，无论是协调组织机构的建立上，还是政策出台、信息共享、投诉处理中，均未建立相互协作机制，这种工作格局不利于金融消费权益保护工作在岳阳地区的开展，不利于金融消费者权益的保障。例如涉及跨市场、跨行业、涉及多个领域的投诉，如何处理，尚没有明确规定，还缺乏相应工作运行机制的支撑。"一行三会"等监管机构自上而下对金融消费者权益保护工作都有各自的规定和要求，特别是人民银行与银监会之间在金融消费权益保护方面的职责分工不清晰，造成各自对金融消

费权益保护横向协作工作态度较为谨慎，其明显的缺陷就是分支机构对实际操作探索不够充分，特别是在金融纠纷案件多发的县域基层，工作力量薄弱，金融消费者投诉不便。另外对于监管机构受理的投诉案件转办给相关单位处理，也缺乏相应的具有约束力的措施和手段去落实。2014年，岳阳地区发生风险信息披露不充分、强制消费、捆绑销售、违规采集信息、因理赔程序烦琐而放弃索赔等投诉案件就有17件，由于缺乏有效措施保护金融消费者，在法规制度当中规定的一些金融机构应该做的事情没有做，给金融消费者的利益保护带来很大损害。

（四）未能建立有效的全方位社会宣传体系

由于金融知识有限、掌握信息不对称，现实中金融消费者难以保证所有的消费行为达到理性化。据不完全统计，在目前岳阳市有关部门受理的客户电话咨询投诉中，反映情况类约占14%，服务投诉类约占30%，业务咨询类约占56%。说明当前金融知识的宣传普及还不到位，金融消费者对一些金融产品的性能、用途以及相关的服务等信息缺乏了解和认知，对自己享有的权利还不十分明确。由于人员少、经费缺乏等原因，金融消费权益宣传的方式还主要是设宣传点、挂横幅、发宣传资料，缺少主流媒体如报社、电台、网站等网络平台的作用。

（五）相关行政法规缺失阻碍了人民银行基层行金融消费权益保护工作的开展

我国至今尚无专门关于金融消费者权益保护的基本性法律或行政法规。现有的《中华人民共和国消费者权益保护法》没有金融消费者保护、金融服务质量方面的规定；《中华人民共和国人民银行法》《银行业监督管理法》《商业银行法》《证券法》《保险法》等法律法规尚未建立起完善的金融消费者保护体系。人民银行基层行开展金融消费者权益保护工作只能依托行政履职手段。目前，"一行三会"均自行探索不同的投诉受理、纠纷解决等监督管理方式，相关法律法规也没有对金融机构履行金融消费者权益保护业务作出专门规定，因此人民银行也没有对应的执法检查权，造成难以对金融机构开展的金融消费权益保护工作进行执法检查和综合评估。

9.6　加强金融消费权益保护工作的政策建议

（一）构建多元化金融消费纠纷解决机制

程序完备、公正、高效、低成本的金融消费纠纷解决机制是维护金融消费权益的重要保障。首先应在金融机构建立投诉处理机制，规范投诉处理程序，使消费者的诉求和纠纷争议有协商的渠道和解决的途径。金融监管部门应对金融机构处理金融消费者投诉进行监督和推进，并将其作为对金融机构监督检查、综合评价的重要内容，以推进金融消费纠纷解决方式的制度化和法律化。下一步，岳阳市中支将主动加强与法院的沟通，合力促进建立金融消费纠纷第三方解决机制。

（二）对金融消费者投诉受理进行分类处理，改进转交金融机构办理投诉流程

建议对《中国人民银行金融消费权益保护工作管理办法（试行）》第十一条和第十六条进行修订，明确人行分支机构应当受理和不予受理的金融消费者投诉情形，如对于一些明显非金融机构责任方面的投诉，可以拒绝受理。同时，对投诉进行细分，将投诉分为不受理投诉、有效投诉、无效投诉。人民银行等部门有明确法律法规规定的，为不受理投诉；对需要转办商业银行才能判断的，先受理，再通过调查将投诉分为有效投诉、无效投诉。对于非金融机构责任，仅涉及金融机构服务态度类投诉，根据情况向金融机构发送"非金融机构责任投诉风险提示书"等提示性文书，督促金融机构工作人员加强政策学习，及时在网点公示具体实施细则，改进服务态度。

（三）建立良性联动的工作机制，加强横向协调

一是目前"一行三会"金融消费权益保护部门争取早日达成共识，建立组织协调机制、业务合作机制、信息共享机制、争议投诉处理机制等，协调处理跨行业、跨市场业务纠纷、现场检查、责任追究等涉及金融消费权益保护问题。二是在银监、证监、保监部门工作力量薄弱的县域基层，因缺乏自身工作运行机制支撑，由人民银行县市支行代为受理金融消费者的投诉，弥补"三会"消保工作的区域空白。三是发挥人民银行的牵头协调作用。

（四）扎实推进金融消费者宣传教育活动

一是进一步强化金融机构的宣传教育责任，建立评估金融机构金融消费者教育有效性指标，为金融消费者提供专业的法律、金融知识咨询服务，推动金融机构将金融消费者保护的理念充分体现在业务操作、日常服务和产品营销各个环节。二是建立金融知识普及和消费者教育长效机制。充分利用"3·15消费者权益日"、"金融知识普及月"活动、反假币宣传月活动，根据客户投诉重点，有针对性地进行金融知识宣传，为群众讲解金融消费者权益保护知识，提升公民的整体金融知识水平和素养。三是利用金融机构网站、微信、政府政务信息公开平台等新网络工具，加大线上宣传。

（五）完善金融消费权益保护法律、法规，为金融消费权益工作的协调和推进提供保障

建议制定《中华人民共和国金融消费权益保护法》或者出台金融消费权益保护行政法规，明确金融机构与金融消费者双方的权利和义务、金融消费者权益受损后的救济措施等。

（六）金融机构应加大消保人员培训力度，优化金融机构绩效考核体系，提升金融机构金融消费权益保护能力

有针对性地开展金融机构工作人员业务培训和金融消费者权益保护教育，提高经办人员的合规意识和责任意识，自觉、严格执行法律规定和内部规定。金融机构通过优化完善各级员工的绩效考核目标，从核心价值观上体现对消费者权益负责的经营态度。

主执笔人：戴桂勋 李凤

第 10 章

2015 年衡阳市金融消费权益保护
环境评估报告

10.1　区域经济金融概况及环境评估工作开展情况

　　2014 年，衡阳市全年实现地区生产总值（GDP）2 395.56 亿元，按可比价格计算，增长 9.9%。其中，第一产业实现增加值 364.69 亿元，增长 4.5%；第二产业实现增加值 1 119.88 亿元，增长 9.1%；第三产业实现增加值 910.98 亿元，增长 13.1%。按常住人口计算，人均地区生产总值 32 921 元，增长 9.1%。全市三次产业比为 15.2∶46.8∶38.0。与上年相比，一、二产业占比分别下降 0.4、1.1 个百分点，三产业占比提高 1.5 个百分点。一、二、三产业对全市经济增长贡献率分别为 6.7%、44.3%、49.0%，分别拉动全市 GDP 增长 0.7、4.4、4.8 个百分点。全市新增城镇就业 7.67 万人，完成率 111%；农村劳动力转移就业 6.21 万人，完成率 107%；失业人员、就业困难对象再就业 5.12 万人，完成率 109%；城镇零就业家庭 100% 实现动态就业援助；城镇登记失业率 4.08%。全市工业固定资产投资 821.09 亿元，增长 13.1%。其中，工业技术改造投资 503.02 亿元，增长 4.5%，工业投资占固定资产投资的比重为 46.5%；制造业投资 682.45 亿元，增长 3.3%；电力、燃气及水的生产供应业投资 58.14 亿元，增长 40.4%。全市基础设施投资 362.13 亿元，增长 54.1%。其中，交通运输、水利设施、民生、卫生投资分别增长 27.6%、58.6%、128.3%、107.7%。

　　全市财政收入达到 235.66 亿元，增长 11.2%；其中，一般预算收入 173.36 亿元，增长 11.3%。一般预算支出 47.98 亿元，增长 13.4%。年末全市金融机构本外币各项存款余额 2 406.17 亿元，增长 14.33%。其中，单位存款 653.02 亿元，增长 20.0%；居民储蓄存款 1 722.01 亿元，增长 7.8%。金融机构本外币各项贷款余额1 235.48亿元，增长34.9%。其中，短期贷款为371.60亿元，增长10.3%；中长期贷款597.96亿元，增长21.5%。中小企业贷款368.76亿元，增长10.9%。存贷款比为51.4%，比去年同期提高7.9个百分点。年末银行主要金融机构不良贷款余额62.12亿元，下降14.1%，不良贷款比率6.1%，同比减少2.1个百分点。全市保险保费收入达51.49亿元，增长22.9%。其中，财产险保险保费收入16.59亿元，增长25.2%；人身险收入34.89亿元，增长21.9%。全年各项赔款支出18.89亿元，增长14.3%。其中，财产险赔款支出8.81亿元，增长15.9%；人身险赔款支出10.08亿元，增长13.0%。全市证券公司营业部18家，比上年年末增加2家，证券交易额2 352.77亿元，增长51.5%。

2013年3月，人行衡阳市中支组建了衡阳市金融消费权益保护协会，全市56家市级银行、保险、证券期货业金融机构自愿成为协会会员。2013年上半年全辖7个县（市）全部挂牌成立了金融消费权益保护协会组织。同年衡东县被评为湖南省首批10个金融消费权益保护工作示范县之一。2014年，衡阳市金融消费权益保护协会共受理消费者投诉36件，咨询68件，锦旗7幅，回访投诉人满意率达到98%。

衡阳市金融消费权益工作配备1名专职、2名兼职人员，保障咨询投诉电话100%接听率；及时将投诉咨询热线号码在公共媒体上公布，督促各银行业金融机构网点公示热线号码，确保电话畅通；同时加强业务培训，严格使用规范用语，注重投诉处理方法和技巧，提高热线服务水平。衡阳市中支对金融消费者权益保护工作实行行政组织与社团组织双管齐下，形成了人民银行主管、行业协会主导、金融机构参与、社会媒体监督的金融消费保护工作格局。

2014年全市开通"12363"投诉咨询热线，全市统一制作了"金融消费投诉电话"标识牌，分批布放到全市、县所有银行业金融机构网点，实现了金融消费权益保护标识银行业金融机构网点全覆盖，保证金融消费者的维权投诉能够得到及时有效的解决。同时中支建立健全《衡阳市金融消费权益保护管理办法》《衡阳市金融消费者投诉与申诉管理办法》《衡阳市金融消费权益保护工作联席会议制度》等，进一步完善了《衡阳市金融消费权益保护工作应急预案》《衡阳市金融消费权益保护工作评价办法》等工作制度，简化金融消费投诉处理流程，设计印制了金融消费者投诉登记簿、投诉办理档案登记表、调解书、办结通知书等12项规范性文本资料，规范消费者投诉、受理。

2014年衡阳市中支牵头15家银行机构在《衡阳日报》全年开辟"金融视界"专栏专版宣传；组织14家银行机构与衡阳新闻网签订战略合作框架协议，开通"金融频道"银行专栏，全面宣传金融消费权益保护知识。在"3·15"

期间，组织市全辖 84 家银行、保险、证券机构积极行动，提供金融咨询、解答群众疑问。9 月，组织"金融知识普及月"宣传活动，依托青年志愿者服务队到没有人民银行派驻机构的衡南县三塘镇开展金融知识进乡村活动。11 月 5 日，在衡阳市广电中心演播厅举行以"牵手金融　放心消费"为主题的衡阳市金融消费权益保护知识抢答赛，这是湖南省首次主办以金融消费权益保护为主题的专业知识竞赛。长沙中支党委副书记、副行长张瑞怀，衡阳市政府正厅级顾问陈新文到现场并致辞。全市金融系统 56 家金融机构的负责人及观众代表 570 余人现场观看了比赛。

10.2　区域金融消费权益保护环境评估结果及分析

本报告评估对象所指的金融消费权益保护环境是指能为金融消费者权益提供有效保护，确保消费者行使其权利，履行其法定义务的所有内外要素及其相互作用的总和，反映整个衡阳市的金融消费权益保护的总体状况和整体水平。

本报告评估范围是指 2014 年度衡阳市的金融消费权益保护环境。所涉及的金融主体，既包括金融产品和金融服务的提供者，也包括通过制定政策、确定规范、实施管理和调控以影响金融消费权益保护的金融管理机构、行业组织等。具体来说，包括金融管理机构、自律组织、银行、证券、保险、支付机构、征信机构、互联网金融等。所涉及的金融消费者，既包括自然人，也包括小微企业。

本评估报告数据除电话接通率为 2015 年数据外，其他指标都是 2014 年的数据。数据来源根据各指标的不同主要是来自金融监管部门、金融机构、统计、地方法院、人大等相关部门。

本报告评估得分采用简单平均归一化方法和层次分析法确定金融消费权益保护信息披露、交易公平、争端解决、机制保障、法制保障、普惠金融六大指标权重，经数据标准化处理后各项指标评估得分分别为 87.60 分、60.52 分、77.05 分、73.46 分、51.27 分、44.74 分，整个衡阳市金融消费权益保护区域环境评估得分为 69.58 分（见表 10-1，各指标原始数据见附表 10-1）。衡阳市金融消费权益保护环境建设总体上处于中等水平（69.58 分）。金融消费权益保护维权力度加大，金融机构信息披露工作较好（87.60 分），但部分金融机构在交易公平方面还存在侵犯金融消费者权益行为，特别是冒名贷款案件还时有发生（60.52 分）。争端解决方面得益于监管机构和金融机构的努力，发生的纠纷能得到较好解决（77.05 分）。在监管机构的督促下，各级金融机构建立了较为完备的金融消费权益保护组织机构，发布了相关的制度，建立了常态化的宣传培训机制（73.46分）。但法制保障还有待加强，法院还没有出台专门的指导金融消费权益保护的规范性文件（51.27分）。普惠金融工作在不断推进，但作为一项新兴工作还任重道远（44.74分）。可以说衡阳市金融消费权益保护环境建设的长效机制已经初步建立，金融机构、金融消费者、金融管理机构三方共赢的良好局面已初步形成，但是也必须清醒地认识到存在的困难和问题。

表 10 – 1　　衡阳市 2014 年度金融消费权益保护环境评估得分表

综合得分	信息披露	交易公平	争端解决	机制保障	法制保障	普惠金融
69.58	87.60	60.52	77.05	73.46	51.27	44.74

10.3　区域金融消费权益保护环境存在的问题及原因分析

（一）信息披露

对信息披露，我们主要是通过对全辖 84 家银证保金融机构和 901 家经营网点的抽查和走访，以及受理金融消费者投诉的情况进行综合评估，这项得分较高（87.60分）。在此过程中发现各金融机构均张贴投诉电话、产品告知、相关负责人等告示，在信息公开和制度公开方面达到了100%。但结合我们受理投诉情况，在告知产品的收益与风险上仍存在 7 起案例，主要表现为"存款变保险"。在未告知业务流程次数方面，存在 2 起客户使用网上银行方面的投诉。在未告知售后服务次数方面，存在 1 起客户信用卡还款未收到提示信息导致信用卡逾期的投诉。除此之外辖内各金融机构都积极向金融消费者提供金融产品或服务的售后服务。

（二）交易公平

交易公平是金融消费者在交易过程中权益不受侵害的重要保障。保护金融消费者合法权利是金融机构的义务，但这一项目得分较低（60.52分）。我们经过统计 2014 年金融消费者投诉情况，发现在金融机构限制金融消费者自主选择方面存在 6 起投诉，主要表现为客户对银行只办卡不办理存折方面的投诉，或是部分金融机构规定信用卡还款和一定金额以下的存取款业务只能在自助存取款机具或者网上银行办理，客户认为侵犯了他们的自主选择权，以及在未经客户同意的情况下为客户办理了信用卡分期业务等。在捆绑销售方面存在 3 起投诉，主要集中在客户办理贷款时必须购买财产保险或是办理信用卡。在违规收费方面存在 5 起投诉，主要是客户认为银行违规收取了服务费等情况。在不公平条款方面，投诉量为 1 起，主要投诉银行在信用卡领用协议方面的格式条款，即"凡使用密码进行的交易，视为本人所为，由此产生的后果由本人承担"。

在信息保护方面，违规采集信息领域的投诉较多，有 10 次，主要是投诉信用社系统冒名贷款导致不良信用记录，在 21 世纪初或 20 世纪 90 年代贷款管理相对不规范的情况下，不良信息被采集入库后，一些金融机构并没有及时告知客户相关不良贷款的情况；而一些老贷款由于发生时间较长，商业银行的业务系统也经历了多次升级，实际情况核实起来难度较大，有时已查不到相关原始信息，若没有完善的异议处理机制，有时金融消费者申请异议长时间得不到解决，导致部分消费者丧失享受公平信贷的机会。在得不到满意答复的情况下，矛盾往往被激化，部分金融消费者甚至会选择通过诉讼进行维权。在信息泄露方面的投诉为 3 次，主要是客户投诉在没有办理银行卡的情况下收到银行推销理财的短信等。

【案例 10 - 1】

刘先生投诉同名同姓造成不良信息案

2014 年 1 月 7 日，刘先生找到衡阳市金融消费权益保护协会（人民银行衡阳市中心支行处理金融消费者投诉的机构，以下简称协会）投诉称：自己 2004 年赴深圳工作及投资，在工作及生活中，但凡涉及金融、购房、买车等贷款请求，甚至个人转户到深圳等重大事件，都遭到银行及相关部门拒绝，刘先生感到极大困扰，直到 2013 年因生意需要再次向银行申请贷款，又被退回，银行同时给出拒绝贷款申请的原因是因为刘先生在征信系统有不良信息，其在衡阳市某信用社有一笔逾期近 10 年的贷款还未归还。刘先生认为自己从未在该社申请过贷款，该社也从未向其发出过催款通知，这样莫名出现的不良信息严重影响了自己的工作和生活，希望协会能调查处理。

协会工作人员了解刘先生投诉后马上联系该信用社，要求其调查核实情况，经调查核实，该信用社在 2011 年湖南省农村信用社系统接入湖南省征信平台系统，利用征信平台的接口软件进行数据录入时，信贷员输错了数据信息，将两个同名同姓的客户信息录错，在信用社贷款的是另一名与刘先生同名的刘女士，信用社发的催款通知书的对象也是实际贷款人刘女士。于是，协会工作人员要求该信用社尽快更正征信系统信用记录，并向刘先生当面道歉，对刘先生因为此次不良信用记录造成的贷款申请被拒绝情况负责出具证明进行解释说明。同时协会要求该联社加强信贷人员的学习培训工作，对征信系统的数据进行全面检查，及时发现并纠正错误数据，杜绝此类事件的再次发生。现刘先生的不良信息已经消除，刘先生接受了信用社的道歉，对处理结果表示满意。

（三）争端解决

争端的有效解决是金融消费者权益的最后一道屏障。在投诉处理的各项评估指标中，衡阳市的情况处于中等水平（77.05 分），全市 901 个金融机构经营网点中我们抽查走访了 20 家，均张贴了电话银行投诉的告示，并开设了"12363"金融消费者权益保护的宣传展板。随机拨打的 10 次抽查投诉电话中，接通次数为 10 次，金融机构投诉电话接通率为 100%；在 2014 年全年258 次投诉次数中金融机构在规定时限内均处理完毕，有 253 件投诉办结，办结率为 98%，投诉处理满意度为 96%，部分不能办结的主要是案情比较复杂或者调解双方不能达成共识，当事人选择走司法途径解决争端。在调解机制方面，与衡阳市银监、保险业协会合作较好，达成了独立、专业、有效的第三方解决机制，借助衡阳市金融消费权益保护协会的力量，充分发挥行业组织的"自律、维权、协调、服务"作用，统一规则、程序，处置业务纠纷。对金融消费者和金融机构之间的纠纷，按照"先和解、调解，再仲裁、诉讼"的原则进行处置。金融业务纠纷处置的内部流转程序是"直办、转办、协商办"：对单个机构或业务的投诉事件，采取"直办"的方式，直接交由当事金融机构办理；对系统性业务的投诉事件，采取"转办"的方式，交由行业自律组织或上一级机构办理；对跨系统的交叉性业务投诉事件，采取"协商办"的方式，人民银行召开当事金融机构和相关部门协调会，协商办理。通过建立与其他金融监管部门、工商消费者保护协会、政府便民服务热线以及相关司法部门的沟通、协调联系机制，对于超出人民银行监管权限的社会公众咨询、投诉问题，及时转移到相关部门进行处理，同时，也接受其他部门转来的金融消费投诉，从而形成了金融消费者的"全方位"维权保护机制。

辖内金融服务投诉率仅为 0.415%，但辖内并未发生重大群体性投诉事件；在追索赔付方面，辖内部分金融机构根据上级行文件精神制定了相关赔付机制，赔付机制建立率为 30%，客户索赔成功率达到了 83%。

（四）机制保障

工作机制包括金融消费者权益保护工作部门的设立、职责的确定和人员的配置、培训情况；金融消费者权益保护制度的建立和工作计划的制订情况；以及监管机构、金融机构、媒体三个部门对金融消费者不同层次的宣传教育情况，这项指标得分处于中等水平（73.46 分）。根据金融机构报送数据和对现场的走访，衡阳辖内各金融机构都确定了负责金融消费权益保护工作的部门，并指定专人负责，但专人不专，身兼数职。银行业金融机构由于业务相对复杂，金融消费保护相关业务分布在内控合规部、风险管理部、个人金融部、会计营运部等多部门，一般都采取成立金融消费权益保护工作小组的方式协调处理金融消费权益保护业务，不同金融机构对口人行处理金融消费权益保护工作的专门部门也不尽相同，如建行衡阳分行为内控合规部、工行衡阳分行为办公室、中行衡阳分行为个人金融部，相关制度一般也是结合自身情况进行制定。

由于保险与证券机构业务相对单纯，较大的保险与证券公司一般都会指定专门人员处理金融消费权益保护工作，如中国人寿保险股份有限公司衡阳分公司成立了金融消费者权益保护工作小组，工作组在综合部设办公室，综合部经理为办公室主任，安排专人具体负责金融消费者权益保护工作的日常事务，协调处理金融消费者权益保护日常事务。证券公司一般将金融消费权益保护的处理部门安排在营业部门。

2014 年全市金融机构制定了 20 个金融消费权益保护方面的制度办法，如光大银行衡阳分行制定了《金融消费权益保护投诉工作实施细则》，中国银行衡阳分行制定了《中国银行营业网点服务突发事件应急处理工作指引》，国泰君安雁城路营业部制定了《客户投诉管理办法》，中国人寿衡东支公司制定了《处置保险保费者群体性投诉事件应急预案》，衡东县农村信用联社制定了《衡东县农村信用合作联社金融消费者权益保护工作实施方案》等。

在工作创新方面，全市有五项较为突出的创新工作，2014 年民生银行衡阳分行建立了全市第一个社区银行，为社区居民提供区域化、差异化的社区银行服务，也是缓解小微企业融资难的一个有益尝试。中国建设银行衡阳分行自行聘请第三方机构"神秘人"监督暗访，最大限度地掌握全辖网点的服务情况。同时该行还广泛邀请社会公众、工商管理部门、新闻媒体、消协等外部机构对该行整体服务情况进行评估，进一步拓宽外部监督渠道，提升该行品牌形象和社会形象。交通银行衡阳分行将金融国民教育从娃娃抓起，经常邀请客户子女开办"小小金融家"特色课程，宣传金融知识，培养儿童的金融消费保护意识。平安人寿保险公司针对信息变化难以联系的客户专门开展了"寻找生存金"客户活动，提醒客户及时领取保险生存金行使权利。

在金融教育方面，人民银行等监管机构利用"金融 3·15""金融知识普及月"等活动走进学校、走进社区，开展金融消费者权益保护宣传 9 次，各金融机构利用经营网点张贴宣传画册，在电子屏幕上滚动宣传标语，组织专人摆摊设点发放宣传手册共252次。2014年衡阳市保险行业协会在《衡阳晚报》开辟"保险"专版，专门宣传保险知识、保险经典案例、保险公司保护消费者的最新举措等，取得了较好效果。

（五）法制保障

衡阳市全市法庭覆盖率为31.40%，法庭设置基本上能够满足金融消费者的诉讼要求。但是目前，衡阳市县两级人大、法院还没有出台专门的金融消费权益保护方面的审判指导性文件，总的来说法制保障还不够专业化，导致这项得分偏低（51.27分）。这主要是由国内大气候所决定，因为在我国并没有专门针对金融消费者权益保护领域的法律。当前我国金融法律制度的重点在于国家对金融机构的监管，立法主要关注的是如何加强金融机构的外部监督机制和内部治理结构的改革，以维护金融稳定和促进经济发展，而金融消费权益保护并未得到应有的重视。区域金融消费者权益保护工作还处在起步阶段，无论是理论层面上还是实际操作中，都还存在相当大的法律障碍，没有顶层的法律保障。

2014年全市共受理自然人金融类纠纷案26件，胜诉案件20件，胜诉率为77%。2014年由保险行业协会牵头，与司法机构建立了沟通协调机制，使得"存款变保险"以及"分红类保险退保"案件的诉讼数量大幅度下降，大部分案件都能在保险行业协会和保险公司与客户的协调下达成和解，避免了诉讼案件的发生。

在监管方面，人民银行、银监局等监管部门全年开展69次执法检查，现场检查率达到8%，市政府金融管理办公室、市人民银行、市银监局三个部门均制定了消费者保护和金融机构行为监管的相关准则，同时中支建立健全《衡阳市金融消费权益保护管理办法》《衡阳市金融消费者投诉与申诉管理办法》，进一步完善了《衡阳市金融消费权益保护工作应急预案》《衡阳市金融消费权益保护工作评价办法》等工作制度。

（六）普惠金融

普惠金融还是一个新生事物，宣传和普及还需要一定过程，是指能有效、全方位地为社会所有阶层和群体提供服务的金融体系，实际上就是让所有的老百姓享受更多的金融服务，更好地支持实体经济。这项指标得分最低，只有44.74分，还需要大力推进。

全市银行网点密度为12.5个/十万人，保险服务乡镇覆盖率达到41.2，ATM密度为20.5个/十万人，农村POS密度为3.7个/十万人；消费便利性进一步提高，个人账户率达到2.19%，小微企业、农户贷款率分别达到22.56%

和 10.6%，农业保险参保率为 80%；小微企业和农户户均余额分别为 30.33 万元、18.42 万元；金融消费基础进一步夯实，2014 年全市人均 GDP 达到 3.29 万元，城镇、农村人均可支配收入分别为 2.44 万元、1.32 万元，人均个人消费贷款余额为 0.25 万元。以上指标虽然逐年上升，但和全市经济总量和人口数量相比，普惠金融覆盖率还是偏低。

10.4　今后工作的改进措施及建议

面对金融发展所存在的种种问题，人们越来越清醒地认识到，要建设良好金融消费权益保护环境，必须尽快树立新的金融发展观，以信用建设为核心，以制度建设为基础，以法制建设为保障，着力完善支持金融业发展的政策，规范行政服务行为，发展中介服务组织，壮大金融产业规模，调整优化融资结构，改善经济金融运行环境。

（一）提升区域环境

1. 加强社会诚信教育，加快社会信用体系建设。加强社会诚信教育最主要的方法就是要对道德诚信进行大量的宣传，提高公民和企业以及政府的诚信意识，从而减少银行不良贷款率，降低客户违约率，保证金融业的稳定发展。未来衡阳市应该继续加强社会道德诚信宣传建设，争取让诚信成为促进衡阳市经济发展和金融消费权益保护环境建设的一项扎实的软实力。加快社会信用体系建设。社会信用体系主要包括政府信用、企业信用和个人信用。近年来衡阳市大力开展金融消费权益保护环境建设，出台了社会信用体系建设方案，进一步推进人民银行征信体系建设，加强与财政、工商、税务、司法等部门沟通联系，整合企业信息。在个人信用方面，已建立了个人信用档案，个人征信查询服务系统也已在网上可以查询。在未来要加大个人信用记录宣传和建设，要将更多人的信用记录收录到征信系统。

2. 加大有效处理金融消费纠纷的力度。司法部门解决金融消费纠纷是提升金融消费权益保护环境的有效保障。有关司法部门必须积极受理，着力解决每一件金融消费纠纷，哪怕是很小的金融消费纠纷，让金融消费者真正地感受到投诉有门、投诉有果。并且在诉讼费用方面应该倾向金融消费者，加大对经营者的惩罚力度。同时，提高金融执法的效率，推动相关法律制度调整和完善，促进金融生态的平衡和优化。

（二）完善权益保护机制

1. 完善金融消费保护制度及流程。在现有的消费者保护框架内，消协处理金融消费者投诉存在专业知识不足、对强势金融机构缺乏有效制约手段的问题；因此，应努力探索新形势下金融消费者保护的突破点，构建符合我国国情的金融消费保护机制。（1）制定和颁布金融消费者权益的规章制度；（2）监督、检查上述规则的贯彻执行；（3）受理、调查、处理金融消费者投诉；（4）对违法行为进行处罚；（5）负责金融消费者投诉的统计、调查、分析和预测，建立金融消费者投诉数据库；（6）推进金融知识教育；（7）加强对弱势群体、小微企业的金融服务。中国人民银行应倡导建立新型金融产品与服务的监督检查制度，并对金融机构向消费者提供金融产品或服务的格式合同合法性进行检查评价。

2. 加强金融机构的培训。各金融机构必须深入持久地开展金融普法，引导广大金融工作者认真学法，使其真正懂法、安分守法、正确用法，让每一位金融工作者树立"法律至上、依法运作"的观念并指导工作实践，才能确保坚持依法合规经营，依法维护金融债权，同时，要培养一支具有高尚职业道德的金融队伍，推动金融业健康持续稳定发展。

（三）强化权利保护措施

1. 确立强制信息披露制度。金融监管对金融机构提出信息披露要求，能约束金融机构的经营行为；帮助存款人、投资者和被保险人降低信息搜寻成本；准确评价交易风险并制订交易计划，有效保护其合法权益。严格的信息披露、外部审计和评级等市场约束能够使监管机构、客户、投资者对金融机构的资本状况、利润水平以及风险状况作出准确判断，督促金融机构稳健经营和有效控制风险。因此，有必要建立强制性信息披露义务制度，监管部门要出台有关信息披露方面的条款，提高金融产品的信息透明度，对非标准化产品，建立统一的信息披露平台，使信息能真实、完整、充分、及时地披露。

2. 强化产品说明和风险提示义务。在日常工作中，金融监管部门应当强化金融机构对金融消费者权益的保护意识，要求各金融机构规范金融产品的营销，明确揭示产品风险，特别是要合规、有序地拓展业务，不能以广告代替宣传，误导客户。金融机构在介绍说明金融产品时，关于风险方面的条款和文字表述不得用晦涩、难懂的语言和文字，故意使金融消费者产生混乱，陷入一知半解、不清不楚的状态。向金融消费者出示、提供的介绍书和说明书上的有关风险方面的条款，要尽量避免十分专业的语言。同时，涉及重大风险的相关信息，金融机构必须要保证在第一时间向金融消费者提供。

3. 规范劝诱方式。金融监管部门要督促金融机构建立不当劝诱行为的责任追究制度，金融产品说明应以真实、有效、充分为基础，对于产品收益和风险等关键要素的表述必须清晰直白、浅显易懂，有义务向金融消费者提供有助于其判断或选择金融产品的必要信息，有义务保证产品信息的完整性和真实性。对于金融产品信息的表述应该贯穿于整个金融交易的全过程，其范围不仅局限于交易前说明告知，也包括交易过程中的提示，以及交易后续的披露，使金融消费者对于金融投资、个人理财计划的性质和特点能准确认知，并对各金融产品的运作、风险的波动以及交易结束的后续情况有详细的认识。要准确界定金融产品推销过程中，合法广告推销行为与不正当劝诱行为的区别和认定标准，其核心应以是否通过隐瞒或模糊的表述刻意隐瞒关键信息，导致金融消费者的理解错误作为标准。对于不当的劝诱行为，监管机构有权加以制止，并根据金融消费者的合理投诉，责令金融机构给予一定的补偿。

（四）强化金融消费者教育，提升消费者金融素养和维权能力

人民银行、监管部门、行业协会和金融机构等要对金融消费者主动开展各种形式的金融知识宣传与教育，构建多维的金融消费教育网络，充分借助新闻媒体、网络媒体和平面媒体的宣传优势，构建宣传教育平台。

1. 进一步加强金融知识和金融产品宣传。维护金融消费者权益的一个重要途径是通过深入开展金融知识教育，使金融消费者对自身的权利、权利实现方式以及权利受到侵害时的救济途径有清晰的认识，以此提高金融消费者风险防范意识和自我保护能力。人民银行应牵头承担起金融知识普及职责，编制金融产品知识资料、丰富教育载体、定期发布金融风险提示，接受社会公众的咨询，建立普及金融产品知识的长效机制。金融机构、签约商户、中介等机构也应当承担起金融产品普及职责，帮助金融消费者增强在投资、交易、结算等过程中的防范意识，熟悉、掌握防范金融欺诈的知识和技能，提高自我保护能力。

2. 发挥新闻媒体正确舆论导向作用。发挥大众传播媒体的正确舆论导向作用是提高金融消费权益保护环境的有效方法。借助大众传播媒体的正确舆论监督导向作用，借助新闻媒体披露金融机构不法行为的真相和金融消费者的受害事实，扩大事件的社会影响力。这样，一方面可以引起社会各界关爱和帮助弱势金融消费者，另一方面让受害金融消费者感受到媒体的强大支撑作用。新闻媒体为金融消费者讨公道的行为将有力地唤起金融消费者维护自身合法权益的强烈意识。

附表 10 – 1

2014 年度衡阳区域金融消费权益保护环境评估指标

项目层	子项目层	原始指标	2014 年数值
信息披露	信息公开	未告知产品的收益与风险次数	7 次
		未告知业务流程次数	2 次
		未告知售后服务次数	1 次
		收费信息公示率	100%
	制度公开	投诉电话公示率	100%
		工作制度公开率	100%
		投诉流程公开率	100%
		责任部门和人员公开率	100%
交易公平	产品销售	限制客户选择次数	6 次
		捆绑销售次数	3 次
		违规收费次数	5 次
		不公平格式条款个数	1 个
	信息保护	违规采集信息次数	10 次
		未建立防范措施的个数	0 个
		信息泄露次数	3 次
争端解决	投诉处理	投诉窗口设置率	100%
		金融机构投诉电话接通率	100%
		投诉处理时效	100%
		投诉办结率	98%
	调解机制	投诉处理满意率	96%
		纠纷解决机制	1 个
		金融服务投诉率	0.4%
	追索赔付	重大群体性投诉事件数	0 次
		赔付机制建立率	30%
		客户索赔成功率	83%
机制保障	组织机构	领导机构完备率	100%
		办事机构完备率	100%
		人员配备率	100%
	制度设立	制度制定数	20 个
		工作创新数	5 个
		未执行制度次数	0 个
	金融教育	监管机构宣传教育	9 次
		金融机构宣传教育	252 次
		媒体宣传教育	75 次

续表

项目层	子项目层	原始指标	2014 年数值
法制保障	司法环境	法庭覆盖率	31.40%
		法院出台的规范性文件数	0 个
		纠纷案件胜诉率	77%
	监管环境	现场检查率	8%
		沟通协调机制	2 个
		消费者保护规则	6 个
		金融机构行为监管准则	3 个
普惠金融	覆盖性	银行网点密度	12.5 个/十万人
		保险服务乡镇覆盖率	41.2%
		ATM 密度	20.5 个/十万人
		农村 POS 密度	3.7 个/十万人
	便利性	个人账户开户率	2.2%
		小微企业贷款覆盖率	22.56%
		农户贷款覆盖率	10.60%
		农业保险参保农户覆盖率	80%
	满意性	小微企业贷款户均余额	30.33 万元
		农户贷款户均余额	18.42 万元
	消费基础	人均 GDP	3.29 万元
		城镇人均可支配收入	2.44 万元
		农村人均纯收入	1.32 万元
		人均个人消费贷款余额	0.25 万元

主执笔人：陈伟群　施蓓

第11章

2015 年邵阳市金融消费权益保护
环境评估报告

　　湖南省邵阳市历史悠久，文化深蕴，位于湘中偏西南，资江上游，面积 2.1 万平方公里，总人口 813 万人，常住人口 720 万人，辖内 9 县（市）三区。因历史原因，经济基础薄弱、工业产业落后。2014 年，面对全球经济形势和主要经济体出现分化，国内经济增速放缓的不利局面，邵阳市经济金融继续保持了平稳运行，全市存款增速在全省排名大幅上升，贷款对实体经济的支持力度持续加大。

11.1　2014 年邵阳经济金融概况

11.1.1　经济运行基本情况

　　经济运行平稳向好。初步核算，2014 年全市实现 GDP 1 261.61 亿元，同比增长 10.8%，较上年同期提高 0.6 个百分点。其中一产业增加值为 274.61.05 亿元，增长为 4.8%；二产业增加值为 482.22 亿元，增长 11%；三产业增加值为 504.78 亿元，增长 13.6%。一、二、三产业对 GDP 增长的贡献率分别为 21.77%、38.22% 和 40.01%，其中第三产业比重上升 1.46 个百分点，一、二产业比重分别较上年下降 0.79% 和 0.67%。

　　农业生产稳中有升。全年完成农林牧渔业总产值 162.48 亿元，同比增长 4.4%，增速比上年提高 1.6 个百分点。

　　工业增长总体放缓。全年完成工业总产值 2 021.88 亿元，同比增长 14.8%，较上年下降 4.3 个百分点。其中规模工业总产值 1 707.39 亿元，同比增长 14.7%，较上年少 5 个百分点。全年规模工业增加值 491.05 亿元，同比增长 11.6%，较上年低 0.8 个百分点。全市全年工业用电量 39.9 亿度，增长

4.5%，较上年回落 8.7 个百分点。

社会民生有所改善。一是居民收入稳步增加。全年城镇居民可支配收入达到 19 341 元，比上年增长 9.6%；农村居民可支配收入达到 7 786 元，比上年增长 7.3%。二是居民消费价格低位稳定。全年居民消费价格增长水平控制在 1.9%，较上年下降 0.5 个百分点。

11.1.2　金融运行基本情况

金融资金运行平稳。年末全市金融机构本外币各项存款余额 1 510.68 亿元，比年初增加 190.67 亿元，比上年少增 13.15 亿元，同比增加 14.4%。其中，单位存款余额 344.20 亿元，增长 10.5%，城乡居民储蓄存款余额 1 101.50 亿元，增长 15.4%。年末全市金融机构本外币各项贷款余额 645 亿元，比年初增加 119.14 亿元，比上年多增 18.68 亿元，同比增加 22.7%。其中短期贷款余额 249.83 亿元，增长 11.7%，中长期贷款余额 393.31 亿元，增长 31.5%。在全部贷款中，人民币消费贷款 84.63 亿元，增长 58.5%，个人住房贷款 52.84 亿元，增长 53.8%，房地产开发贷款 23.66 亿元，增长 42.4%，中小企业贷款 246.3 亿元，增长 9.5%。

证券交易比较活跃。年内在邵 4 家证券营业部开户数 6 200 个，比上年增长 46.3%，股民保证金 4.41 亿元，下降 7.3%，年内交易量 758.86 亿元，增长 48.5%，股票买入量 382.38 亿元，增长 48.2%，卖出量 376.49 亿元，增长 48.7%。

保险业务发展稳定。年末全市共有 24 家保险公司，其中财险 9 家，寿险 15 家。全市保费收入合计 39.11 亿元，比上年增长 8.8%，其中财产险保费收入 10.19 亿元，增长 27%，人身险保费收入 28.92 亿元，增长 3.6%。保险密度 543 元/人，比上年上升 44 元/人，保险深度 3.46%，比上年略有提升。全年完成各项保险赔付金额达 13.32 亿元，增长 41.2%，其中财产险赔付额 5.61 亿元，增长 35.3%，人身险赔付额 7.71 亿元，增长 45.81%。

11.2　邵阳市环境评估工作开展情况

（一）打造内部组织机制，构建有效履职平台

2013 年邵阳市中支成立了金融消费权益保护工作领导小组和金融消费权益保护中心。领导小组由行长任组长，各分管行领导任副组长，办公室、货币信贷管理科、调查统计科、会计财务科、货币金银科、国库科、外汇管理科、

营业室、金融生态办公室、反洗钱办等部门负责人任成员。金融消费权益保护中心设在中心支行办公室,设立投诉电话专线,安排专人值守,受理投诉后转商业银行或者相关业务部门办理。

(二)打造示范竞争机制,构建县域推动平台

有意识地选择少数民族自治县城步县和省级金融安全区洞口县开展金融消费权益保护示范县创建工作,一是在两个创建对象之间创造竞争,激发其工作主动性、创新性,争创工作亮点,二是通过两个创建对象的先行先试,为辖内其他县(市)均衡推进积累经验、树立标杆。其中城步县的示范县创建工作引起县委、县政府高度重视和全力支持,在金融机构、地方政府和人民群众中产生了较大影响,对邵阳市全辖金融消费权益保护工作起到了较好的示范作用,2013 年 10 月被长沙中支认定为全省首批 10 个示范县之一,地方政府领导也多次视察城步县的金融消费者权益保护中心,充分肯定了金融消费权益保护示范县的创建工作。

(三)建立有效制度保障,推进环境评估工作开展

邵阳市中支先后出台了《中国人民银行邵阳市中心支行金融消费权益保护办法实施细则(试行)》《金融消费权益保护工作联席会议制度》《2014 年邵阳市人民银行系统金融消费权益保护工作要点》《转发中国人民银行长沙中心支行关于〈中国人民银行长沙中心支行金融消费权益保护工作评估办法(试行)〉的通知》《邵阳市金融消费者权益保护工作标准化网点建设工作方案》《2015 年邵阳市金融消费者权益保护工作指导意见》等一系列有关金融消费权益保护的制度办法,为推进环境评估工作开展建立了制度保障。

(四)高度重视,精心组织,扎实开展环境评估工作

根据《中国人民银行长沙中心支行办公室关于印发〈区域金融消费权益保护环境评估方案(试行)〉并组织试评估工作的通知》《中国人民银行长沙中心支行办公室关于开展 2015 年湖南区域金融消费权益保护环境评估工作的通知》(长银办〔2015〕103 号)等要求,通过实地走访、现场查看采集数据,并结合 2013、2014 年度金融消费权益保护工作评估结果及近年金融消费者投诉情况,对已采集的数据进行核对和优化,经过几次核定得到最后数据结果。

11.3　环境评估基本情况、存在的问题及原因分析

（一）金融机构内部金融消费权益保护机制建设逐渐完善，消费者权益保护意识稳步提高

1. 信息披露更加规范、充分。

（1）信息公开情况总体较好。能较好地向金融消费者提供金融产品或金融服务业务流程、售后服务。辖内 769 家银行网点，收费信息公示率达 100%，投诉电话公示率达 99.1%。

存在的问题：金融机构存在着向客户夸大金融产品收益、隐瞒风险，误导消费者、欺诈销售的情形。2014 年度邵阳市中支共受理了 5 起"存款变保险"的投诉。

原因分析：一是经济利益的驱动，银行和保险公司相互合作。商业银行客户中存在大量的保险潜在客户，保险公司利用银行的业务特点挖掘潜在客户，银保产品成为保险公司保单销售的重要来源。二是销售人员过于重视营销业绩，忽视金融消费者合法权益。一些商业银行销售人员在推销理财产品时，为追求推销业绩，提取高额提成，在销售过程中误导客户。三是消费者风险意识不够，理财能力有待提高。部分中老年人出于对银行的信任，放松对误导销售的警惕，轻而易举地被产品收益诱惑。

【案例 11 - 1】

银行代售保险业务，顾客存款变保单案

案情简介

2014 年 5 月 13 日，投诉人高加齐到邵阳市金融消费权益保护中心投诉称：13 日当天，高先生陪其父去中国邮政储蓄银行敏州东路支行支取 5 万元定期存款，到柜台被告知该笔钱办理的是保险业务（吉祥人寿保险公司的鼎盛 1 号产品）非存款业务。投诉人高先生认为：第一，保险业务的办理并非其父真实意思的表示，纯属工作人员的诱骗所致。第二，高家家庭困难，不会拿 5 万元进行投保。第三，在和该支行交涉中经仔细查看购保合同，他发现保单完全由邮储银行业务员填写，仅签字部分是其父的笔迹。因此，投诉人认为该支行侵犯了其父知悉权和自主选择权，要求退出保险、拿回本金。（当事人年事已高、行走不便，由其子代为投诉）

处理情况

邵阳市金融消费权益保护中心受理高先生投诉后，速将该案件投诉转办函和相关投诉材料转至中国邮政储蓄银行邵阳分行。5月16日，邵阳市中支收到了中国邮政储蓄银行邵阳分行的办结单。邮储银行邵阳分行经调查，认为经办人持有保险代理从业资格证，办理业务时已将该产品的条款和特点详细告知投诉人之父。至于保单完全由邮储银行业务员填写，银行解释称：当事人年事已高，要求大堂经理帮助其填写个人信息，大堂经理提醒客户确认后签字。双方各执一词，后经该支行协调，达成和解，保险公司尊重客户的要求，同意为高先生的父亲办理退保手续。

法律分析

《民通意见》第六十八条："一方当事人故意告知对方虚假情况，或者故意隐瞒真实情况，诱使对方当事人作出错误意思表示的，可以认定为欺诈行为。"

《中华人民共和国合同法》第四十二条："当事人在订立合同过程中有下列情形之一，给对方造成损失的，应当承担损害赔偿责任：……（二）故意隐瞒与订立合同有关的重要事实或提供虚假情况。"

《中华人民共和国消费者权益保护法》第八条规定："消费者享有知悉其购买、使用的商品或者接受的服务的真实情况的权利。"第九条规定："消费者享有自主选择商品或者服务的权利。消费者有权自主选择提供商品或者服务的经营者，自主选择商品品种或者服务方式，自主决定购买或者不购买任何一种商品、接受或者不接受任何一项服务。"第二十八条："提供证券、保险、银行等金融服务的经营者，应当向消费者提供经营地址、联系方式、商品或者服务的数量和质量、价款或者费用、履行期限和方式、安全注意事项和风险警示、售后服务、民事责任等信息。"

《中国银监会关于进一步加强商业银行代理保险业务合规销售与风险管理的通知》第三条规定："商业银行在开展代理保险业务时，应当遵守以下规定：（一）不得将保险产品与储蓄存款、基金、银行理财产品等产品混淆销售，不得将保险产品收益与上述产品简单类比，不得夸大保险产品收益。（二）向客户说明保险产品的经营主体是保险公司，如实提示保险产品的特点和风险。（三）如实向客户告知保险产品的犹豫期、保险责任、电话回访、费用扣除、退保费用等重要事项……"第十六条规定："商业银行通过电话向客户销售保险产品的，应当先征得客户同意，明确告知客户销售的是保险产品，不得误导销售，销售过程应当全程录音并妥善保存。"

本案中，投诉人认为保险业务的办理并非其父真实意思的表示，工作人员过多地强调利息与分红，对客户进行误导。而被投诉单位则强调经办人持有保险从业资格证，并履行了告知义务，在经同意并签字后办理了该保险业务。双方各执一词，很难进行举证。但是，根据国际惯例，保险占家庭收入的比例不应超过10%。此外，购买保险的顺序是先基本保障型保险、后投资分红型保险。保险既有保障功能又有投资功能，要先保障再投资。结合全案事实，投保人购买的保险费金额明显占其家庭收入比例过高，因此，可以以此来举证被误导购保，对保险合同缔约目的存在重大误解，拿回本金，并以缔约过失要求该支行承担损害赔偿责任。

案件启示

1. 从严管理银行代办保险业务，加强对销售人员的法律及业务培训，提高消费者对理财产品的认识度，避免出现误导消费者的现象。

2. 针对"存款变保险"事件频繁发生，且大都发生在理财意识缺乏的中老年人群中，建议在对中老年人销售非保本性理财产品时，其必须要有一名同伴陪同；必须严格落实相关法律法规，如实履行告知义务，不得恶意欺诈或者销售误导，并对其进行需求分析与风险承受能力测评，根据评估结果推荐保险产品。

（2）制度公开情况总体较好。辖内管理行均能公开金融消费权益保护相关制度或向社会作出金融消费权益保护承诺，所有网点都能对外公布投诉流程、公开金融消费权益保护责任部门和人员。

2. 公平交易权基本实现。

（1）产品销售基本合规。金融机构在限制自主选择、捆绑销售、违规收费、不公平格式条款个数分别为0次、0次、62次、0个，违规收费次数相对较多。

（2）个人信息保护比较薄弱。金融机构大都建立了个人金融信息保护内控制度和防范措施的金融业务软、硬件系统，但仍存在着违规收集个人金融信息，泄露、非法使用或非法对外提供客户个人金融信息的情况。2014年度辖内违规采集信息、信息泄露的次数分别达8次、2 021次。

存在的问题：违规收费、违规采集信息的事件偶有发生，信息泄露的情况较为严重。

原因分析：部分金融机构及其员工法律意识、安全意识淡薄，没有认识到保护客户个人金融信息是金融机构的法定义务，因而，内控管理不严谨，责任追究机制不完善。

【案例11-2】

越权查询、非法买卖个人信用报告案

案情简介

2014年5月，人民银行某县支行对其辖内农村信用合作联社开展征信信息非正常查询核查。经核查发现，该联社下属分社的主办会计刘女士利用与联社信贷管理部征信管理岗曾某私交，向曾某套取了联社曾某本人，分社谢某、李某三人的操作口令。另分社夏某因保管操作口令不当，导致密码泄露，亦被刘某获取。2014年3月18日至5月4日，刘女士利用四人的操作口令越权查询个人征信报告2 019笔，并以每笔7.5元出售给上海佳银金融服务公司，至检查日，已收到该公司报酬3 100元。

法律分析

经现场检查发现，该农村信用合作联社保护客户个人金融信息安全意识薄弱，未能建立行之有效的内控制度，各部门、岗位和人员在客户个人金融信息保护方面的责任模糊，加之员工法律修养不够，不了解违法收集、使用和出售个人金融信息可能导致的恶劣影响，泄露和滥用个人金融信息对本机构及自身带来的法律责任。

本案中，信贷员曾某安全意识淡薄，没有认识到保护客户个人金融信息是金融机构的法定义务，被主办会计刘女士利用职务之便轻易获取其联社三人的操作口令。分社夏某防范意识不足，未能妥善保管操作口令，导致口令亦被刘某获取的行为，违反了《个人信用信息基础数据库管理暂行办法》安全管理第三十一条的规定："商业银行应当建立保护个人信用安全的管理制度，确保只有得到内部授权的人员才能接触个人信用报告……"，某县支行根据《个人信用信息基础数据库管理暂行办法》第三十九条之规定："商业银行有下列情形之一的，由中国人民银行责令改正，并处1万以上3万以下罚款……（六）违反本办法安全管理要求的"，责令该联社从严内部管理，强化内控制度，完善内部控制和责任追究机制，并处3万元的罚款。

主办会计刘女士法律意识淡薄，自我约束不严，在利益的诱惑下利用职务之便，套取内部授权人员查询用户操作口令，越权查询并出售他人信用信息的行为，已违反了《征信业管理条例》第四十条第一款"违法提供或者出售信息"、第三款"未经同意查询个人信息或者企业的信贷信息"的规定，某县支行根据《征信业管理条例》第四十条之规定："金融信用信息基础数据库提供或者查询信息的机构违反本条例规定，有下列行为之一的，由国务院征信业监督管理部门或者其派出机构责令限期改正，对单位处5万元以上50万元以下

的罚款；对直接负责的主管人员和其他直接责任人员处 1 万元以上 10 万元以下的罚款；有违法所得的，没收违法所得……"，责令该联社加强对《征信业管理条例》《个人信用信息基础数据库管理暂行办法》等法律法规的学习，提高员工法律意识和责任意识，并处以 12 万元的罚款，没收刘女士违法所得3 100 元。

以上合并处以 15 万元的罚款，并没收刘女士违法所得 3 100 元。行政处罚决定书下达后，该联社按期缴纳了罚款，未提起行政诉讼或行政复议。

3. 争端解决机制逐渐完善。

（1）投诉处理及时有效，满意度较高。一是投诉便利性。辖内金融机构均对外公布了投诉电话，投诉电话有专人接听。全市 769 个营业网点有 769 个设置了投诉窗口，投诉窗口设置率高达 100%，投诉电话接通率达 99%，能较好地受理金融消费者的投诉。二是投诉处理效率较高。全市各金融机构（含12363 热线）2014 年共受理 946 件有效投诉，其中 926 件得到及时处理，处理时效为 97.9%。所有有效投诉均得到有效办理，案件办结率为 100%。三是投诉处理效果较好。946 件投诉中除部分复杂银行卡被盗刷案件及年代过久责任难以区分的投诉外，剩余 941 件投诉处理结果基本都得到消费者的认可，满意率高达 99.5%。

（2）调解诉讼渠道较畅通。区域内建立了和解、调解、仲裁、诉讼纠纷解决机制，但尚未建立独立、专业、有效的金融消费纠纷第三方解决机制。金融消费者向金融监管部门投诉、提起诉讼和仲裁的数量较少，金融服务投诉率仅为 0.1%。2014 年全市金融机构没有发生一起重大群体性投诉事项。

（3）追索赔付机制有待完善。辖内金融机构基本上都建立了追索赔付机制，但 2014 年仅 4 名当事人主张赔偿，索赔成功率为 50%。

存在的问题：辖内金融消费者主动提起诉讼和仲裁的数量极少。

原因分析：鉴于诉讼仲裁成本过高，时限过长，加之举证难，大多数金融消费者权益受到损害，若损失在可接受的范围内，一般都不会走诉讼或仲裁程序。

4. 金融机构机制建设逐渐完善。

（1）组织机构完备。13 家市级银行业金融机构均成立了金融消费权益保护工作领导小组，确定了金融消费权益保护工作的具体负责部门，明确了部门职责，明确专人负责。市级金融机构金融消费权益保护工作领导机构覆盖率、办事机构完备率、人员配备率都为 100%。

（2）制度建设较健全。绝大多数金融机构制度建设较为健全，建立了金融消费权益保护方面的内部控制体系、产品和服务的信息披露规定、投诉处理管理办法、金融知识宣传教育规划、工作报告制度、工作监督考评制度、重大突发事件应急预案等制度，制度数量达89个，制度执行情况较好。金融机构金融消费权益保护工作创新力度逐步加大，工作创新19项。

存在的问题：金融机构金融消费权益保护工作创新不均衡，有的金融机构工作创新力强，有的金融机构工作创新不足。

原因分析：金融机构金融消费权益保护工作分管领导及部门负责人对该项工作重视程度不同。

（3）金融消费者教育宣传开展较好，员工消费者权益保护工作教育有待提高。2014年监管机构开展了3·15消费者权益保护、9月金融知识普及月、反假人民币、反洗钱、征信知识、支付结算知识、国债业务等专题宣传累计18次；金融机构开展金融消费者教育日常宣传，向社会公众提供业务咨询、宣传金融知识和金融维权知识173次；媒体宣传报道金融消费权益保护知识或事件46次。

存在的问题：部分金融机构没有开展专门的从业人员金融消费权益保护知识培训，培训内容倾向于业务开展、业务操作知识。

原因分析：金融消费权益保护开展时间较短，没有引起金融机构的足够重视。金融机构培训主要是如何开展业务和业务操作。

（二）金融消费权益保护工作外部环境渐趋向好，监管协调合力有待加强

1. 法庭设置基本能满足金融消费者的诉讼需要。邵阳市全市九县三区，197个乡镇，共有32个法庭，法庭覆盖率为16.3%。主要是偏远和人口较为集中的山区乡镇，为方便诉讼当事人而设置的乡镇法庭，以基层法院的名义受理、审理、判决一些简单的民事案件。基本上法庭设置已经能够满足金融消费者的诉讼要求。辖内市县两级法院出台了专门的保护金融消费者合法权益的审判指导性、规范性文件。法院受理的自然人金融类纠纷案件较少，且纠纷案件胜诉率仅为33.3%。

存在的问题：一是法庭覆盖率过低，仅部分偏远和人口较集中的乡镇设置了法庭。二是金融消费者主动状告银行的案件少。

原因分析：巨额的诉讼费、律师费，加之诉讼结果的或然性、诉讼时间过长、举证难等因素，当消费者权益受到侵害时，若损失较小，金融消费者一般不愿走司法程序，而是寄希望于监管部门的调解。如2015年受害人唐某的代理律师向人民银行邵阳市中心支行来函称，其建行卡中90 900元突然不见了，到建设银行邵阳某支行查询方得知其存款已被人在广东佛山盗取，其中转账和取现90 800元，手续费100元。收到信函后，邵阳市中支迅速联系了唐某的

代理律师，方得知唐某已将建设银行告上法院，双方正在一审中，但唐某因诉累希望监管机构出面调解，赔偿唐某一定损失，撤诉结案。

2. 监管环境总体向好，监管部门合力有待加强。2014 年全年监管部门对金融机构现场检查 80 次，其中人民银行邵阳市中心支行 60 次（含银行、证券、保险）、市银监分局、市工商局、市物价局 20 次，现场检查覆盖率为 10.4%。通过执法检查，规范金融机构依法合规经营，保护消费者的合法权益。2013 年人民银行邵阳市中心支行牵头市金融办、市银监分局、消协、保险协会、各金融机构建立了邵阳市金融消费权益保护工作联席会议制度，明确了联席会议工作制度的内容，讨论和交流金融消费权益保护取得的成绩、存在的问题、改进的措施等。邵阳市银行业、证券业、保险业金融机构在人民银行、市金融办、市银监分局、消协、保险协会的见证下签订了邵阳市金融机构保护金融消费者权益承诺书。

人民银行邵阳市中心支行还出台了《中国人民银行邵阳市中心支行金融消费权益保护办法实施细则》《邵阳市金融消费者权益保护工作标准化网点建设工作方案》《邵阳市金融消费者权益保护工作指导意见》等行为监管准则，督促金融机构高度重视金融消费权益保护工作，进一步完善机制，加强制度建设、队伍建设，积极配合人民银行金融消费者权益保护工作。

存在的问题：人民银行邵阳市中心支行与市银监部门协同保护金融消费者权益力度不够，协调机制还不健全，信息共享不足，存在着相互推诿的情形，总体上尚未形成合力。

原因分析：监管部门职责分工不够明确，存在监管重叠，监管空缺。

（三）普惠金融助力小微企业，普惠金融水平有待发展

1. 金融基础设施逐渐完善，金融服务覆盖面扩大，消费便利度有所增强，消费满意度稳步提升。辖内银行网点数 769 个、常住人口 720 万人，银行网点密度为 10.68 个/十万人；具有保险服务网点的乡镇数量 70 个、乡镇数量 197 个，保险服务乡镇覆盖率为 35.5%；ATM 等自主设备 1 500 台，ATM 密度 20.83 个/十万人；行政村 POS 机数量 4 226 台，行政村数量 5 507 个，农村 POS 密度 2.2 个/十万人。

个人银行账户数 1 791 297 个，常住人口 7 200 400 人，个人账户开户 2.5%；小微企业贷款覆盖率 13.1%、农户贷款覆盖率 13%、农业保险参保农户覆盖率 61%；小微企业贷款户均余额 831.7 万元、农户贷款户均余额 6.7 万元。

银行网点设置基本能满足消费需要，金融基础设施建设相对比较完善，涉农普惠金融逐步得到落实。

存在的问题：小微企业贷款覆盖率过低，农民贷款仍然较难。

分析原因：邵阳市经济基础薄弱，小微企业占据绝大多数，农副产品又占据小微企业多数，一些农副产品受天气、政策因素影响较大，加之，缺乏先进技术的支持，没有相当的担保抵押物，贷款难度增大。

2. 消费基础有所提高，但仍远落后于其他较发达地市。邵阳市人均 GDP 15 700 元，城镇人均可支配收入约 20 000 元，农村人均纯收入 9 600 元，人均个人消费贷款余额 2 000 元。

3. 消费者教育逐步进入常态化，效果逐渐显现。2014 年邵阳市人民政府、邵阳市消协、人民银行邵阳市中心支行等管理部门共组织开展大型金融知识宣传及消费维权知识宣传 3 次，包括 3·15 消费维权日宣传、9 月金融知识普及月宣传，并通过邵阳市电视台、《邵阳日报》、《邵阳晚报》等跟踪进行了宣传和报道。人民银行邵阳市中心支行同时还组织各金融机构开展了反假币、"存款变保险"、银行卡诈骗犯罪风险提示。通过全方位的常态化的金融消费者教育宣传，社会公众金融维权意识得到增强，相关金融知识水平进一步提升。

根据上述环境评估情况，邵阳市 2014 年度金融消费权益保护环境评估综合得分 73.00 分，其中信息披露 97.51 分、交易公平 51.07 分、争端解决 84.49 分、机制保障 80.96 分、法制保障 66.20 分、普惠金融 59.56 分。

11.4　进一步做好区域金融消费权益保护工作的建议

1. 要继续加强领导，全面落实金融消费权益保护工作。通过开展金融消费权益保护环境评估工作、金融消费权益保护评估检查等，督促金融机构进一步重视金融消费权益保护工作，使消保工作涉及金融机构相关的业务部门能相互配合、通力协作，加大了金融消保工作推进力度。

2. 要完善监管协调机制，建立信息共享机制；明确职责分工，避免多部门重复监管。建立健全包含银监部门、金融行业协会、金融机构在内的金融消费权益保护工作联席会议制度，做到共享信息，形成金融消费权益保护工作合力。同时，应明确监管部门各自的责任，避免相互推诿或重复监管。通过评估发现，人民银行、银监局、工商局、物价局等对金融机构消保工作均存在监管行为，都组织开展了现场检查，检查内容存在部分重叠。

3. 构建多元化金融纠纷解决机制，创建联动大调解格局。建立金融机构自主、监管机构协调、司法途径等多层次的金融消费者纠纷解决机制，采取联动大调解（自主协调、监管部门介入调解、人民调解、司法调解"四位一体"

格局）为主、诉讼（仲裁）解决为辅的方式。上文已提到巨额的诉讼费、律师费，加之诉讼结果的或然性、诉讼时间过长、举证难等因素，当消费者权益受到侵害时，若损失较小，金融消费者一般不愿走司法程序，而是寄希望于监管部门的调解。因此，一是可以以金融机构消保责任部门处理为原则，加快完善金融机构投诉受理、纠纷处理、内部整改和责任追究，使其专业化、规范化。二是充分发挥监管部门或行业协会在消费者保护履职方面的监督、评价和引导作用。三是在民事诉讼上建立小额诉讼制度，为金融消费者提供成本低廉、程序简便的解决途径，以免为诉讼所累。

4. 进一步促进金融机构合规经营，切实维护金融消费者合法权益。金融监管部门、地方政府有关职能部门要加强对金融机构业务合规经营的检查，督促金融机构依法合规经营，保护金融消费者的合法权益，对违规侵害消费者权益的金融机构依法实施行政处罚，并在行业内予以通报批评，同时，责令商业银行加强法律法规的学习，提高员工法律意识和责任意识，从严内部管理、强化内控制度、完善责任追究机制。

5. 进一步加强对金融行业员工的教育培训，增强员工对消费者权益保护的自觉性。金融机构员工是保护消费者权益的直接执行者和实施者，各金融机构要进一步加强员工消费者权益保护工作教育，建立健全员工消费者权益保护教育机制、奖惩机制。提高员工保护消费者权益的意识和能力，强化员工保护消费者权益的主动性、责任性，有奖有罚。

6. 进一步强化金融消费者教育，提升消费者金融素养和维权能力。建立健全金融知识专题宣传、日常宣传相应机制，开展金融知识普及宣传，让专业的金融知识变得普通易懂，提升广大消费者的金融素养。各金融机构要成为金融知识普及的主力军，每个营业网点都要开展好日常金融知识普及工作。

7. 完善县域金融服务，推动普惠金融发展。一是加大对普惠金融公共服务的财政投入，改善普惠金融发展基础。二是加快新型城镇化发展水平，为普惠金融发展积极造势。三是完善农村金融组织体系，为县域普惠金融发展提供金融服务支持。四是加大对农村普惠金融的政策引导和有效监管，落实普惠金融发展政策措施。五是改善农村金融环境，为普惠金融提供服务保障支持。

主执笔人：王周铁　周俊俊

第 12 章

2015 年益阳市金融消费权益保护
环境评估报告

12.1 金融消费权益保护工作开展情况及评估背景

12.1.1 2014 年益阳市经济金融基本情况

2014 年益阳市经济呈稳中趋降的态势，全市 GDP 1 253. 15 亿元，增长 10. 8%，增速比上年同期上升 0. 3 个百分点。2014 年全市本外币存款余额 1 158. 22 亿元，比年初新增 134. 99 亿元，增长 13. 19%，增速低于去年同期 3. 74 个百分点；本外币贷款余额 550. 39 亿元，比年初新增 44. 86 亿元，增长 8. 87%，比上年同期下降 10. 23 个百分点。经济结构进一步优化，工农业规模化和产业化经营步伐加快。出口贸易回暖，但国内需求趋缓，投资、消费拉动经济增长的动力不足。企业生产回升基础尚不牢固，资金供需矛盾依然突出，结构性失衡等因素推高社会融资成本。银行业金融机构存贷款增速趋缓，但贷款结构不断优化，助推经济转型升级。部分"两高一剩"产业贷款规模持续压缩，2014 年新增贷款主要投向第三产业，保障重点项目建设，大力向小微企业倾斜。不良贷款实现"双降"，但企业恶意逃废债务、深度涉及民间融资等现象并未改观，部分行业和领域不良贷款出现上升。全市证券交易量快速增长，企业上市稳步推进；但资金的净融出削弱本市资金供给，资本市场发展相对滞后，金融风险一定程度上集聚于银行体系。保费收入快速增长，但满期给付与退保快速增长，人身险业流动性压力较大。金融市场平稳发展，债券交易、票据融资稳步推进，跨境人民币贸易融资增长势头强劲，但存在食利转贷风险。金融基础设施建设取得了较大发展，支付现代化进程加快，社会信用体系稳步推进，金融生态环境整治取得阶段性进展，反洗钱、反假币工作成效明显。

总体来看，益阳市经济在"增长速度换挡、发展方式转变、经济结构调整、发展动力转换"的"新常态"大背景下，金融运行进入调整时期，呈稳中趋降态势，并在后续一段时期内维持这一趋势。投资拉力减弱、工业提速难度大等仍是经济增长面临的主要制约因素。

12.1.2　金融消费权益保护评估工作背景

2014 年，人民银行益阳市中心支行在上级行和当地政府的大力支持下，着力推进金融消费权益保护工作，打造"大金融、全覆盖"的金融监管模式，为益阳市金融消费权益保护工作的开展打下了扎实的基础。为推动辖内消费权益保护环境建设，人民银行益阳市中心支行以人民银行各县（市）支行、市政府金融办、银监分局、市保险协会、市统计局等单位采集的数据为基础，填写益阳市金融消费权益保护环境评估指标体系，对 2014 年益阳市金融消费权益保护环境进行了客观的分析和评估，并结合当前存在的问题提出相应的改进建议。

为推进金融消费权益保护工作深入开展，提升县域金融机构服务意识，益阳市中支及时构筑消保维权平台，创新宣传教育机制，妥善处理咨询投诉，强化金融消保工作评估，谱写了益阳市金融消费权益保护工作新篇章。一是在全省率先与银监局签署了合作备忘录，有效实现了金融消保工作范围的全覆盖。全市银行业金融机构均全部完成了 12363 金融消费权益保护咨询投诉电话对外公示，公示率达到 100%。组织金融机构签订了金融消保工作承诺书，督促金融机构各营业网点全面公示了咨询投诉电话，要求金融机构履行职责建立良性的金融消费竞争环境。督促金融机构全面公示金融产品服务收费项目，如实披露告知金融产品收益与风险，严格规范金融机构客户经理营销行为。二是定期组织金融机构开展各种形式的金融知识宣传教育活动，并借助报纸、电视、网络等新闻媒体拓宽宣传的覆盖面，营造了积极的舆论氛围。2014 年全辖共组织金融机构深入乡镇、社区、企业、学校等开展了两次大型的"金融消保宣传月"和"金融知识普及月"活动，提升公众的金融维权意识。制订金融消费维权工作培训计划，建立金融消费专业维权服务组织，妥善解决金融消费者的矛盾与纠纷。加强对金融机构从业人员的素质培养，组织金融机构开展金融消费权益保护培训、竞赛和征文等活动，重点加大一线员工的培训教育力度，要求广大员工在服务过程中能熟知相关金融知识，随时解答客户疑难问题，设身处地为客户着想，及时处理各种突发状况，确保金融消费维权真正落到实处。三是努力健全完善工作机制，制定投诉处理流程，修订应急处置预案，并安排了专人负责接听处理12363金融消费者的咨询与投诉，建立健全投诉案例档案，及时向上级行报送典型案例。同时，加强与金融机构的交流沟通，建立金融消费权益保护工作台账，积极探索化解矛盾、解决纠纷的有效方法。2014年，益阳市市县两级金融消费权益保护中心全年共受理投诉23起，咨询16起，办结率100%，消费者满意度100%。四是将金融消费者权益保护工作开展情况纳入了综合执法检查范围，并对金融消费咨询投诉反映集中、受理处置纠纷不够及时的金融机构开展现场检查，2014年共对全辖市县两级94家金融机构开展了两次全面的工作检查与综合评估。

12.1.3 金融消费权益保护评估工作开展情况

今年5月，全省开展区域金融消费权益保护环境评估工作以来，人民银行益阳市中心支行高度重视，认真组织实施，根据《中国人民银行长沙中心支行办公室关于开展2015年湖南区域金融消费权益保护环境评价工作的通知》（长银办〔2015〕103号）以及《2015年湖南区域金融消费权益保护环境评价指标体系》的要求，结合过去2年开展消费权益保护工作的经验和做法，组织专人开展了原始数据采集，在经过反复修正、核定后计算出最终结果，较为客观准确地反映了益阳市辖区金融消费权益保护情况，同时，通过查找当前辖内金融消费权益保护环境中存在的问题，积极思考总结，为下一步更好地运用评估成果，加强金融管理，改善消费权益保护环境提供了有力的支撑。

12.2 区域金融消费权益保护评估概述及评估结果、评估对象

（一）评估对象

本次评估对象是指能为金融消费者权益提供有效保护，确保消费者行使其权利，履行其法定义务的所有内外要素及其相互作用的总和，反映整个益阳市的金融消费权益保护的总体状况和整体水平。

（二）评估范围

本报告评估范围是指2014年度益阳市的金融消费权益保护环境。所涉及的金融主体，既包括金融产品和金融服务的提供者，也包括以制定政策、确定规范、实施管理和调控以影响金融消费权益保护的金融管理机构、行业组织等。具体来说，包括金融管理机构、自律组织、银行、证券、保险、支付机构、征信机构、互联网金融等。所涉及的金融消费者，既包括自然人，也包括小微企业、农户等。

（三）指标设置及数据来源

本次评估从金融消费权益保护区域信息披露、交易公平、争端解决、机制保障、法制保障及普惠金融等 6 个项目层、16 个子项目层和 55 个原始指标开展综合评价，数据来源根据各指标的不同，主要是来自金融监管部门、行业协会、金融机构、统计、地方法院等相关部门。

（四）评估结果

由评估结果可以看出，益阳市 2014 年金融消费权益保护总体指标较好，其中在信息披露、交易公平、争端解决等方面得分均为 80 分以上，而在机制保障、法制保障以及普惠金融方面得分较低，特别是在法制保障方面得分最低，须在下阶段工作中引起重视（详见表 12 – 1）。

表 12 – 1　　益阳市 2014 年度金融消费权益保护环境评估得分表

综合得分	信息披露	交易公平	争端解决	机制保障	法制保障	普惠金融
79.34	82.88	88.13	89.82	59.72	64.70	62.12

12.3　评估基本情况、存在的问题及原因分析

12.3.1　金融消费权益保护的内部制度建设

（一）消保机制有所完善，但机制健全度仍有待提高

2013 年，益阳市中支成立了专门的金融消费权益保护分中心（金融消费权益保护办公室）和金融消费权益保护工作小组，明确规定具体负责部门和人员工作职责。要求辖内各金融机构成立专门的消保工作领导小组，负责本单位的消保相关工作。截至 2014 年底，全辖市县两级 94 家金融机构及其分支机构已全部成立了消保工作领导小组，并指定专门的部门和专人负责该项工作，领导机构完备率、办事机构完备率及人员配备率均达到 100%。根据益阳市中支的要求，42 家地市一级的金融机构均已出台消保方面的内控体系、产品和服务披露规定、投诉处理管理办法等制度，累计探索建立工作创新机制 23 个，未出现过违反消保制度的情况。2014 年，全辖市县两级 94 家金融机构共开展了 76 次金融宣传工作，当地主流媒体《益阳日报》两次专门开展金融消费权益保护知识专栏，宣传消保维权事件和维权途径，引导辖内金融消费者合理、合法进行维权。

存在的问题：部分县级保险支公司没有成立金融消费权益保护工作领导

机构。

原因分析：人民银行县支行对县级保险支公司几乎没有监管权，对县级保险支公司影响有限，其自身注重业务发展，对保护消费者权益重视不够。

【案例12-1】

史某投诉某信用社违规放贷造成其信用记录不良案

基本情况

2014年4月上旬，史某在湖南省某中国银行办理个人业务时发现，其于2012年在某农村信用社有一笔5万元的贷款逾期未还造成其个人信用征信系统中的不良信用记录。史某对自己在中国人民银行个人信用征信系统中进入黑名单很不解，经查实为湖南省某信用社工作人员利用史某本人信息，于2012年贷款5万元自用，至今未归还。2013年底，该信用社以史某贷款逾期未还为由，将史某信息上报中国人民银行，造成史某现在个人信誉不良。自2014年6月9日起，史某多次向该农村信用社进行投诉，但未被给予满意的处理结果，遂于2014年9月17日向人民银行某支行电话投诉，以某农村信用社违规放贷问题为由要求删除其不良信用记录，并要求该信用社赔偿其近两年来的经济损失。

处理情况

人民银行某支行接到史某投诉后，立即根据职能划分和案件管辖规定，将其交至支行货币信贷统计股给予处理。支行货币信贷统计股迅速出面，责成某信用联社迅速组织人员进行调查。经调查，某信用联社确认此笔贷款为该信用社工作人员刘某于2012年7月24日冒用史某的个人信息办理借款手续，金额为5万元，系刘某自用。因刘某存在严重的违规违纪问题，该信用联社在此案发生前已与刘某解除劳动合同关系，故将此案移送公安机关依法处理。刘某于2014年10月28日被司法机关因挪用信贷资金立案查处，对于史某的个人不良信用记录，某信用联社已将立案情况及相关调查结论上报至省联社，目前史某的个人不良信用记录已作更正处理。

法律分析

本案中，被投诉信用社在人民银行介入调查前存在诸多未尽职的违规行为。一是银监会《个人贷款管理暂行办法》对贷款人的尽职调查、贷款审查和面谈制度要求非常明确，特别强调对个人贷款申请内容和相关情况的真实性、准确性、完整性进行调查核实，并在贷款审查时重点关注调查人的尽职情况，但该信用社的一系列贷款制度都流于形式，致使信用社工作人员能轻易骗取贷款。二是信用社没有遵守《个人信用信息基础数据库管理暂行办法》和《个人信用信息基础数据库异议处理规程》的相关规定，认真核实相关信息。三是被投诉信用社信贷员刘某的行为侵犯了史某的名誉权，该信用社应对其员工刘某的行为承担责任。

因此，人民银行支持该信用社及时与其工作人员解除劳动合同关系，并到当地公安机关报案，使犯罪嫌疑人及时归案，同时监督该信用社妥善解决冒名骗贷和投诉人的不良信用记录问题，并依法承担违规责任，是合法合理的。

金融机构改进和完善措施

一是信用社应构建全面高效的内控制度体系。严格按照《征信业管理条例》，认真落实各项征信业务规则，加强内控管理制度的执行力，形成相互监督、相互制约的管理机制，杜绝类似案件的再发生。二是应加强员工职业操守教育。加强员工专业技能培训，严格操作规程，提高从业人员的法律意识、责任意识和道德意识。同时将员工的职业道德规范水平纳入日常考核管理中，从源头上遏制金融机构从业人员冒用或盗用他人身份信息实施违法犯罪。二是监管机构应严厉打击冒名贷款的犯罪行为。公安部门要会同人民银行、银监部门、商业银行完善防范和打击冒名贷款的犯罪行为，切实提高监管机构的执法检查惩处力度。三是人民银行应建立客户异议投诉机制。进一步畅通异议投诉渠道，督促金融机构及时处理异议事件，加强对金融机构的社会监管。

（二）信息披露逐步透明，交易公平不断强化

截至 2014 年，益阳市 220 家银行网点均在大堂公示产品和服务收费标准，并在营业大厅公布 12363 投诉电话及本地投诉电话，公示率达到 100%。同时，公开了工作制度、投诉流程、责任部门和人员的机构比例也达到了 100%。2014 年，金融机构未出现未告知售后服务次数、捆绑销售次数、不公平格式条款个数、信息泄露次数等方面的情况，交易不公平现象明显减少，交易环境日益优化。

存在的问题：信息披露及公开情况有待加强。据统计，截至 2014 年末，辖内银行、保险机构共发生 70 起因未向金融消费者如实告知金融产品的收益和风险，导致消费者权益受到损害的投诉；发生 3 起未向金融消费者提供金融产品或服务业务流程的投诉；发生 3 起金融机构限制金融消费者自主选择的投诉；发生 3 起金融机构违规收费的投诉；发生 1 起金融机构违规采集消费者个人信息的投诉。辖内几起典型案件显示，存款变保单、存款送保险、强制办理业务等侵犯金融消费者权益的事件主要是部分工作人员隐瞒合同内容、夸大产品收益、偷换概念、不对金融消费者进行必要的风险提示而出现的，部分保险

机构甚至出现在银行柜台销售保险产品后未及时给客户合同及其他任何购买凭证的情况，双方沟通渠道的不完善，导致投诉频繁。

原因分析：一是金融机构及其业务员出于业务发展需要，受利益驱使，对风险提示、客户风险承受能力评估有回避的可能。金融业务知识专业性较强，客户对部分格式条款可能侵权理解不深。二是制度缺乏束缚力，惩戒机制不健全，使制度的存在流于形式。三是金融机构员工培训主要是业务操作和业务销售培训，对员工消费者权益保护方面培训比较少，导致员工专业知识的匮乏。

【案例 12 - 2】

陈某投诉农村信用合作社侵占存款案

基本情况

2014 年 8 月 8 日，湖南省某镇村民陈某到该县金融消费权益保护中心投诉该镇农村信用合作社侵占其定期存款 35 000 元。陈某称自己在 2011 年 5 月间在该镇农村信用合作社存入定期 35 000 元，将存单存放在一个密处，2013 年 5 月发现此存单遗失，随后向该农村信用合作社挂失，该社工作人员告知陈某没有此笔定存。陈某向该县农村信用合作社反映情况，该县信用合作联社从省数据库查出陈某所有交易数据，也未发现该笔定存业务存在，陈某认为农村信用合作联社系统内部相互偏袒，于是向该县金融消费权益保护中心投诉。

处理情况

该县金融消费权益保护中心接到投诉后当即将此投诉案件转办至县农村信用合作联社。8 月 15 日，县农村信用合作联社反馈处理情况称：经查，没有发现该笔定存业务。陈某对反馈意见不服，该县金融消费权益保护中心与投诉人陈某进行了深入的沟通后，8 月 27 日，该县金融消费权益保护中心主任、副主任与该县农村信用合作联社理事长、办公室主任一同前往镇农村信用合作社实地调查投诉人反映的情况。首先，召集该镇信用社主任、出纳、会计对案情进行了解；其次，对投诉人历年存取款数据和凭证一一勾对；最后，前往该镇司法所对 3 月 4 日司法所、综合治理办公室、派出所与投诉人、投诉人其子在该镇信用合作社查证情况做了了解。没有发现该镇信用合作社工作人员利用投诉人遗失存单有意占有投诉人定期存款 35 000 元的情况。陈某对该县金融消费权益保护中心工作效率表示满意但是对处理结果表示不接受，将寻求其他途径进行追讨。

法律分析

1. 《中华人民共和国商业银行法》第五条规定："商业银行与客户业务的

往来，应当遵循平等、自愿、公平和诚实信用的原则。"本案中，投诉人陈某认为该农村信用合作社违反上述原则，在多次前往该镇信用合作社沟通时，其都没有主动提供数据，侵犯了自己的合法权益，因此投诉。

2.《金融机构客户身份识别和客户身份资料及交易记录保存管理办法》（中国人民银行、银监会、证监会、保监会令〔2007〕第2号）第二十九条规定："金融机构应当按照下列期限保存客户身份资料和交易记录：……（二）交易记录，自交易记账当年计至少保存5年。"本案中，投诉人陈某认为该农村信用合作社违反上述规定，丢失了自己35 000元定期存款的交易记录，并且在投诉发生后有消灭交易记录的嫌疑，侵犯自己的合法权益，因此投诉。

金融机构改进和完善措施

一是加强金融知识宣传。各级人民银行要充分利用金融消费权益日和金融知识普及月等活动广泛开展宣传，特别是针对县域一级要加大宣传力度。二是提升金融消费者的维权意识。利用电视、电台、报纸等媒体加强对金融消费维权知识的宣传，让广大老百姓知权利、懂维权、善维权。

（三）争端解决渠道不断畅通

2014年，益阳辖内共发生523起金融消费者投诉事件（包括向金融机构直接投诉366起，向金融监管机构间接投诉157起），投诉办结率和投诉处理满意率均达到100%。据对金融机构的调查，辖内220家银行网点内均已设置了投诉窗口，金融机构投诉电话接通率和投诉处理及时率均达到90%以上。金融机构均已建立赔付机制，2014年，全辖共产生78人次的诉求赔偿事件，成功解决63人次，客户索赔成功率达到80%以上。同时，当年辖内未发生大规模的重大群体性投诉事件，整个辖区内金融环境稳定，金融机构运营秩序良好。

存在的问题：争端解决机制有待完善。目前，辖内已出台了1个区域性的金融消费纠纷第三方解决机制，但金融机构自行建立的金融消费纠纷第三方解决机制不够健全，机制缺位明显，导致金融机构在遇到金融消费权益方面的纠纷事件时容易处于被动状态。截至2014年底，辖内金融投诉事件诉求赔偿的总人次为78人次，获赔63人次，客户索赔成功率达到80%以上，但仍需进一步提升。

原因分析：一是地方政府往往将信贷投放情况作为金融机构年度考核的重要指标，对金融消费权益保护方面的工作没有引起重视；二是益阳市中支在履职过程中未对地方政府的消保工作提出有效举措，造成其在金融消保工作方面面临障碍；三是机制的不完善、不健全会导致客户索赔无门、索赔无效等情况发生。

12.3.2 金融消费权益保护的外部环境建设

（一）法律环境日趋优化，但仍需进一步健全

2014年，全市法院结案率同比上升17.5%，增幅十分明显，益阳市辖内含7个区县和85个乡镇，目前一级法院和乡镇法庭数量共达到42个，法庭覆盖率达到45.65%。全市金融消费者的法律水平不断上升，维权意识不断强化。

存在的问题：法律环境和监管环境有待优化。一方面，截至2014年末，辖内法庭覆盖率仅为45.65%，不到一半，特别是农村乡镇法庭数量仅为35个，占农村乡镇数量的四成不足，农村乡镇整体的法律环境相对严峻，还有很大的提升空间。另一方面，2014年度，包括人民银行益阳市中心支行、银监局、物价局等监管部门在内，共对220家银行网点进行了43场次的现场检查，现场检查率仅为15.93%，检查范围十分有限，监管机构之间订立的沟通协调机制仅为2个，消费者保护规则和金融机构行为监管准则各3个。由此看来，监管机构对金融机构的监管行为和敦促作用都十分有限，未充分发挥（详见表12-2）。

表12-2　　　　　　　　益阳市2014年度法制保障指标

一级指标	二级指标	三级指标	实际值
法制保障	司法环境	法庭覆盖率	45.65%
		法院出台的规范性文件数	0个
		纠纷案件胜诉率	0
	监管环境	现场检查率	15.93%
		沟通协调机制	2个
		消费者保护规则	3个
		金融机构行为监管准则	3个

原因分析：一是地方法律部门对金融消费方面的认知度不够高，缺乏重视；二是监管部门之间存在多头监管和监管真空，缺乏协调性和一致性，没有形成监管合力。

（二）监管环境逐步改善，区域性大监督、大管理模式成效显著

近年来，益阳市中支、银监局及市物价局等均加强对金融机构的现场检查，密切关注和规范金融机构的市场行为。2014年，辖内监管机构共对金融机构开展43场次现场检查，现场检查率为15.93%，当年，益阳市中支会同银

监局签订了合作备忘录，对金融消保工作进行齐抓共管，同时，与银监局建立了金融机构行长联席会议制度，每个季度轮流召开行长联席会。2014 年，人民银行益阳市中支、银监局、保险业协会还针对金融消费权益保护工作制定了专门的消费者保护规则，并督促金融机构自行建立行为监管准则，共同推动益阳市金融消保工作的发展，为辖区金融消保环境提供良好的监管条件。

存在的问题：益阳市中支与市银监部门协同保护金融消费者权益力度不够，协调机制还不健全，银监部门收到投诉后往往直接回复消费者向人民银行投诉，存在严重的推诿现象，总体上尚未形成合力。

原因分析：一是未形成统一的、规模性的大型行业协会，部门与部门之间缺乏监管合力；二是宣传力度不够，群众对人民银行系统和银监系统的消保工作缺乏认识，导致维权无门、重复维权的情况；三是缺乏相关专业人才，导致遇到投诉后相互推诿、互推责任。

（三）金融体系不断健全，金融基础设施不断完善，区域金融普惠程度有所上升，但仍需进一步挖掘提升潜力

截至 2014 年底，辖内银行网点达到 220 个，网点密度达到每十万人有 50 个网点，85 个乡镇均设立了保险服务网点，覆盖率达到 100%，ATM、POS 等设备数量逐渐增多，能够较好地满足需求量，农业保险参保农户覆盖率达到 89.68%。辖内居民消费基础不断夯实，人均 GDP、人均可支配收入、人均消费贷款余额均有所上涨。

存在的问题：普惠金融程度有待提高。据调查，益阳市小微企业贷款覆盖率仅为 29.61%，农户贷款覆盖率仅为 7.59%，程度相对较低，金融普惠程度覆盖面较窄，特别是在农村地区，远远不能满足广大农户的生产和发展所需。据调查，益阳市人均 GDP 仅为 2.59 万元，城镇和农村人均可支配收入分别为 2.07 万元和 1.13 万元，人均消费贷款余额仅为 0.18 万元，经济发展速度相对缓慢，经济发展程度相对落后，在全省排名靠后（详见表 12 - 3）。

表 12 - 3　　　　　　　益阳市 2014 年度普惠金融指标

一级指标	二级指标	三级指标	实际值
普惠金融	覆盖性	银行网点密度	6.2 个/每十万人
		保险服务乡镇覆盖率	100%
		ATM 密度	18.1 个/每十万人
		农村 POS 密度	4.2 个/十万人
		个人账户开户率	3.9%
	便利性	小微企业贷款覆盖率	29.6%
		农户贷款覆盖率	12.6%
		农业保险参保农户覆盖率	89.7%

续表

一级指标	二级指标	三级指标	实际值
普惠金融	满意性	小微企业贷款户均余额	44.6万元
		农户贷款户均余额	11.9万元
	消费基础	人均GDP	28 596元
		城镇人均可支配收入	20 688元
		农村人均纯收入	11 304元
		人均个人消费贷款余额	0.18万元

原因分析：一是益阳市大型工业企业数量较少，经济发展主要依靠房地产带动，近年来房地产市场的不景气，导致区域经济环境受到严重影响；二是益阳市农村人口庞大，农村地区的金融基础设施发展不到位，影响辖区整体发展水平；三是益阳市近年来老板跑路现象时有发生，民间高息融资现象十分普遍，金融投资环境较为恶劣。

12.4　优化益阳市金融消费权益保护环境的相关建议

面对当前存在的问题，人们越来越清醒地认识到金融消费权益保护工作的重要性，必须尽快树立新的金融发展观，以信用建设为核心，以制度建设为基础，以法制建设为保障，着力完善支持金融业发展的政策，规范行政服务行为，发展中介服务组织，壮大金融产业规模，调整优化融资结构，改善经济金融运行环境和金融消费权益保护环境。

（一）推动政府重视，保证金融消费权益工作顺利有序开展

金融消费者权益保护工作涉及面广、影响面大、政策性强，没有地方政府部门的高度重视和支持，金融消费者权益保护工作难以顺利开展。因此，人民银行要推动当地政府部门充分认识金融消费权益保护工作的重要性，从维护辖区金融稳定的角度，建立相关联席会议制度和沟通交流机制，加强与地方银监局消费者权益保护部门以及金融办消费者权益保护部门的合作与交流，建立信息共享和合作机制。要明确要求各金融机构负责人作为这项工作的第一责任人，对于因处理不好个别投诉而引起金融消费者群体性事件的机构，要对责任人进行问责制度，并对该机构的相关业务进行限制处罚。

（二）强化权利保护，切实优化区域金融消费权益保护环境

强化信息披露制度，金融监管对金融机构提出信息披露要求，约束金融机

构的经营行为，督促金融机构稳健经营和有效控制风险。强化产品说明和风险提示义务，金融监管部门应强化金融消费者权益保护意识，要求营销人员明确揭示产品风险，特别是要合规、有序地拓展业务，不能以广告代替宣传，误导客户。在介绍说明金融产品时，不得用晦涩、难懂的语言和文字，要向金融消费者出示、提供介绍书和说明书上的有关风险方面的条款。规范劝诱方式，金融监管部门要督促金融机构建立不当劝诱行为的责任追究制度，金融产品说明应以真实、有效、充分为基础，对于产品收益和风险等关键要素的表述必须清晰直白、浅显易懂，有义务向金融消费者提供有助于其判断或选择金融产品的必要信息，有义务保证产品信息的完整性和真实性。要准确界定金融产品推销过程中，合法广告推销行为与不正当劝诱行为的区别和认定标准，其核心应以是否通过隐瞒或模糊的表述刻意隐瞒关键信息，导致金融消费者的理解错误作为标准。对于不当的劝诱行为，监管机构有权加以制止，并根据金融消费者的合理投诉，责令金融机构给予一定的补偿。

（三）强化监督指导，督促金融机构从案件源头解决各类金融纠纷

金融消费中的侵权行为，大多数都发生在各金融机构网点和一线员工中。金融消费者的投诉目的是维护自己的合法权益，人民银行采取行政管理手段解决纠纷属于事件发生后的补救措施，并非治本之策，只有从案件源头解决金融纠纷甚至杜绝各类矛盾发生才是根本。因此，只有促使金融机构增强自觉保护消费者权益的意识，督促金融机构构建完整有效的自律组织，推动建立以金融机构为主体的金融纠纷第三方解决机制，指导金融机构做好纠纷的预测排查、投诉处置和案例分析工作，才能及时解决金融消费纠纷，将矛盾消除在萌芽状态。

（四）注重宣传引导，提升金融消费者金融知识水平和维权能力

据分析，大多数金融消费纠纷与投诉，是由于金融消费者对一些金融政策、金融知识的不理解和理解不全面而造成。人民银行有义务和责任加强金融宣传教育工作，建立金融消费维权服务组织，扩大金融消费维权志愿者队伍，努力提升金融消费者的金融知识与水平，妥善解决金融消费者的矛盾与纠纷。一是注重对新的金融政策和金融法规的宣传和普及；二是注重对与百姓日常生活密切相关的金融知识的宣传和教育；三是注重对金融消费者权益的宣传；四是注重对金融消费者或投资者金融风险的提示；五是注重督促发动金融机构做好金融产品和金融业务的宣传解释工作。同时，要发挥大众传播媒体的正确舆论导向作用，通过在电视、报纸等媒体上报道和刊载金融消费权益方面的真实案例和维权过程，披露金融机构不法行为的真相和金融消费者受害事实，提高广大金融消费者的维权意识，在全社会形成"知权利、懂维权、善维权"的

氛围，从而优化金融消费权益保护环境。

（五）探索机制创新，促进金融消费权益保护工作提质和增效

目前大多数金融机构的金融消费权益保护工作以被动性的工作为主，积极性难以调动，造成工作的低质量、低效率。要积极探索金融消保工作新模式，增加金融机构对金融消费权益保护工作的参与性和互动性，深入挖掘金融机构的机制创新能力，在金融机构中营造出主动参与的氛围，充分调动其积极性，促进金融消费权益保护工作提质、增效。

主执笔人：罗治文 朱芷妍

第 13 章

2015 年常德市金融消费权益保护
环境评估报告

2014 年，人民银行常德市中支积极探索构建金融消费权益保护评估工作机制及指标体系，创新金融消费权益保护评估方式方法，较好地从整体上判断了区域金融消费权益保护环境状况，化解了金融消费矛盾，促进了工作水平提升。常德市金融消费权益保护环境评估总体结论是：金融消费环境整体有较大改观，金融机构信息披露较为及时全面，对金融消费者保护的机制较为健全，制度较为全面，争端处理及时规范，普惠金融各项指标大幅提升。2014 年常德市金融消费权益保护环境评估综合得分为 60.08 分。

13.1 常德市经济金融基本情况

常德地处湘西北，面积 18 190 平方公里，总人口 607.2 万人，辖 7 县（市）两区，属于中国经济中部崛起重心地带，综合实力位居湖南省前列，经济总量常年保持湖南省前三甲。

13.1.1 经济概况

2014 年全市完成地区生产总值 2514.2 亿元，增长 10.6%。其中，第一产业完成增加值 349.7 亿元，增长 4.7%，对经济增长的贡献率为 6.6%；第二产业完成增加值 1 198.7 亿元，增长 10.2%，对经济增长的贡献率为 47%，其中工业完成增加值 1 085.7 亿元，增长 10.2%，对经济增长的贡献率为 42.9%；第三产业完成增加值 965.8 亿元，增长 13.5%，对经济增长的贡献率为 46.4%。人均地区生产总值达到 43 215 元。三产业的结构由上年的 14.3∶48.7∶37.0 调整为 13.9∶47.7∶38.4。

全市完成财政总收入 185.0 亿元，比上年增长 9.7%。公共财政预算收入

134.9 亿元，增长 10.1%，其中税收收入 82.7 亿元，增长 10.9%；非税收入 52.2 亿元，增长 8.8%。公共财政预算支出 347.7 亿元，增长 10.9%，其中重点支出项目为社会保障和就业支出 59.8 亿元，增长 9.4%；农林水事务支出 53.0 亿元，增长 5.7%；教育支出 51.2 亿元，增长 3.2%；城乡社区事务支出 38.9 亿元，增长 51.7%；医疗卫生支出 35.6 亿元，增长 15.8%。增速较快的支出项目分别是文化体育与传媒、城乡社区事务、住房保障支出、科学技术和节能环保，分别增长 75.5%、51.7%、46.0%、34.9%、28.7%。

2014 年，全市居民消费价格指数和商品零售价格指数分别为 101.9% 和 101.3%。消费品价格指数分类别按提高幅度由高到低排序，娱乐教育文化用品及服务、食品类、医疗保健及个人用品类、衣着类、家庭设备用品及维修服务类、居住类、交通和通信类、烟酒类价格指数分别为 103.5%、102.5%、102.4%、102.2%、101.0%、100.9%、99.9%、99.3%。

13.1.2　金融概况

2014 年，全市金融机构存贷款稳步增长，金融机构本外币年末各项存款余额为 1 923.7 亿元，比年初增长 17.9%，其中单位年末存款余额为 608.3 亿元，增长 24.0%；个人储蓄存款 1 275.4 亿元，增长 14.2%。金融机构本外币年末各项贷款余额为 924.0 亿元，增长 15.7%，其中本外币短期贷款为 286.7 亿元，下降 3.3%；本外币中长期贷款为 633.2 亿元，增长 26.9%。

2014 年，全市保险机构总数增加到 40 家，其中财险公司 17 家，寿险公司 21 家，代理公司 2 家。保费收入共 50.2 亿元，比上年增长 9.8%，其中财险保费收入 16.1 亿元（含农业险 2.6 亿元），增长 25.7%；寿险保费收入 34.1 亿元，增长 3.6%。赔款支出 31.9 亿元，其中财险赔付 8.4 亿元，增长 24.8%，寿险赔给付 23.5 亿元（含退保金），增长 27.5%。

年末全市上市公司数量 4 家，年内新增上市公司 1 家，惠生国际控股有限公司在港交所成功上市，募集资金 2.5 亿元。辖区共有证券公司营业部 7 家，全年证券交易额 14 20.1 亿元，期货公司 2 家，全年成交金额 3741 亿元。

13.2　金融消费权益保护环境评估工作开展情况

常德市中支主动作为，大力开展金融消费权益保护工作，把推动金融消费权益保护环境评估作为中支的一项系统工程来抓，不断创新管理，强化举措，进一步促进评估工作取得实效。

（一）成立专班，加强指导

常德市中支成立金融消费权益保护环境评估工作领导小组，钟昌彪副行长任组长，办公室、货币信贷、金融稳定、调查统计、支付结算、科技、货币金银、国库、征信管理、外汇等部门负责人为成员。领导小组下设办公室，与中支办公室合署办公。中支办公室安排专人负责金融消费权益保护环境评估工作，明确职责，确保人员到位、责任到位、措施到位。中支及时向全辖金融机构及支付机构转发《2014 年湖南省人民银行系统金融消费权益保护工作要点》《关于报送 2014 年金融消费权益保护工作自评报告及相关材料的通知》等文件，提出了贯彻落实意见，推动环境评估工作落实，促进了全辖紧跟金融消费权益保护形势，推动消保工作深入开展。同时，完善《金融消费权益保护工作奖惩办法》，对全辖县域开展金融消费权益保护工作进行考评，充分调动了工作积极性。进一步完善了《常德市金融消费权益保护中心处置群体性投诉事件应急预案》，明晰应急处理原则、适用范围、组织机构以及应急事件分级标准和具体职责，确保金融消费权益保护中心发生群体性投诉事件、可能引发风险时，能够及时、高效、有序地化解潜在风险。

（二）精心部署，查评结合

常德市中支有针对性、逐项推进金融消费权益保护环境评估工作。一是加强与市政府办公室、市委宣传部、法院、统计局、工商局、银监分局等部门联系，钟昌彪副行长带队积极主动上门推广宣传金融消费权益保护环境评估工作，争取相关部门支持，获得第一手评估数据。二是组织金融机构开展自评。要求辖内 68 家金融机构对照《金融消费权益保护评估指标表》，从工作机制、履行义务、投诉处理、宣传教育、信息沟通、监督评价、机制创新等七个方面对 2014 年度金融消费权益保护工作开展情况进行总结，上交金融消费投诉统计表，报送自评报告。三是对金融机构开展检查。将金融消费权益保护环境评估工作纳入综合执法检查内容，对金融消费保护环境机构制度建设、机构人员配备、日常管理等方面进行督导，纠正金融机构处理纠纷乏力、无理等问题，掌握金融机构在金融消费权益保护方面的具体措施和情况。

（三）准确分析，科学评价

根据《金融消费权益保护环境评价方案》，常德市中支组织各职能部门对金融消费权益保护环境进行了深入分析。中支召开了各职能部门参加的环境评估分析专题会，各职能部门结合自身实际，对金融机构逐个进行了仔细分析。专题分析会认为，总体上常德市各金融机构 2014 年度在金融消费权益保护工作开展方面成绩可圈可点，具体表现在工作机制、履行义务、投诉处理、宣传教育、信息沟通方面。专题分析会对有效衡量区域金融消费权益保护总体状况，查找和分析环境存在的问题，提升常德市金融消费权益保护的能力水平起到积极作用。

13.3 金融消费权益保护环境评估结果及分析

2014年常德市金融消费权益保护环境评估指标体系分为三级指标：项目层（一级指标）、子项目层（二级指标）、原始指标（三级指标），数据来源为人民银行、金融机构、监管机构、保监部门、保险公司、法院、仲裁机构、统计局、统计年鉴、银监部门、物价部门、行业协会、消费者权益保护机构、主流媒体等。根据这些部门提供的数据，常德市中支进行了一系列的加权计算，分别从信息披露、交易公平、争端解决、机制保障、法制保障、普惠金融六个方面对常德市2014年金融消费权益保护环境进行综合评估。结论是：14家银行业金融机构中做得比较好的有中国银行、交通银行，40家保险公司中做得比较好的有中国平安、太平洋保险，7家证券公司中做得比较好的有方正证券。各金融机构略显不足的方面都表现在机制创新方面，一方面由于各金融机构业务繁重，无暇花费过多精力在这上面，另一方面由于机制创新通常都由上级单位负责，故而这方面没有亮点。

常德市2014年度金融消费权益保护环境评估综合得分60.08分（见表13－1）。

表13－1 常德市2014年度金融消费权益保护环境评估得分表

综合得分	信息披露	交易公平	争端解决	机制保障	法制保障	普惠金融
60.08	84.85	58.46	58.11	40.00	40.00	55.94

（一）信息披露

2014年，常德市金融消费权益保护环境信息披露得分为84.85分。信息披露是金融消费权益保护的重要基础，充分披露有效金融消费权益保护信息可以让金融消费者明明白白消费、对投诉制度和流程一目了然。信息披露分为信息公开、制度公开两种方式。信息公开方式中收费信息公示率、投诉电话公示率均为100%，未告知产品的收益与风险次数、未告知业务流程次数、未告知售后服务次数均为逆向指标，也取得了很好的成绩；制度公开方式中工作制度公开率、投诉流程公开率、责任部门和人员公开率均在90%以上。这些成绩的取得主要得益于常德市中支的正确领导和全辖商业银行的努力（见表13－2）。

表 13 – 2　　　　　　　　　2014 年度常德市信息披露指标

项目层（一级指标）	子项目层（二级指标）	原始指标（三级指标）	实际值
信息披露	信息公开	未告知产品的收益与风险次数	1 次
		未告知业务流程次数	2 次
		未告知售后服务次数	4 次
		收费信息公示率	100%
		投诉电话公示率	100%
	制度公开	工作制度公开率	91.18%
		投诉流程公开率	93%
		责任部门和人员公开率	100%

【案例 13 – 1】

客户诉建设银行未及时下调房贷利率纠纷案

2014 年 11 月，人民银行下调基准利率，银行按揭利率相应下调，各大媒体纷纷报道。市城区居民张先生打 12363 热线，投诉建设银行常德市分行不执行人民银行下调贷款利率规定，仍按原合同利率扣除贷款利率。

张先生在建设银行常德市分行有住房按揭贷款，每月固定日期还贷款本息。得知央行在 11 月存贷款基准利率下调后，在 12 月 10 日还贷日特意查询了当月的房贷归还情况，发现房贷并未降下来，在与建设银行咨询未得到合理解释后，遂向人民银行 12363 热线投诉。

人民银行常德市中支工作人员接到投诉后，按照金融消费投诉处理程序，立即与建设银行常德市分行联系，并上门调查了解相关情况。经咨询建行相关人员，得知张先生与建行签订的贷款合同中有条文明确规定：无论央行基准利息升或降，只要在贷款调整的利率区间内，都必须到来年 1 月 1 日才开始执行新的利率标准。人民银行工作人员据此向张先生予以解释，张先生对答复表示满意，但同时认为合同有点霸王条款。

此案例反映了金融机构在未向金融消费者解释金融产品合同相关条款，产生信息不对称，导致消费者不了解金融产品合同合约。而且在消费者投诉后，没有根据张先生实际情况予以针对性解释，工作方式过于简单，从而产生纠纷。

（二）交易公平

2014 年，常德市金融消费权益保护环境交易公平得分为 58.46 分。交易公平是商业银行金融消费权益保护环境的良好前提，有产品销售、信息保护两种方式。产品销售所涉及的指标为限制客户选择次数、捆绑销售次数、违规收费次数、不公平格式条款个数，信息保护所涉及的指标为违规采集信息次数、未建立防范措施的个数、信息泄露次数，以上指标均为逆向指标，从金融机构和监管机构反映的数据来看，存在一些问题（见表 13 - 3）。

表 13 - 3　　　　　　　　　2014 年度常德市交易公平指标

项目层（一级指标）	子项目层（二级指标）	原始指标（三级指标）	实际值
交易公平	产品销售	限制客户选择次数	2 次
		捆绑销售次数	2 次
		违规收费次数	3 次
		不公平格式条款个数	1 个
	信息保护	违规采集信息次数	5 次
		未建立防范措施的个数	4 个
		信息泄露次数	0 次

（三）争端解决

2014 年，常德市金融消费权益保护环境争端解决得分为 58.11 分，争端解决是金融消费权益保护的实质内容，反映了常德市金融消费权益保护环境的整洁度，由投诉处理、调解机制、追索赔付三个指标反映。投诉处理的投诉窗口设置率、金融机构投诉电话接通率、投诉处理时效、投诉办结率、投诉处理满意率均为 80% 以上。调解机制的指标有纠纷解决机制、金融服务投诉率、重大群体性投诉事件数三个指标，调解机制方面，常德市金融消费权益保护工作做得不尽如人意。追索赔付有赔付机制建立率、客户索赔成功率两个指标，赔付机制建立率虽然不高，但客户索赔成功率比较高，说明常德市金融机构和监管机构齐心协力，共同做好消费权益保护工作（见表 13 - 4）。

表 13 - 4　　　　　　　　　2014 年度常德市争端解决指标

项目层（一级指标）	子项目层（二级指标）	原始指标（三级指标）	实际值
争端解决	投诉处理	投诉窗口设置率	100%
		金融机构投诉电话接通率	81.39%
		投诉处理时效	87.41%
		投诉办结率	89.02%
		投诉处理满意率	96.79%
	调解机制	纠纷解决机制	1 个
		金融服务投诉率	0.4%
		重大群体性投诉事件数	0 次
	追索赔付	赔付机制建立率	22%
		客户索赔成功率	97.37%

【案例 13 - 2】

卢某与安乡县下渔口镇信用社贷款纠纷案

2014 年 8 月 12 日，人民银行常德市中支 12363 热线接到辖内安乡县卢某投诉，反映其与安乡县下渔口镇信用社原主任全某存在贷款纠纷。常德市中支立即按照属地管理原则转交人民银行安乡支行办理。查实情况如下：

卢某系安乡县下渔口镇安丰村村民，常年在外务工。2010 年 7 月 8 日，卢某与本村村民文某、宋某 3 人联保，以卢某的名义向安乡县农村信用合作联社下辖下渔口镇信用社贷款 8 万元，2011 年 12 月 25 日到期。2011 年 12 月 30 日，卢某在下渔口镇信用社结清贷款，但另一村民文某当时无钱还贷。下渔口镇信用社原主任全某提出，卢某借新贷，帮文某结清贷款，强调说这笔资金是全某所借，并出具了借据，卢某依此办理了新贷手续。2014 年 7 月 30 日，安乡县公安局经侦队找到卢某，提出卢某欠下渔口信用社贷款 8 万元未还，要求其结清，卢某才知道，其 2011 年 11 月 30 日在信用社所贷 8 万元全某未还。

2014 年 8 月 12 日下午，人民银行安乡县支行经与卢某、安乡县农村信用合作联社联系沟通，2014 年 8 月 13 日将此投诉转办安乡县农村信用合作联社处理。2014 年 8 月 15 日，安乡县农村信用联社向人民银行报送《关于对卢某贷款一事的核查处理回复》，责成全某还款。该信用社现主任李某负责协调，对公安局经侦队的催收予以撤销，并对卢某予以安抚。卢某表示不再投诉，同意处置意见。

（四）机制保障

2014 年，常德市金融消费权益保护环境机制保障得分为 40.00 分，机制保障是金融消费权益保护得以走得更远、走得更快的制度保证，由组织机构、制度设立、金融教育三个指标来反映。其中，领导机构完备率、办事机构完备率、人员配备率均在 84% 以上，制度制定数、工作创新数成效欠佳，未执行制度次数为 0 次，监管机构宣传教育、金融机构宣传教育次数不多，媒体宣传教育次数为 0 次，说明主流媒体并未引起注意，也说明金融机构和监管机构还要与当地主流媒体多多加强联系（见表 13 - 5）。

表 13 – 5　　　　　　　　　**2014 年度常德市机制保障指标**

项目层（一级指标）	子项目层（二级指标）	原始指标（三级指标）	实际值
机制保障	组织机构	领导机构完备率	94.20%
		办事机构完备率	84.78%
		人员配备率	84.78%
	制度设立	制度制定数	32 个
		工作创新数	0 个
		未执行制度次数	0 次
	金融教育	监管机构宣传教育	5 次
		金融机构宣传教育	51 次
		媒体宣传教育	0 次

（五）法制保障

2014 年，常德市金融消费权益保护环境法制保障得分为 40.00 分，法制保障是金融消费权益保护得以走得更远、走得更快的根本保证，由司法环境和监管环境两个指标来反映。其中，法庭覆盖率、法院出台的规范性文件数、纠纷案件胜诉率、现场检查率、沟通协调机制、消费者保护规则、金融机构行为监管准则几个指标均不理想，说明监管机构和法院、统计局、物价部门的配合不够协调（见表 13 – 6）。

表 13 – 6　　　　　　　　　**2014 年度常德市法制保障指标**

项目层（一级指标）	子项目层（二级指标）	原始指标（三级指标）	实际值
法制保障	司法环境	法庭覆盖率	3.85%
		法院出台的规范性文件数	0 个
		纠纷案件胜诉率	0
	监管环境	现场检查率	16.18%
		沟通协调机制	0 个
		消费者保护规则	3 个
		金融机构行为监管准则	3 个

（六）普惠金融

2014 年，常德市金融消费权益保护环境普惠金融得分为 55.94 分，普惠金融是一项利国利民的大工程，是要让老百姓实实在在地分享金融改革红利。普惠金融要求覆盖性要全、便利性要好、满意性要高、消费基础要广。从银行网点密度、保险服务乡镇覆盖率、ATM 密度、农村 POS 密度、个人账户开户率、小微企业贷款覆盖率、农户贷款覆盖率、农业保险参保农户覆盖率、小微企业贷款户均余额、农户贷款户均余额等指标来看，普惠金融在常德市取得了一些实实在在的成效，但是，从人均 GDP、城镇人均可支配收入、农村人均纯收入、人均个人消费贷款余额指标来看，数据并不理想（见表 13 - 7）。

表 13 - 7　　　　　　　　2014 年度常德市普惠金融指标

项目层（一级指标）	子项目层（二级指标）	原始指标（三级指标）	实际值
普惠金融	覆盖性	银行网点密度	11.7 个／十万人
		保险服务乡镇覆盖率	100%
		ATM 密度	18.6 个／十万人
		农村 POS 密度	2.6 个／十万人
	便利性	个人账户开户率	2.2%
		小微企业贷款覆盖率	22.3%
		农户贷款覆盖率	7.66%
		农业保险参保农户覆盖率	265.38%
	满意性	小微企业贷款户均余额	74.01 万元
		农户贷款户均余额	11.27 万元
	消费基础	人均 GDP	4.3215 万元
		城镇人均可支配收入	2.2634 万元
		农村人均纯收入	1.0737 万元
		人均个人消费贷款余额	0.3 万元

13.4　金融消费权益保护环境存在的问题及原因

13.4.1　金融消费外部环境存在的主要问题及原因

一是基层金融消费者保护部门之间缺乏协调。尽管"一行三会"分别有金融消费者保护部门，但是各保护部门并没有明确的规则制定权、检查权、惩处权。同时，受制于各保护机构主管部门履职范围和权限，相互之间难以做到有效的沟通与协调，导致相互推诿和重复监管现象，削弱金融消费者权益保护的实际效果。主要原因是在分业监管的金融体制下，金融消费者保护机构的设置也相应地采取了分业监管模式，实际上是一种多头管理模式。

二是金融纠纷解决机制不健全。目前，常德市处理金融消费纠纷的途径主要以向金融机构和金融消费权益保护机构投诉为主，其他途径使用不多。金融消费者往往会因过重的费用、时间成本而最终放弃使用。

三是普及教育缺乏系统规划。现行金融知识宣传教育缺乏长远规划和系统性，主要依托宣传日、宣传月、发放宣传单等形式开展金融宣传，效果不明显。

四是难以满足消费者需求。农村金融网点不足，农村金融服务体系呈现边缘化，给当地居民金融消费带来不便。证券、保险、投资、租赁、担保等非银行类金融机构基本上未在农村地区设立机构。

13.4.2 金融主体开展金融消费权益保护工作存在的问题及原因

（一）金融消费外部环境的主要问题及原因

1. 金融消费者保护部门各自为政。"一行三会"金融消费权益保护部门难以做到有效的沟通与协调，导致相互推诿和重复监管现象，削弱金融消费者权益保护的实际效果。

2. 金融知识普及教育缺乏专业化管理。目前常德市金融知识宣传教育缺乏长远规划和系统性，主要依托宣传日、宣传月、发放宣传单等形式开展金融宣传，效果不明显。特别是在服务性业务方面，明显手段措施偏少。

3. 金融消费权益保护宣传难以覆盖农村偏远地区。近年来，农村金融机构呈减少的趋势，农村金融服务跟不上社会经济形势发展变化。证券、保险、投资、租赁、担保等非银行类金融机构基本上未在农村地区设立机构。农村金融机构偏少，金融知识宣传缺失，为农村居民金融消费带来不便。农民利用法律手段维权成本巨大，让农民望而生畏。

上述问题的产生，主要在于：一是金融消费者权益保护的相关法律制度缺失。目前我国没有针对金融消费者权益保护的法律制度，对消费者保护的法律条文只有《中华人民共和国消费者权益保护法》，该法只对实物产品的消费者进行保护，没有涉及金融产品的保护。二是金融服务向综合方向发展，银行、证券、保险机构利用原有的销售渠道进行金融产品的交叉销售，由于我国分业监管的特点，监管无法进行全覆盖，消费者的权益不能得到充分的保障。三是金融消费权益保护力量不足和日益增长的保护需求的冲突与挑战。我国金融消费权益保护力量仍显不足，难以完全满足消费者对金融消费权益保护日益增长的客观需要。这种不足不仅体现在监管部门与金融机构的规模、人员数量等"硬条件"上，也体现在对金融产品的认识、对金融风险的判断、对金融纠纷的调解等业务处理"软实力"上。

（二）金融机构存在的问题及原因

1. 侵害公平交易权。有的金融机构强制进行捆绑销售，在办理贷款业务中，搭配银行卡、规定结算支付方式、收取理财等，甚至要求客户帮助完成揽储任务等。

2. 侵害知情权。对金融产品不进行充分的信息披露和风险提示，甚至故意夸大收益，回避风险。客户反映在办理定期存款业务时，银行职员建议其办理"另一种存款"，之后才得知是购买了保险品种。对于申办协议中的明显不利于签约人的条款未用醒目字体显示，签约时也没有尽职提醒。

3. 侵害选择权。部分银行强制性采取 ATM 分流柜台业务措施，如规定 1 万元以下整百存取款必须到 ATM 办理，柜面概不接受。

4. 侵害其他权益。包括侵害金融服务权、名誉权、隐私权、受教育权等。

上述问题产生的原因在于：一是金融消费者教育缺失。在营销文化浓厚的金融机构中，为了提升销售业绩。营销人员向消费者隐瞒风险，夸大利益。由于消费者金融者金融知识的缺乏，消费者无法了解金融产品的基本性质，因而造成了消费者利益的损失。二是金融消费者在权益保护中处于相对弱势。在对处于垄断地位、实力雄厚的金融机构及其金融产品的专业壁垒，金融消费者在金融消费交易中往往处于相对弱势地位。金融机构缺乏披露信息的动力，尤其是在金融产品风险较高时，金融机构往往会刻意隐匿产品特质、潜在风险、后果责任等重要信息。三是金融机构对纠纷处理的自律不到位。当金融机构经营目标与保护金融消费者权益目标相冲突时，往往偏重于自身经营目标的实现和经营风险的防范。四是金融宣传"重营销、重客户、轻教育"，有时把教育作为宣传金融产品的平台，偏离了保护金融消费权益的轨道。

13.5　今后工作的改进措施和建议

13.5.1　近期措施和建议

（一）健全金融消费权益保护监管体系

一是"一行三会"要细化金融机构应履行的责任，及时妥善地处理消费者的投诉或意见与建议，并将处理结果反馈给金融消费者，主动接受社会和广大消费者的监督。二是强制性地要求金融行业的自律组织为保护消费者权益制定较完善的自律守则并严格执行，自律组织在涉及消费者权益的事项上应对监管当局负责。三是建立金融消费争议信息的统计、分析与披露制度，强化声誉机制在保护金融消费者权益方面的作用，确保交易公平。

（二） 构建多元化金融争端解决机制

建立金融机构自主、监管机构介入、社会调解、司法判决多层次的金融消费者投诉处理解决机制，采取以非诉讼解决机制为主、诉讼（仲裁）解决为辅的方式。一是纠纷处理以在现场解决、金融机构内部先处理为原则，加快完善金融机构在投诉受理、纠纷处理、内部整改和责任追究等方面的规范。二是充分发挥监管部门或行业协会在消费者保护履职方面的监督、评价和引导作用。三是对县域特别是发生在保险、证券等领域的金融消费纠纷，可在征求争议双方意见的基础上，采取行政调解的方式来解决争议，调解成功的签署调解协议。四是在民事诉讼上建立小额诉讼制度，为金融消费者提供成本低廉、程序简捷、专业化的解决途径。

（三） 发挥金融消费权益保护中心的组织推动作用

金融消费权益保护中心要加强与政府部门、消费者协会、工商局、法院、保险协会、金融机构等部门的沟通协调。探索建立金融消费者权益保护工作联席会议制度，定期收集、汇总、存储金融维权事件相关的数据信息，商讨金融消费者权益保护工作措施，既要保护好金融消费者的合法权益，又要保护好金融机构的正当权益。深入分析银行卡盗刷等金融消费咨询投诉热点问题，研究典型案例，依法解答咨询和处理投诉。进一步提高 12363 电话的公示面和处理效率。同时，加强对金融消费权益保护工作的督办与评价。

（四） 建议取消人民银行对盗刷银行卡等金融犯罪行为投诉的受理

一位 50 多岁的农民投诉他的银行卡 3 个月前被盗刷 1 万多元，3 个月期间，投诉人奔波于商业银行、人民银行、当地公安部门、当地法院，四部门未能解决问题。人民银行和商业银行建议投诉人报案、起诉，当地公安部门要投诉人直接找商业银行解决问题。投诉人没有去法院，因为不熟悉诉讼程序以及惧怕昂贵的诉讼费用。银行卡盗刷问题属犯罪行为，已超出人民银行履职范围，建议人民银行不受理此类案件。

13.5.2 中长期措施和建议

（一） 规范金融机构经营，完善投诉处理机制

金融机构要按照相关法律法规及信息披露要求，以明确的格式、内容、语言，对其提供的金融产品或者金融服务，向金融消费者进行充分的信息披露和风险提示。同时，依法及时修改、完善侵犯金融消费者合法权益的合同条款、产品设计、服务收费等方面的规定，不得设置违反公平交易的交易条件，不得以格式合同、通知、声明、店堂告示等方式作出对金融消费者不公平、不合理的规定。在金融消费投诉处理上，要完善金融消费纠纷投诉处理机制，建立完

整的受理、处理、反馈工作机制和投诉处理工作台账制度。规定在营业场所开辟投诉专区，张贴投诉办理须知、办理时限等。对于符合有关法律法规的投诉，要依法按规办理；对于金融管理机构和行业协会等转办的金融消费投诉，要及时反馈处理情况，提高工作的效率和水平。

（二）构建金融消费纠纷示范性案例制度

法院、监管部门应监督金融机构建立金融纠纷示范性案例库，在金融系统内进行资源共享与互认，逐步形成全行业的示范性案例库。同时，将案例合理分类并依法在网站上公告，并承诺对符合示范性案例条件的争议处理结果不得低于示范性案例的标准。赋予金融监管部门执行监督的职权，对不执行示范性案例即所作出的判决结果的金融机构，应追究责任并予以惩罚。

（三）宣传普惠金融知识，倡导科学理性的金融消费观念

金融消费权益保护管理机构要加强金融消费宣传的统筹规划，以"贴近实际、贴近生活、贴近群众"为原则，组织金融机构针对不同消费者群体，探索多样化的金融消费者宣传教育模式，不断丰富金融消费者宣传教育的内容和形式，重点关注农村居民、老年人等弱势群体。借助政府门户网站、媒体等宣传金融业务的有关常识、金融消费者享有的权利、金融消费权益保护制度、投诉举报途径等，提高金融消费者风险意识和自我保护能力。

主执笔人：孙水清　李正月

第 14 章

2015 年娄底市金融消费权益保护
环境评估报告

随着金融消费领域的矛盾不断显现，金融消费权益保护工作的迅速发展，迫切需要探索制定较为科学的区域金融消费权益保护环境评估体系。按照长沙中支关于开展金融消费权益保护环境评估工作的通知要求，娄底中支评估组运用区域金融消费权益保护环境评估体系和评价方法，组织对娄底市金融消费权益保护环境进行了实证评估。目的是通过评估，有效衡量区域金融消费权益保护总体状况，查找薄弱环节，分析存在的问题，提升娄底市金融消费权益保护的能力水平，促进金融消费者权益得到更有效的保护。

14.1　区域经济金融概况

娄底地处湖南中部，面积 8117 平方公里，总人口 435 万，辖 4 县（市）两区，是典型的老工业基地和资源型城市，属欠发达地区。

（一）经济发展概况

2013 年，全市完成地区生产总值 1 115 亿元，增长 10.5%，其中第一、二、三产业分别实现增加值 163 亿元、603 亿元、349 亿元，分别增长 2.5%、10.9%、13%。三次产业结构由 2012 年的 14.9:55.1:30 调整为 14.6:54.1:31.3。完成公共财政总收入 103.9 亿元，增长 17.28%，增速居全省第 4 位。完成固定资产投资 786.5 亿元，增长 35.2%。实现进出口总额 14.5 亿美元。

2014 年，全市实现地区生产总值 1210.91 亿元，同比增长 8.1%，比上年同期低 2.5 个百分点。其中，第一、二、三产业分别实现增加值 176.26 亿元、650.17 亿元和 384.47 亿元，同比分别增长 4.7%、9% 和 8%。三次产业比重由上年的 14.5:54.1:31.4 调整为 14.6:53.7:31.7，产业结构调整初显成效。全市实现公共财政收入 95.35 亿元，增长 0.3%，增速比上年下降 17 个百分点；

实现地方财政收入 58.91 亿元，同比下降 2.9%，增速比上年下降 23.3 个百分点。全市外贸进出口总额 15.72 亿美元，同比增长 8.8%，娄底市被纳入全国老工业基地调整改造规划和资源型城市可持续发展规划，列入全国循环经济示范城市、全国二级物流园区布局城市。

（二）社会民生概况

2014 年，全市实现社会消费品零售总额 381.35 亿元，同比增长 12.5%。全年物价涨幅稳定在 3% 以内。全市实现居民人均可支配收入 12 736 元，同比增长 9.7%，扣除价格因素影响实际增长 8.0%，与全市经济增长基本持平，高于财政收入增速 7.7 个百分点，其中农村居民人均可支配收入 7 835 元，同比增长 11.0%，城镇居民人均可支配收入 2 0324 元，同比增长 8.8%，城乡居民收入差距进一步缩小。城镇登记失业率控制在 4.3% 以下。城镇基本社会保障制度日趋完善，新型农村社会养老保险和城镇居民养老保险实现全覆盖。

（三）金融运行概况

2014 年，娄底银行业运行总体平稳，发展稳中有进。全市银行业金融机构包括 1 家政策银行，5 家大型商业银行，1 家邮政储蓄银行，1 家股份制银行，2 家城商行，4 家信用联社，1 家农村商业银行，2 家村镇银行，共有营业网点 462 个，从业人员 5 873 人。其中县域网点 352 个，从业人员 3650 人。全市小额贷款公司 7 家，融资性担保公司 18 家，金融服务体系逐步健全，服务范围覆盖全市所有乡镇。2014 年末，全市金融机构本外币各项存款余额 1126.1 亿元，同比增长 10.38%。全市金融机构本外币各项贷款余额 704.16 亿元，同比增长 11.8%，低于上年同期 2.71 个百分点。全年新增贷款 85.66 亿元（含剥离 11.33 亿元），同比多增 2.24 亿元。年末，全市金融机构余额存贷比为 62.53%，比上年同期提高 0.8 个百分点，位居全省第 4 位。

娄底市共有证券经营机构 8 家，共设有 11 个营业网点；有期货经营机构 2 家，全市证券市场实现交易量 1231.76 亿元，同比增加 280.74 亿元，增长 29.52%；客户保证金 90.20 亿元，同比增加 52.69 亿元，增长 1.4 倍。托管的客户证券资产总额 67.81 亿元，同比增长 50.27%。投资者账户数 13.56 万户，增加到 1.40 万户，同比增长 11.54%。

全市共有保险公司 25 家，其中财产保险公司 14 家，人寿保险公司 12 家；保险从业人员 8 000 多人，其中营销人员 7 000 多人。2014 年全市共实现保费收入 26.4 亿元，同比增加 3.2 亿元，增长 13.7%；增长率居全省第 6 位。2014 年，全市累计赔款与给付支出 9.5 亿元，同比增加 0.7 亿元，增长 7.2%，充分发挥了保险的经济补偿和社会稳定器作用。

14.2　信息披露

保护消费者合法权利是金融机构的义务，金融消费者对交易对象、交易程序、售后服务、投诉渠道等依法享有知情权，完善的信息披露制度有助于减少由于信息不对称给消费者带来的权益损害。本评估主要从信息公开和制度公开两方面考察金融机构的信息披露情况。

14.2.1　信息公开状况

现行《中华人民共和国消费者权益保护法》划定了普通消费者具有安全权、知悉真情权、自主选择权、公平交易权、求偿权、结社权、获得有关知识权、人格尊严和民族风俗习惯受尊重的权利、监督权等。缩小至金融消费领域，知情权是其最核心的权利之一，根据本次评估中金融机构的自查和组织对金融机构核查情况显示，2014 年，娄底市未告知产品的收益与风险次数、未告知业务流程次数、未告知售后服务次数分别为 10 次、5 次、4 次，分别比 2013 年减少 2 次、5 次和 2 次，收费信息公示率和投诉电话公示率达到 90.4% 和 96.1%，分别比 2013 年提升了 0.3 个百分点和 6.3 个百分点。表明金融机构对金融服务的知情权方面的质量有所提升。

表 14-1　　　　　　　　　　信息公开情况表

项目	指标	单位	说明	数值（2013 年）	数值（2014 年）
信息公开	未告知产品的收益与风险次数	次	未向金融消费者如实告知金融产品的收益和风险，夸大收益、隐瞒风险、误导消费者、欺诈销售的次数（-）	12	10
	未告知业务流程次数	次	未向金融消费者提供金融产品或服务业务流程的次数（-）	10	5
	未告知售后服务次数	次	未向金融消费者提供金融产品或服务的售后服务次数（-）	6	4
	收费信息公示率	%	公示产品和服务收费规定的金融机构数/金融机构总数	90.1	90.4
	投诉电话公示率	%	设置投诉电话公告牌的金融机构数/金融机构总数	89.8	96.1

14.2.2   制度公开情况

内部管理制度是金融消费者不知情的内容，金融消费权益保护有关工作制度、消费者投诉受理程序和相关负责人等内容都需要向公众公开，这是向社会作出保护金融消费权益的承诺。本评估从工作制度公开率、投诉流程公开率、责任部门和人员公开率等方面进行了考察比较。2014 年，上述 3 项工作指标分别达到 86%、96% 和 85.4%，比 2013 年分别提升了 4 个、6 个和 7.4 个百分点。

表 14 - 2   制度公开情况表

项目	指标	单位	说明	数值（2013 年）	数值（2014 年）
制度公开	工作制度公开率	%	公开金融消费权益保护相关制度或向社会作出金融消费权益保护承诺的金融机构数/金融机构总数	82	86
	投诉流程公开率	%	在营业网点醒目位置对外公布投诉流程的金融机构数/金融机构总数	90	96
	责任部门和人员公开率	%	公开金融消费权益保护责任部门和人员的金融机构数/金融机构总数	78	85.4

14.2.3   信息披露存在的主要问题

1. 侵害消费者知情权。一是误导消费者。金融机构对金融产品不进行充分的信息披露和风险提示，甚至故意夸大收益，回避风险。如一客户反映在办理定期存款业务时，银行职员建议其办理"另一种存款"，之后才得知是购买了某保险。二是对于申办协议中的一些明显不利于签约人的条款未用醒目字体显示，签约时也没有尽职提醒；对办理一些业务所需手续费，未在醒目位置进行详细公示。三是金融机构对利率政策、计结息规定等政策的宣传不够，如各金融机构普遍将贷款还款方式默认为等额本息还款，剥夺了消费者的知情权和选择权。

2. 工作制度公开力度不足。从整体上看，公开金融消费权益保护相关制度或向社会作出金融消费权益保护承诺的金融机构数不足 60%，工作制度公开力度亟须进一步加大。

14.3 交易公平

14.3.1 交易公平基本情况

公平交易权是金融消费者享有的主要权利之一，对等的交易地位是金融消费权益保护工作的重点，在交易中，应当尽量从尊重消费者自主公平选择和保护消费者隐私出发，维护其合法权益。其中产品销售与信息保护是体现交易公平的两个重要方面。

表 14 - 3   **交易公平情况表**

项目	指标	单位	数值（2013 年）	数值（2014 年）
产品销售	限制客户选择次数	次	8	6
	捆绑销售次数	次	8	5
	违规收费次数	次	23	4
	不公平格式条款个数	个	6	5
信息保护	违规采集信息次数	次	5	6
	未建立防范措施的个数	个	7	6
	信息泄露次数	次	0	0

金融机构在自主选择、捆绑销售、收费、格式条款和差异化服务五个方面的执行情况决定了消费者在购买金融产品时是否享有同等权利。金融机构应当根据消费者自身意愿提供专业金融服务，不得定制霸王条款以获取最大利润或逃避责任。2014 年娄底市金融机构限制客户选择次数、捆绑销售次数、违规收费次数、不公平格式条款个数分别为 6 次、5 次、4 次和 5 个，分别比 2013 年减少 2 次、3 次、19 次和 1 个。在信息保护方面，金融机构在与消费者完成交易后会获得大量客户信息，但不得在未经客户允许的前提下出卖或滥用相关信息，但从实际情况看，虽然未发现金融机构泄露、非法使用或非法对外提供客户个人金融信息的情况，但信息风险防范措施未能到位，违规采集信息次数达到 6 次，6 家金融机构未建立完善防范措施。

14.3.2 交易公平方面存在的主要问题

（一）侵害公平交易行为表现多样

一是利用格式合同自行免责或加重金融消费者责任。二是强制增加一些不合理义务。有的金融机构在办理贷款业务中，搭配银行卡、规定结算支付方式、收取理财费、要求客户帮助完成揽储任务等。如某银行单笔10万元贷款搭车销售理财产品达5000多元。三是在不告知消费者的前提下，强制开通"短信通"等中间业务收费。四是损害赔偿不到位。如保险公司理赔不到位，尤其在财产保险中交通事故理赔纠纷比较多。五是侵害选择权。金融消费者自主选择金融服务者、消费方式、消费时间和地点的权利不应受他人干涉，但实践中金融机构往往采取各种措施干扰消费者的自主选择权。如办卡不办存折，且需要收取成本费用；部分银行强制性采取ATM分流柜台业务措施，如某银行从2012年规定1万元以下整百存款必须到ATM办理以后，客户对这类规定意见很大；对担保物进行评估时，为消费者指定担保物评估机构等。六是侵害金融服务权。个别金融机构不履行法定残损币兑换义务。金融机构网点不够多，对外窗口过少，处理业务速度慢，客户在办理业务时排长队、常排队的现象时有发生。七是侵犯名誉权。主要表现为征信信息录入错误、更新不及时或冒名贷款损害消费者信用。尤其是基层信用社出现的"冒名贷款"导致不良信息的情况还比较多。八是侵害隐私权。如未事先取得信用主体的书面授权就进行贷前查询，系统内记录的查询原因与实际查询原因不符，贷后查询管理不规范，存在频繁查询、违规委托查询等现象。

（二）金融消费者在权益保护中处于相对弱势

面对处于垄断地位、实力雄厚的金融机构及其金融产品的专业壁垒，金融消费者在金融消费交易中往往处于相对弱势地位。从调查反映来看，金融消费中存在多种不合理现象：金融行业通过设定免责条款和利用格式条款来免除自己的责任或是转嫁自身风险；对于不公平的格式合同，消费者要么接受，要么拒绝，没有商讨余地；有的金融机构在合同中使用高度专业化的术语和规定，使一般消费者很难从合同中看懂与其权利义务息息相关的内容；在金融理财产品交易过程中，金融产品经过层层打包，改变债券的真实面目，使得金融消费者只能看到表面收益，而忽视潜在风险。有的金融机构利用金融产品提供方的信息优势，故意隐瞒、淡化不利于自己的信息。

（三）金融机构对纠纷处理的自律管理错位

当金融机构经营目标与保护金融消费权益目标相冲突时，往往偏重于自身经营目标的实现和经营风险的防范。如消费者对银行经营作息时间安排、开设窗口服务数量、假币鉴别和零钞兑换服务、保险理赔程序等多有怨言。在金融宣传方面，金融机构"重营销、重客户、轻教育"，有时把教育作为宣传金融产品的平台，偏离了保护金融消费者权益的轨道。此外，金融机构"自己裁判自己"的金融纠纷处理方式，其公正性也受到金融消费者质疑。

14.4　争端解决

金融机构应当有受理消费者投诉的途径以及明确的投诉解决程序。争端解决是衡量金融消费权益保护工作开展情况的重要标准，主要从投诉处理、调解机制和追索赔付等三个方面进行考察分析。

14.4.1　金融消费争端解决的基本情况

表 14－4　　　　　　　　　金融消费争端解决情况表

项目	指标	单位	数值（2013 年）	数值（2014 年）
投诉处理	投诉窗口设置率	%	91	96
	金融机构投诉电话接通率	%	96	97.4
	投诉处理时效	%	90	90.7
	投诉办结率	%	97	96.3
	投诉处理满意率	%	89.5	90.3
调解机制	纠纷解决机制	个	4	4
	金融服务投诉率	个/每万人	0.1	0.1
	重大群体性投诉事件数	次	0	0
追索赔付	赔付机制建立率	%	81.2	84.5
	客户索赔成功率	%	89.5	88.2

据调查评估，从投诉便利性来看，2014 年，娄底市 92.5% 的市级金融机构建立了比较完整的受理、处理、反馈工作机制；96% 的金融机构设置了投诉窗口或明确投诉受理人员；金融机构投诉电话接通率达到了 97.4%；73.5% 的市级金融机构建立了投诉处理工作流程，88.2% 的市级金融机构建立投诉处理工作台账或投诉处理系统，100% 的金融机构网点向社会公布投诉电话，36% 的金融网点张贴了投诉办理须知、办理时限等，一些金融机构营业部在营业场所还开辟了投诉专区。从投诉处理效率来看，全市金融机构受理的总投诉次数为 1 203 次，在规定时限内处理完毕的投诉次数占投诉总次数的 90.7%。从投诉处理效果来看，投诉办结率达到 96.3%；投诉处理满意率为 90.3%。金融机构调解结案的案件占受理投诉总量的比率为 95.6%。对转办的有关金融消费投诉案件，能及时办结的占 96%，及时反馈的占 89%。从追索赔付效率来看，辖内 84.5% 的金融机构已建立赔付机制，客户索赔成功率为 88.2%。

以上指标均较 2013 年有所提升。

在第三方解决机制方面，娄底市成立了涵盖银行、证券、保险三大行业所有市级金融单位为成员的市消费者委员会金融分会。辖内 4 个县（市）均成立了相应机构。组建了娄底市银行业协会。总体上形成市消委、市工商局、市人民银行、市银监局、市金融消费者委员会金融分会、市银行业协会、市保险行业协会各负其责的金融消费权益保护监督管理体系。2014 年，全市各监管机构和行业组织出台的金融机构行为监管准则和金融消费者保护规则等制度共有 8 个，比 2013 年多 2 个。市消费者委员会金融分会建立完善了"三制度一公约"，市银行业协会制定了章程、自律公约和行为准则等，保险行业协会出台了理赔服务指数相关制度。

14.4.2　金融消费争端解决存在的主要问题

（一）金融机构内部处理金融消费纠纷自律管理错位

目前，金融机构主要通过客户服务热线、柜面等方式受理金融消费者投诉，金融机构出于维护自身社会形象的目的，会及时采取安抚的方式进行处理。但金融机构"自己裁判自己"，处理纠纷的公正性受到金融消费者质疑。同时金融机构在设计安排与金融消费者权益密切相关的操作规程、管理制度时，往往只注重自身经营风险的防范，纠纷或案件的处理没有以保护金融消费者的合法合理权益为最终目标。

（二）金融消费维权专业人才缺乏

从县域金融消费权益保护机构看，除人民银行在县市开展了试点工作外，金融消费保护机构设置未延伸至县域。而且，在县域一般也没有保险业协会等行业性协会，而工商部门的消费者协会侧重于对非金融类商品消费的保护，仅有的对金融类商品消费的保护也因金融产品和服务的相对专业性而往往显得心有余而力不足。金融消费争端解决人才需具备比较全面的金融、法律知识及丰富的实践工作经验，但现有从事此项工作的人员多数为兼职，很难满足工作需要，因而县域金融消费者权益保护显得更为薄弱。

（三）金融纠纷多元化解决机制不健全

目前，娄底市处理金融消费纠纷的途径除向金融机构和金融消费权益保护机构投诉外，还包括媒体途径、信访途径以及诉讼途径，但这些途径都存在不完善的问题。具体而言，采用媒体途径解决纠纷需要更多地考虑舆论的压力和金融机构的声誉；信访途径是消费者向政府反映情况的一种方式，并不是处理问题的出路，但是不少的消费者还是将其优先于其他救济途径采用，当然这其中不乏无理取闹和恶意上访；采用诉讼途径时，金融消费者往往会因过重的成本,包括诉讼的费用、时间以及因败诉而产生的声誉成本等,而最终放弃采用。

14.5 机制保障

金融消费权益保护机制和制度是金融机构开展金融消费权益保护工作的基础条件。本评估主要从组织机构、制度设立和宣传教育三个方面来考察评估机制保障。同时,对制定金融教育规划和有效开展对金融消费者必要的宣传教育情况也一并进行了考察。

表 14 – 5 机制保障情况表

项目	指标	单位	数值 (2013 年)	数值 (2014 年)
组织机构	领导机构完备率	%	66	69.4
	办事机构完备率	%	85.2	90.4
	人员配备率	%	92.6	96
制度设立	制度制定数	个	62	68
	工作创新数	个	8	11
	未执行制度次数	次	6	6
宣传教育	监管机构宣传教育	次	5	6
	金融机构宣传教育	次	146	173
	媒体宣传教育	次	4	4

14.5.1 机制保障的基本情况

(一) 建立金融消费权益保护组织机构情况

2014 年,娄底市市县两级金融机构成立金融消费权益保护工作领导小组104 个,占娄底市县两级金融机构总数的69.4%。娄底市确定金融消费权益保护工作具体负责部门的市县两级金融机构数为136 个,占娄底市县两级金融机构总数的90.4%。96%的金融机构确定了专职和兼职人员负责管理金融消费权益保护工作。市县两级所有金融机构均纳入了在当地人民银行成立的金融消费权益保护协会或分会的工作体系。

(二) 金融消费者权益保护工作制度建设情况

2014 年,全市市级金融机构共建立金融消费权益保护方面的内部控制体系、产品和服务的信息披露规定、投诉受理流程、金融知识宣传教育规划、工作监督考评制度、重大突发事件应急预案等制度 68 个，比 2013 年增加 6 个。开展金融消费权益保护创新 11 个，比 2013 年增加 5 个。创新内容涵盖了业务操作、内部管理、金融服务和产品设计、市场营销、应急管理等各个方面。

（三）金融消费者宣传教育情况

2014 年，监管机构、行业协会和消费者协会等组织金融机构向社会公众宣传金融消费知识 6 次，向社会公众提示金融消费风险 2 次，组织通过新闻媒体宣传报道金融消费权益知识或事件 4 次。如金融消费权益保护中心组织金融机构开展了 3·15 金融消费维权大型宣传活动，综合集中日宣传、网点宣传、媒体宣传、短信宣传、电子屏宣传、新闻通气会等多种方式，向广大金融消费者宣传金融维权知识。全年共发放宣传资料 13 200 份，解答咨询 215 人次。将每年 9 月定为金融知识宣传月，在全市精心组织开展了金融知识进高校、进社区和进企业等一系列大型宣传活动。编著《金融消费权益保护知识百姓读本》，开展下乡镇免费赠书活动，向老百姓介绍金融消费知识。银行业协会组织"金融知识进万家"活动；保险行业协会组织开展保险客户节等活动。金融机构结合自身金融服务特点，自行组织开展向社会公众宣传金融知识和金融维权知识的次数为 173 次，较 2013 年增加 27 次，宣传力度进一步加大。

14.5.2　机制保障存在的问题

1. 县域金融机制保障力度不足。从领导小组覆盖面来看，2014 年，娄底市市县两级金融机构成立金融消费权益保护工作领导小组占娄底市县两级金融机构总数不足七成，一个主要原因是县域金融机构领导小组建立不完善，有的只有经办部门和人员，但没有成立专门的领导机制。此外，虽然 96% 的金融机构确定了专人管理金融消费权益保护工作，但县域兼职人员占 83.2%。

2. 金融消费者教育缺乏系统规划。目前娄底市承担金融消费者教育义务的机构主要有金融管理部门、行业协会、金融机构等。虽然采取了一些措施，但金融知识的普及仍然无广度和深度，尤其是广大农村地区的金融知识的传播仍处于自发状态。同时，现行金融知识宣传教育缺乏长远规划和系统性，主要依托宣传日、宣传月、发放宣传单等形式，效果不明显。

14.6　法制保障

在全面推进依法治国的大背景下，法制保障也是金融消费者权益保护的重要方面，主要包括司法环境和监管环境。司法环境主要从法庭覆盖率、法院出台的规范性文件数、纠纷案件胜诉率来考察。监管环境通过现场检查率、沟通协调机制、消费者保护规则、金融机构行为监管准则来进行评估。

表 14 – 6   法制保障情况表

项目	指标	单位	数值（2014 年）
司法环境	法庭覆盖率	%	47.6
	法院出台的规范性文件数	个	1
	纠纷案件胜诉率	%	66
监管环境	现场检查率	%	32
	沟通协调机制	个	5
	消费者保护规则	个	8
	金融机构行为监管准则	个	3

14.6.1 法制保障基本情况

2014 年，从司法环境看，娄底辖内设置的县（市、区）一级法院数量与农村乡镇法庭数量合计为 40 个，占辖内县（市、区）数量与农村乡镇数量（84 个）的比重为 47.6%。纠纷案件结案胜诉率为 66%。从监管环境看，2014 年，金融监管机构检查的金融机构数为 48 家，占全部金融机构总数的 32%。建立沟通协调机制、消费者保护规则、金融机构行为监管准则分别为 5 个、8 个和 3 个。第三方解决机制进一步畅通。娄底市金融消费者委员会金融分会设立娄底市金融消费权益保护中心作为日常业务办理机构，并在所有县（市）设立了分中心，成为娄底市金融消费纠纷第三方解决机制主体。沟通协作机制初步建立。娄底市人民银行与市消费者委员会通过市消委金融分会模式，强化了沟通协作，达到了互助双赢的效果。2013 年至 2014 年，由市消委办牵头，金融分会主办，组织成立了由市人大、政府、政协、市消委参与的评议领导小组，邀请有关银行业务专家、社会监督员以及媒体记者组成评议组，对全市银行业金融消费权益保护情况进行全面评议，并召开点评大会，通报《全市银行业消费评议点评意见》，各银行对照评议点评意见作出了公开承诺。娄底主要媒体给予报道，在社会产生较大反响。

14.6.2 法制保障方面存在的主要问题

（一）制度层面上缺乏对金融消费者权益保护的关注

2014 年，新的《中华人民共和国消费者权益保护法》正式颁布实施，首次将金融消费纳入了消费权益保护体系，但因未对金融消费的专业性和特殊性作出明确的回应，导致在适用上的困难。《中华人民共和国人民银行法》《中华人民共和国证券法》《商业银行法》《中华人民共和国保险法》等法律法规对金融消费者的保护也有相应规定，但对金融消费者的保护大多只是原则性触及，少有直接规定。

（二）金融消费者保护部门之间缺乏有效协调

在分业监管的金融体制下，金融消费者保护机构的设置也相应地采取了分业监管模式，实际上是一种多头管理模式。最近几年，"一行三会"陆续成立了自己的金融消费者保护部门，但是各保护部门并没有明确的规则制定权、检查权、惩处权，保护职能、实施手段也相当有限，有时金融消费权益保护工作仅停留在政策层面，操作性不足。随着金融业综合化经营趋势发展，按行业区分实施监管的做法已经无法满足市场的要求。同时，受制于各保护机构主管部门履职范围和权限，相互之间难以做到有效的沟通与协调，导致相互推诿和重复监管现象，继而削弱金融消费者权益保护的实际效果。

14.7　普惠金融

强调金融的普惠性是评估区域内的金融消费者能否更加轻松地享受到金融带来的便利，金融能否真正地进入人们的日常生活。而普惠金融的发展不仅受到地域、金融基础设施、金融意识、交易成本等影响，区域经济发达程度也是影响普惠金融发展的重要因素。本评估主要从覆盖性、便利性、满意性、消费基础四个方面进行考察。

表 14 - 7　　　　　　　　　　普惠金融情况表

项目	指标	单位	数值（2014 年）
覆盖性	银行网点密度	个/每十万人	6.2
	保险服务乡镇覆盖率	%	80
	ATM 密度	个/每十万人	19.06
	农村 POS 密度	%	4.4
便利性	个人账户开户率	%	4.14
	小微企业贷款覆盖率	%	25.4
	农户贷款覆盖率	%	12.7
	农业保险参保农户覆盖率	%	79.5
满意性	小微企业贷款户均余额	万元	87.84
	农户贷款户均余额	万元	10.7

续表

项目	指标	单位	数值（2014 年）
消费基础	人均 GDP	万元	2.7
	城镇人均可支配收入	万元	2.03
	农村人均纯收入	万元	0.78
	人均个人消费贷款余额	万元	0.28

覆盖性和便利性能反映出金融消费便利度。对金融消费环境有着重要的影响，既反映了一个地区金融产品和服务的可得性，也是该地区普惠金融发展的重要指标。从表中数据来看，2014 年，娄底市每十万人拥有机构网点的数量为 6.2 个；保险服务乡镇覆盖率达到 80%；每十万人的 ATM 个数为 19.06 个；农村 POS 密度为 4.408%。个人账户开户率、小微企业贷款覆盖率、农户贷款覆盖率、农业保险参保农户覆盖率分别为 4.14%、25.4%、12.7% 和 79.5%。从满意性来看，小微企业贷款户均余额和农户贷款户均余额分别为 87.84 万元和 10.7 万元。从消费基础看，娄底地处湖南中部，面积 8117 平方公里，总人口 435 万人，辖 4 县（市）两区，是典型的老工业基地和资源型城市，属欠发达地区。人均 GDP、农村人均纯收入等均处于欠发达地区水平。娄底市金融消费便利难以满足消费者需求。农村金融服务体系呈现边缘化，证券、保险、投资、租赁、担保等非银行类金融机构基本上未在农村地区设立机构。2014 年据对娄底市 100 个农户进行金融服务满意度测评显示，满意的占 34%、基本满意的占 40%、不满意的占 26%。不满意的主要原因为金融覆盖率低、消费成本较高、服务品种单一、服务效率不理想、服务手段落后。

14.8 政策建议

（一）健全金融消费权益保护监管体系

一是"一行三会"要细化金融机构应履行的责任，及时妥善地处理消费者的投诉或意见与建议，并将处理结果反馈给金融消费者，主动接受社会和广大消费者的监督。二是强制性地要求金融各业的自律组织为保护消费者权益制定较完善的自律守则并严格执行，自律组织在涉及消费者权益的事项上应对监管当局负责。三是建立金融消费争议信息的统计、分析与披露制度，强化声誉机制在保护金融消费者权益方面的作用。

（二）构建多元化金融纠纷解决机制

建立金融机构自主、监管机构介入、社会调解、司法判决多层次的金融消费者投诉处理解决机制，采取非诉讼解决机制为主、诉讼（仲裁）解决为辅的方式。一是纠纷处理以在现场解决、金融机构内部先处理为原则，加快完善金融机构在投诉受理、纠纷处理、内部整改和责任追究等方面的规范。二是充分发挥监管部门或行业协会在消费者保护履职方面的监督、评价和引导作用。三是对县域特别是发生在保险、证券等领域的金融消费纠纷，可在征求争议双方意见的基础上，采取行政调解的方式来解决争议，调解成功的签署调解协议。四是在民事诉讼上建立小额诉讼制度，为金融消费者提供成本低廉、程序简捷、专业化的解决途径。

（三）发挥金融消费权益保护中心的组织推动作用

金融消费权益保护中心要加强与政府部门、消费者协会、工商局、法院、保险协会、金融机构等部门的沟通协调。探索建立金融消费者权益保护工作联席会议制度，定期收集、汇总、存储金融维权事件相关的数据信息，商讨金融消费者权益保护工作措施，既要保护好金融消费者的合法权益，又要保护好金融机构的正当权益。深入分析银行卡盗刷等金融消费咨询投诉热点问题，研究典型案例，依法解答咨询和处理投诉。进一步提高12363电话的公示面和处理效率。同时，加强对金融消费权益保护工作的督办与评价。

（四）严格规范金融经营行为，保障金融消费者的合法权益

金融机构应按照相关法律法规及信息披露要求，以明确的格式、内容、语言，对其提供的金融产品或者金融服务，向金融消费者进行充分的信息披露和风险提示，使金融消费者直观了解金融服务收费标准、格式合同的权益保障范围、服务项目和承诺、投诉途径和办理时限等涉及自身权益的重要信息。同时，按照金融法律法规及时修改、完善侵犯金融消费者合法权益的合同条款、产品设计、服务收费等方面规定，不得设置违反公平交易的交易条件，不应以格式合同、通知、声明、店堂告示等方式作出对金融消费者不公平、不合理的规定，不得进行欺诈性销售。

（五）完善投诉处理机制，妥善处理金融消费纠纷

金融机构应完善金融消费纠纷投诉处理机制，配备精干力量，建立覆盖本系统的金融消费投诉纠纷处理工作流程，提高金融消费权益保护工作的效率和水平。建立完整的受理、处理、反馈工作机制，理顺投诉处理工作流程，建立投诉处理工作台账，在营业场所开辟投诉专区，张贴投诉办理须知、办理时限等。对于符合有关法律法规的投诉，应耐心细致地做好解释工作。

（六）宣传普及金融知识，倡导科学理性的金融消费观念

金融机构在提供金融服务的同时，应当主动以"贴近实际、贴近生活、贴近群众"为原则，金融机构针对不同消费者群体，探索多样化的金融消费

者宣传教育模式，不断丰富金融消费者宣传教育的内容和形式，重点关注农村居民、老年人等弱势群体。借助政府门户网站、媒体等宣传金融业务的有关常识、金融消费者享有的权利、金融消费权益保护制度、投诉举报途径等，提高金融消费者风险意识和自我保护能力，让金融服务更多地普及社会大众。

主执笔人：彭　青　黄小雄

第 15 章

2015 年怀化市金融消费权益保护环境评估报告

15.1 导语

金融消费者是金融机构赖以生存和发展的公众基础，加强金融消费者权益保护，改善金融消费环境，不仅有利于提振金融消费者信心、维护金融体系稳定和促进金融业健康发展，对区域经济的持续发展也具有积极的推动作用。

为了摸清辖内金融消费权益保护总体状况，查找薄弱环节，分析存在的问题，提升怀化市金融消费权益保护的能力水平，促进金融消费者权益保护工作持续、有效发展，根据《关于开展 2015 年湖南区域金融消费权益保护环境评估工作的通知》（长银办〔2015〕103 号）的要求，怀化市中支迅速成立了怀化市金融消费权益保护环境专项评估小组，于 2015 年 5 月 22 日至 6 月 5 日，对怀化市金融消费权益保护工作进行了实证评估。在评估过程中，坚持不浮夸、不虚构、不遮丑，实事求是地对辖内金融消费权益保护环境整体情况作出客观公正的评价。

15.2 怀化区域经济金融概况

怀化地处湖南西南部，位于湘、鄂、渝、黔、桂五省（市、区）周边中心地带。全市辖 13 个县（市、区），人口 525.5 万人，面积 2.76 万平方公里，是湖南省面积最大的地级市，属经济欠发达地区。

2014 年，全市实现地区生产总值 1 181 亿元，比上年增长 5.1%，比上年回落 5.2 个百分点；完成公共财政总收入 100.13 亿元，比上年下降 9.4%，较上年低 19.5 个百分点，其中地方财政收入完成 66.2 亿元，比上年减少 13.8%。全市完成固定资产投资 851.4 亿元，增长 6.2%，较上年回落 27.2 个百分点。全市完成工业增加值 459.6 亿元，同比增长 7.1%，比上年回落 3.4 个百分点，其中规模以上工业增长 7.1%，同比回落 3.9 个百分点。全市实现社会消费品零售总额 405.4 亿元，同比增长 12.5%，比上年回落 1.3 个百分点。全市城镇居民人均可支配收入 16 620 元，增长 9.5%，比上年低 0.7 个百分点，扣除价格因素实际增长 7.3%。农村人均纯收入 6 660 元，增长 11.0%，比上年低 1.5 个百分点，扣除价格因素实际增长 8.8%。

2014 年末，全市金融机构各项存款余额 1 246.34 亿元，比年初增长 10.5%，全年新增各项存款 118.0 亿元，同比少增 30.7 亿元；各项贷款余额 695.68 亿元，比年初增长 12.3%，全年新增贷款 76.3 亿元，同比少增 20.3 亿元；全市银行类金融机构累计实现盈利 22.03 亿元，同比增长 11.78%。

15.3 金融消费权益保护环境评估结果及分析

按照人民银行长沙中支《2015 年湖南区域金融消费权益保护环境评估指标体系和采集说明》中的要求，此次评估对象覆盖了全市所有金融机构。对《信息披露、交易公平、争端解决、机制保障、法制保障、普惠金融》等项目层下的 6 个一级指标，子项目层下的 16 个二级指标和 55 个三级原始指标的相关情况和数据进行了收集、采集，并据此进行整理、分析和研判怀化市金融消费权益保护工作的整体状况。

通过对金融消费权益保护环境指标的收集、计算和相关情况的分析，怀化市金融消费权益保护环境评估结果如表 15 - 1 所示：

表 15 - 1　　　怀化市 2014 年度金融消费保护环境评估得分表

综合得分	信息披露	交易公平	争端解决	机制保障	法制保障	普惠金融
71.28	80.82	53.76	77.08	79.04	75.19	52.90

从表 15 - 1 得分情况看，怀化市金融消费权益保护环境评估综合得分 71.28 分，客观、真实地反映了怀化市辖内金融消费权益保护环境的整体现状。在六大指标中，只有信息披露得分超过 80 分；机制保障、争端解决、法制保障，得分分别为 79.04 分、77.08 分和 75.19 分；普惠金融和交易公平得分较低，分别为 52.90 分和 53.76 分。

（一）信息披露

透明、及时披露金融消费信息，能有效保护金融消费者的知情权，使消费者在选择金融业务时，根据所掌握的真实、全面的信息，帮助其作出恰当、正确的决定。

从采集到的数据和掌握的情况来看，怀化市金融信息披露有以下特点：

一是信息披露的渠道比较顺畅。金融机构，特别是银行类金融机构，通过其业务网站、营业大厅、网点窗口以及新闻媒体等平台，及时披露、更新相关金融业务信息，使金融消费者能够较为便利地获取金融信息。二是信息披露的范围较广。涵盖了金融产品、金融服务、业务流程、制度公开、责任部门和人员公开等方面。三是信息披露的透明度较高。如收费信息公示率、投诉电话公示率、工作制度公示率分别达到了99.8%、99.4%和99.5%，投诉流程公开率、责任部门和人员公开率也达到了95.1%、96.7%。

（二）交易公平

交易公平能保证金融消费者的权益不受人为的损害，既可以巩固金融机构原有的客户群，又可以凭其良好的口碑，发展众多新的客户，把业务做得更大更强。

怀化市辖内金融机构在执行公平交易方面，对消费者基本上做到了金融产品价格上的合理、质量上的保障和交易上的自愿，较之以前取得了一定程度的进步，但远远达不到金融消费者的期盼。在产品销售和信息保护上，存在金融机构限制金融消费者自主选择、捆绑销售、违规收费和不公平格式条款等现象，还存在违规采集信息和信息泄露行为，是金融消费者意见最大、投诉最多的业务板块。虽然这只是个别现象，但必须引起全辖金融机构和金融消保部门的高度重视，采取切实有效的措施加以解决。

（三）争端解决

及时有效地解决金融消费争端，化解金融机构与消费者的矛盾，既是对金融消费者权益的保护，也是对金融机构自身声誉和形象的维护。

1. 金融消费调解机制建立健全。怀化市金融消费权益保护协会设立金融消费权益保护中心，作为日常业务办理机构，并在下辖的人民银行县（市）支行设立了分中心，成为怀化市金融消费纠纷第三方解决机制主体。金融消保中心在市级各金融机构设立投诉站，并建立与保护中心的联络转办渠道。依托农村金融服务中心平台，在257个乡（镇）的农村金融服务中心配备兼职金融消费纠纷调解员，协调处理农村金融消费投诉和纠纷。在工作机制上，金融消费者权益保护中心建立了"四渠道两平台"。"四渠道"即：一是投诉专线受理渠道。根据全国统一安排，开通了"12363"金融消费权益保护投诉受理专线，由专人负责管理。二是网上投诉受理渠道。三是投诉站直接受理渠道。四是消费者协会传递渠道。"两平台"即金融消费维权沟通平台和金融消保工作微信群，提高了金融投诉处理的效率。

2. 金融消费投诉工作切实有效。至 2014 年末，在全市设置的 817 个投诉窗口中，共受理消费者投诉 675 笔，投诉办结率 100%，投诉时效和满意率达到 99.6%。其中怀化金融消费权益保护中心及分中心共受理投诉 94 笔，办结 94 笔；金融机构投诉站受理投诉 502 笔，办结 502 笔；怀化银监分局受理投诉 79 笔，办结 79 笔。2014 年，向金融机构诉求赔偿的人次共 9 人，获得赔偿的当事人次共 7 人，赔偿率达 77.8%。辖内没有发生重大群体性投诉事件，确保了金融稳定。

（四）机制保障

健全、完善的机制是金融消费权益保护工作赖以生存和发展的有力保障，怀化市金融机构在加强机制建设方面做了大量的工作，并取得了较好的成效。

1. 建立了金融消费权益保护组织机构框架。成立了社团组织的怀化市金融消费权益保护协会，共吸收 49 家金融机构作为理事单位。人民银行怀化市中支和各县（市）支行同步成立了金融消费权益保护工作领导小组，把金融消费权益保护工作纳入重要的议事日程。

2. 银监部门加强了金融消费权益保护的职能。怀化银监分局虽然没有设立专门的金融消费权益保护职能科室，但将金融消费权益保护的日常工作划归办公室负责，使此项工作有专人负责，落到了实处。

3. 金融机构设立了金融消费权益保护工作主管部门，配备了专职或兼职人员。辖内市县两级银行类金融机构目前确定专职、兼职负责金融消费权益保护工作的人员达共 26 人，5 家证券营业部和 22 家市级保险公司也都确定了金融消费权益保护工作联络人。

4. 整章建制，健全和完善了相关制度。人行怀化中心支行印发了《处置金融消费者群体性投诉事件应急预案》《金融消费权益保护工作评估办法》等文件；怀化市金融消费权益保护协会制定和完善了协会章程、投诉管理、操作流程、自律公约等一系列制度；各银行类金融机构也制定了金融消费权益保护方面的内控制度、工作报告制度、监督考评制度等相关制度共计 180 个，制度建设逐步得到健全和完善。

5. 丰富宣传方式，积极开展金融教育。2014 年，监管机构、行业协会和消费者协会等组织金融机构向社会公众宣传金融消费知识 22 次；金融机构组织向社会公众宣传金融知识和维权知识共 84 次；组织通过新闻媒体宣传报道金融消费权益知识或事件 21 次。如金融消费权益保护中心组织金融机构开展了 3·15 金融消费维权大型宣传活动，利用集中宣传、网点宣传、媒体宣传、短信宣传、电子屏宣传、新闻通气会等多种方式，向广大金融消费者宣传金融维权知识。全年共发放宣传资料 23 200 份，解答咨询 468 人次。将每年 9 月定为金融知识宣传月，在全市精心组织开展了金融知识进高校、进社区和进企业等一系列大型宣传活动。

（五）法制保障

法制保障是一种刚性强、力度大的外部保障，是对内部机制保障的有益补充。近年来，怀化市通过优化司法和监管环境，竭力为金融消费权益保护工作保驾护航，使辖内金消保工作迈入了健康、有序发展的轨道。

1. 司法环境日趋好转。随着对依法治国理念的推崇和实施，怀化市的司法环境进一步好转，各级法院更加重视金融维权工作，特别是麻阳等县（市）还专门成立了金融法庭，开通了金融消费诉讼的直达车。至 2014 年末，辖内设置的县（市、区）一级法院共 14 个，农村乡镇法庭 51 个，法庭覆盖率达到 21.7%。2014 年，全市法院受理自然人金融类纠纷案件共 18 件，胜诉 14 件，胜诉率达到 77.8%，有效地保护了金融消费者的合法权益。

2. 监管体系进一步健全。成立了怀化市银行业协会和金融消费权益保护协会，保持了与市银监局、市消费者协会、市工商局等监管单位的沟通联系，共同推进辖内金融消费权益保护工作。2014 年，全市各监管机构和行业组织出台的金融机构行为监管准则 20 个、金融消费者保护规则 25 个。2014 年，共对 144 个金融机构进行了业务现场检查，占全部 817 个营业网点数的 17.6%。对金融机构的违规行为责令其整改和给予相应的经济处罚，并对违规金融机构的领导进行约见谈话。如怀化中支支付结算科在对市内某金融机构开展的反洗钱现场检查中，发现、核实其未依法履行客户身份识别义务，给予了该金融机构 20 万元的罚款处理。

（六）普惠金融

近几年来，怀化市坚持"以人为本，惠及民生"的理念，推进金融产品和服务不断创新，改善农村金融服务环境，促进普惠金融发展。

至 2014 年末，全市每十万人共拥有银行网点 14.7 个、ATM17.6 台；农村 POS 机每个行政村 2.8 台；全市开立个人账户人均 4.1 个，基本上满足了企事业单位、工商个体户和社会民众的金融服务需求。全市 493 家小微企业在金融机构的贷款共 378 笔，覆盖率达 74.8%；全市 714 675 户农户，共款贷款 147 906 笔，覆盖率达 21%；有贷款余额的小微企业贷款户均 39.63 万元；全市有贷款余额农户 289 358 户，贷款余额 1 649 344 万元，户均贷款 5.7 万元；2014 年末，全市消费贷款余额 1 370 187 万元，人均余额 0.28 万元。

15.4 金融消费权益保护环境存在的问题及原因

（一）对金融消费权益保护工作认识不够

对于开展金融消费权益保护工作，个别人民银行基层行的员工认为是"触角伸得太长，多管闲事"，致使工作缺乏激情；金融机构未能充分认识到金融消费权益保护工作的重要性，在职能科室的设置、人员的配备、制度的建立等方面明显滞后于金融消费权益保护工作的实际需要。有的同志甚至认为人民银行主导的金融消费权益保护工作，是"胳膊肘往外拐"，有意找金融机构的麻烦，因此在工作中，带着一股抵触情绪，以至于主动作为少，消极应付多。

（二）金融消费权益保护工作开展不平衡

在实际工作中，由于对金融消费权益保护工作重视的程度不同，存在"冷""热"失衡现象：监管机构"热"，被监管单位"冷"；银行类金融机构"热"，证券、保险类金融机构"冷"；市级机构热，基层单位"冷"；主管科室"热"，其他科室"冷"。在金融消费权益保护工作的"气温"上，温差较大，致使工作开展不平衡，难以达到整体推动、快速发展的效果。

（三）金融消费者权益保护部门之间缺乏有效协调

目前，地市、州一级金融消费权益保护工作的监管机构主要是人民银行和银监部门。虽然彼此在职能上有所侧重，但在业务监管上又有很多交集。在开展日常的金融消费权益保护工作中，人行和银监部门基本上是各自为战，没有建立起切实有效的信息互通、资源共享、密切配合的工作协调机制，不能将各自的优势糅合在一起达到事半功倍的效果。

（四）金融机构侵害消费者权益的行为时有发生

在日常工作中，金融机构有时淡忘了客户的"上帝"身份，过于强调自身的利益，侵害了金融消费者知情权、公平交易权、财产权、选择权和其他权益。据怀化市金融消费权益保护中心 2014 年受理投诉情况来看，主要表现在：

1. 误导消费者，违规推销理财产品。金融机构对金融产品不进行充分的信息披露和风险提示，故意夸大收益，回避风险，甚至忽悠、欺骗客户，搞"偷梁换柱"，消费者投诉最多的就是"存款变保险"。如李女士在某银行办理定期存款时，业务员介绍有一款很好的新品种，利息高，随时可以支取，她没细看，就接过业务员给的一张单子签字，存了 3 万元，事后才知被骗买了保险。金融机构与金融消费者因"存款"变身"保险"引起的纠纷频发，究其原因，一是金融机构为了拓展中间业务，为多家保险公司代理保险。银行员工为了完成任务，拿到可观的奖励，让"副业"变成"主业"，极力向客户推销所谓的"存款新品种"，误导消费者购买。二是保险公司业务人员进驻银行营业大厅推销保险产品，衣着与银行工作人员相似，很容易使消费者将保险产品误做银行理财产品购买。

2. 设置障碍，违反公平交易。一是利用格式合同自行免责或加重金融消费者责任。二是强制增加一些不合理义务。有的金融机构在办理贷款业务中，搭配银行卡、规定结算支付方式、要求客户帮助完成揽储任务等。如某信用社规定单笔 10 万元以上的贷款都得办理贷款保险，增加了消费者的贷款成本。三是捆绑销售。金融机构在办理某些业务时，本可拆分的偏要捆绑在一起办理，不尊重客户的意愿。如姜先生在某县人保财险公司单独投保交强险遭拒绝，要求加一份商业险才给办理。四是剥夺消费者的选择权。如办卡不办存折，对此，老年客户颇感不便，意见很大；部分银行强制性采取 ATM 分流柜台业务措施，规定 1 万元以下的存款、2 万元以下的取款和 10 万元以下的卡卡转账必须到 ATM 办理；对贷款抵押物进行评估时，为消费者指定评估机构等。

3. 银行乱收费、暗中收费现象屡见不鲜。一些金融机构在办理开户、贷款、办卡、挂失、查询等业务过程中，存在直接或变向违规收费的行为。如谌先生在某县农村信用社打印 6 个月的工资折流水，被收费 10 元且无收据；又如，一些金融机构为消费者办理银行卡时，在不告知当事人的前提下，强制开通"短信通"等中间业务收费。

4. 拒绝提供某些金融服务，态度生硬。在日常工作中，一些金融机构营业网点的工作人员，对消费者临柜办理残币兑换、小面额纸币和硬币存款、打印业务流水等业务，因为嫌麻烦，拒绝办理。如杨先生到某银行存 150 元硬币，柜台工作人员拒收；李先生到某银行兑换 300 元残币，工作人员要其到人民银行办理，一推了之；刘小姐到某信用社办理网银业务，被工作人员以各种理由拒办，态度恶劣；黄先生到某信用社取现 4 万元，工作人员以取款金额大为由，拒绝取款。

5. 保险理赔难到位，存在"惜赔"现象。在人寿险和财产险理赔时，有些保险公司故意刁难客户，定损不足，理赔慢，服务态度差。如唐先生购买了家用小车商业险，因与别的车辆发生碰撞，导致保险杠撞开了一个长长的口子，近乎断裂，但投保的保险公司只答应修补做漆，不肯更换整体保险杠，后客户要打其总公司的投诉电话，定损员才做了更换整体保险杠的定损；蒲先生在人保财险公司某分公司购买了金锁组合家庭财产综合险，7 月份因暴雨造成山体滑坡，致使其房屋和家庭财产受损，报险后 4 个多月一直未能赔偿到位。

6. 个人信息被盗用，冒名贷款多。金融消费者的个人信息被他人盗取，用来办理银行卡和冒名贷款等金融业务，银行存在把关不严，甚至个别工作人员与不法分子串通一气，里应外合，共同作案，侵害消费者的权益。如杨小姐投诉某银行，她和两位同事的身份证被他人盗用冒名在这家银行分别办理了三笔各 70 000 元的贷款，现已逾期形成不良，上了黑名单，影响她和同事办理房贷、车贷等金融业务，给其生活带来了很大不便。（经查，这三笔贷款都是由该行信贷员刘某发放的再就业贷款，贷款实际使用人为余某。刘某已被银行除名，余某被公安机关立案侦查，已归案，杨小姐及同事杨某、单某的征信记录已被恢复正常）

15.5　加强金融消费权益保护工作的措施和建议

鉴于怀化市金融消费权益保护环境的现状及金融消费权益保护工作的长期性、艰巨性，亟待加强、完善和改进以下几方面工作。

（一）增强对金融消费权益保护工作的认识

开展金融消费权益保护工作是中国人民银行及其分支机构的一项重要职责，《中国人民银行金融消费权益保护工作管理办法》（银办发〔2013〕107号）已予明确规定。因此，央行员工特别是金融消费权益保护中心的工作人员，要充分认识到开展金融消费权益保护工作的重要意义，在思想上达成一致，消除不利于金消保工作的错误言论的影响，坚持正确的舆论导向，传递正能量，激发做好金融消费权益保护工作的热忱。

（二）完善机构设置和人员配备，确保金消保工作正常运转

随着金融消费权益保护工作全面、深入的开展，金消保工作涉及的范围愈来愈广，日常业务量迅速增加，现有的机构设置和人员配备已严重滞后于实际工作的需要。因此，金融机构要将金融消费权益保护工作从机构设置上的"挂靠"、"托管"上独立出来，工作人员从兼职转为专职，以便有更好的"名分"、更多的精力、更专业的知识，切实做好金融消费权益保护工作。要充实人民银行办公室和金融消费权益保护中心工作人员，打造一支复合型人才的金消保队伍，切实履行好对辖内金融机构金融消费权益保护工作的组织、推动、督促、检查和调解等职能。

（三）建立和健全金融消费权益保护工作沟通协调机制

1. 积极争取地方各级党委、政府的支持。做好金融消费权益保护工作，

不仅是消费者的"福音"、金融机构的"利好"，也是当地经济的"推力"。因此，人民银行要向当地党委、政府及时汇报金融消费权益保护工作，获得全方位的支持，将金消保工作融入到经济工作之中，充分发挥金融对经济发展的杠杆作用。

2. 加强与当地消费者协会的联系与沟通，分析研判消费者投诉形势和特点，借鉴其他行业协会的经验，提高金融消费权益保护工作水平。

3. 要加强监管资源的整合和共享。人行与银监部门要发挥各自的职能优势，改变各自为战的局面，在业务监管、受理投诉和金融宣传等方面建立信息共享机制，共同做好辖内金融消费权益保护工作。

4. 要加强与工商、法院、公安等部门的工作联系，建立起跨金融协作机制。与市公安局签署合作备忘，协同公安部门防范打击欺诈或者复制银行卡犯罪；与仲裁机构协商，建立金融消费纠纷仲裁工作小组，快速调解金融消费纠纷，降低金融消费维权成本；加强与法院合作，积极探索司法维权新途径，在市、县一级法院设立金融消费维权法庭，开辟金融维权绿色通道。

（四）加大金融知识宣传力度，普及金融法律常识

开展金融知识普及宣传教育活动，是提高消费者风险防范和维权意识的一条重要途径。因此，在金融知识的宣传上，要做到内容丰富，通俗易懂，有的放矢。既要普及金融基础知识，又要及时宣传金融新业态、新业务知识；在宣传的方式上，要走出传统的宣传模式，以新的理念、新的思维引导金融宣传，充分利用现代科技和媒体、网络平台，扩大宣传的广度与深度，增强宣传的效果。在宣传的对象上，以金融知识进校园、进企业、进社区和进村入户为重点，实现城乡全覆盖，扩大金融消费权益保护工作在社会公众中的影响力。

（五）制定《金融消费权益保护法》

《中国人民银行金融消费权益保护工作管理办法》自 2013 年 5 月 8 日实施以来，对人民银行开展金融消费权益保护工作起到了积极的指引、规范和推动作用。但在实际工作中，也存在一定的局限性。建议人大将《中国人民银行金融消费权益保护工作管理办法》升级为《金融消费权益保护法》，解决以下三个方面的问题：

1. 解决金融消费权益保护"多龙治水"。目前，我国金融业的"一行三会"都设立了金融消费权益保护工作机构，负责各自相关的金融消费权益保护工作。人民银行的金融消费权益保护工作，涵盖了银行、证券和保险在内的所有金融机构，与其他"三会"在工作对象和业务内容上交集。特别是人行与银监部门对银行类金融机构金融消费权益保护工作都有部署和具体要求，面

对两个"婆婆",金融机构有时会无所适从。因此,有必要尽快制定《金融消费权益保护法》,理顺金融消费权益保护与业务条线的分工、合作,以解决"多龙治水"的弊端。

2. 降低金融消费权益保护工作成本。对"一行三会"在金融消费权益保护工作指向的金融机构要有明晰的划分,以减少重复检查,降低监管成本,提高工作效率。

3. 增强金融消费权益保护工作的刚性。《中国人民银行金融消费权益保护工作管理办法》中对人民银行及各分支机构在开展金融消费权益保护工作时,只有现场检查、调查权,对查实的问题没有处罚权;对受理的投诉案件,只有分办、转办、督办和调解权,显得温柔有余,刚性不足。因此,要赋予央行对金融机构侵害金融消费权益的处罚权,以维护金融消费权益保护工作的严肃性,提高监管部门的威信。

附表:2015年怀化市金融消费权益保护环境评估指标

附表15-1　　　　　　　　**怀化市金融信息披露基本情况**

项目	内容	单位	2014年数据
信息公开	未告知产品的收益与风险次数	次	4
	未告知业务流程次数	次	2
	未告知售后服务次数	次	4
	收费信息公示率	%	815/817 = 99.8
	投诉电话公示率	%	812/817 = 99.4
制度公开	工作制度公开率	%	184/185 = 99.5
	投诉流程公开率	%	777/817 = 95.1
	责任部门和人员公开率	%	790/817 = 96.7

附表15-2　　　　　　　　**怀化市金融交易公平基本情况**

项目	内容	单位	2014年数据
产品销售	限制选择次数	次	3
	捆绑销售次数	次	5
	违规收费次数	次	3
	不公平格式条款个数	个	2
信息保护	违规采集信息次数	次	10
	未建立防范措施的个数	个	1
	信息泄露次数	次	21

附表 15 – 3　　　　　　　　　怀化市金融争端解决基本情况

项目	内容	单位	2014 年实际值
投诉处理	投诉窗口设置率	%	817/817 = 100
	金融机构投诉电话接通率	%	487/490 = 99.4
	投诉处理时效	%	672/675 = 99.6
	投诉办结率	%	675/675 = 100
	投诉处理满意率	%	652/675 = 96.6
调解机制	纠纷解决机制	个	5
	金融服务投诉率	个/每万人	1.3
	重大群体性投诉事件数	次	0
追索赔偿	赔付机制建立率	%	203/817 = 24.9
	客户索赔成功率	%	7/9 = 77.8

附表 15 – 4　　　　　　　　　怀化市金融机制保障基本情况

项目	内容	单位	2014 年实际值
组织机构	领导机构完备率	%	185/185 = 100
	办事机构完备率	%	185/185 = 100
	人员配备完备率	%	185/185 = 100
制度设立	制度制定数	个	180
	工作创新数	个	20
	未执行制度数	个	1
金融教育	监管机构宣传教育	次	22
	金融机构宣传教育	次	84
	媒体宣传教育	次	21

附表 15 – 5　　　　　　　　　怀化市金融消费法制保障基本情况

项目	内容	单位	2014 年实际值
司法环境	法庭覆盖率	%	14 + 5/13 + 28 = 21.7
	法院出台的规范性文件数	个	0
	纠纷案件胜诉率	%	14/18 = 77.8
监管环境	现场检查率	%	144/817 = 17.6
	沟通协调机制	个	0
	消费者保护规则	个	25
	金融机构行为监管准则	个	20

附表 15 – 6　　　　　　　　　**怀化市普惠金融基本情况**

项目	内容	单位	2014 年实际值
覆盖性	银行网点密度	个/十万人	718/48.7 = 14.7
	保险服务乡镇覆盖率	%	211/286 = 73.8
	ATM 密度	个/十万人	858/48.7 = 17.6
	农村 POS 机密度	个/十万人	2.8
便利性	个人账户开户率	%	4.1
	小微企业贷款覆盖率	%	74.8
	农户贷款覆盖率	%	21
	农业保险参保农户覆盖率	%	87
满意性	小微企业贷款户均余额	万元	216.9
	农户贷款户均余额	万元	5.7
消费基础	人均 GDP	万元	2.44
	城镇人均可支配收入	万元	1.92
	农村人均纯收入	万元	0.65
	人均个人消费贷款余额	万元	1 370 187/4 870 000 = 0.28

主执笔人：谢流胜　唐云良

第 16 章

2015 年郴州市金融消费权益保护
环境评估报告

16.1 郴州市经济金融基本情况

2014 年，郴州市按照"一化、两城、三创、四大"总体战略思路，积极应对经济下行压力增大等多重困难和挑战，着力稳增长、调结构、促改革、惠民生，经济社会总体呈现持续健康发展态势。2014 年，全年地区生产总值 1 863 亿元，同比增长 10.5%；规模工业增加值 1 083 亿元，增长 11.8%；固定资产投资 1 820 亿元，增长 23.5%；社会消费品零售总额 707 亿元，增长 12.9%；外贸进出口总额 42 亿美元、加工贸易额 32 亿美元，分别增长 10.5%、19.3%；公共财政收入 240.4 亿元、地方财政收入 171.7 亿元，分别增长 11.2%、17.2%；城镇和农村居民人均可支配收入分别为 20 175 元、9 873 元，分别增长 9%、11.6%。

2014 年，郴州市金融运行总体平稳。全市金融机构各项存款余额 1 680.37 亿元，同比增长 10.75%，各项存款余额位列全省第 6 位。全年新增存款 163.06 亿元，同比少增 39.87 亿元，减少 19.65%。全市金融机构各项贷款余额 780.36 亿元，增长 15.36%，各项贷款余额列全省第 7 位。全年新增贷款 114.18 亿元，新增贷款排名列全省第 8 位。

16.2 郴州市金融消费权益保护工作开展情况

郴州市于 2012 年 10 月 24 日成立郴州市金融消费权益保护工作领导小组，由分管金融的副市长任组长，下设市金融消费权益保护领导小组办公室，人民银行郴州市中支分管行领导彭晓明副行长兼任办公室主任。同时，人民银行郴州市中支成立了金融消费权益保护中心，并于11月1日全面启动金融消费者权益保护工作。2013年，辖内人民银行县支行相继成立了金融消费权益保护中心。金融消费权益保护工作开展以来，先后制定了《中国人民银行郴州市中心支行金融消费者权益保护办法（试行）》《中国人民银行郴州市中心支行金融消费权益投诉处理工作规程（试行）》《中国人民银行郴州市中心支行金融消费者权益保护办法》《郴州市县域金融消费权益保护示范县建设指导意见》等一系列有关金融消费权益保护的制度办法。

郴州市中支通过"政府主导＋央行推动＋部门协作＋金融联动"的组织管理模式、"保护中心＋投诉站＋投诉联络员"的客户投诉受理模式、"保护中心＋社会公众＋特约监督员"的维权监督模式和"县域示范县建设"推进金融消保工作模式，在郴州全市范围内稳步开展金融消费权益保护工作。2013年12月，辖内资兴市被长沙中心支行批准为湖南省首批10个开展金融消费权益保护工作试范县之一。

2015年5月以来，根据《中国人民银行长沙中心支行办公室关于开展2015年湖南区域金融消费权益保护环境评价工作的通知》（长银办〔2015〕103号）的要求，结合过去2年开展金融消费权益保护工作的经验和做法，郴州市中支组织全辖开展金融消费权益保护环境评估工作。

根据该通知要求，本评估报告从金融消费权益保护信息披露、交易公平、争端解决、机制保障、法制保障、普惠金融6个项目层、16个子项目层和55个原始指标方面对本市金融消费权益保护环境情况进行了评价分析，以实现通过环境评估，有效衡量郴州市金融消费权益保护总体状况，并查找分析原因，提升金融消费权益保护的能力水平，促进郴州市金融消费者权益得到更有效的保护。

16.3 区域金融消费权益保护评估概述

本报告评估对象所指的金融消费权益保护环境是指能为金融消费者权益提供有效保护，确保消费者行使其权利，履行其法定义务的所有内外要素及其相互作用的总和，反映整个郴州市的金融消费权益保护的总体状况和整体水平。

本报告评估范围是指2014年度郴州市的金融消费权益保护环境。所涉及的金融主体，既包括金融产品和金融服务的提供者，也包括以制定政策、确定规范、实施管理和调控以影响金融消费权益保护的金融管理机构、行业组织等。具体来说，包括金融管理机构、自律组织、银行、证券、保险、支付机构、征信机构、互联网金融等。所涉及的金融消费者，既包括自然人，也包括小微企业。

本报告评估得分采用简单平均归一化方法和层次分析法确定金融消费权益保护信息披露、交易公平、争端解决、机制保障、法制保障、普惠金融六大指标，经数据标准化处理后各项指标评估得分分别为 100 分、86.67 分、100 分、68.97 分、76.88 分、52.9 分，郴州市金融消费权益保护区域环境评估综合得分为 86.99 分。由评分得出，郴州地区各金融消费权益保护指标不平衡，信息披露和争端解决为 100 分，而机制保障、法制保障和普惠金融分数较低，主要原因是因金融法规中合规经营条款涉及了大量的信息披露、交易公平等内容，因此当地人民银行和监督管理部门在日常工作中进行了较好的监督管理。而其他几项因涉及多部门协调、法治大环境建设、长期存在的二元经济现状等因素导致分数较低。

16.4　评估基本情况分析

（一）金融消费权益保护信息披露较充分，投诉热点问题依旧

1. 业务信息公开情况较好。

表 16-1　　　　　　　　金融消费者权益信息公开情况表

项目	内容	单位	2014 年数值
信息公开	未告知产品的收益与风险次数	次	2
	未告知业务流程次数	次	2
	未告知售后服务次数	次	0
	收费信息公示率	%	100
	投诉电话公示率	%	100

（1）夸大金融产品收益、隐瞒风险、误导消费者，问题主要以"存单变保单"形式存在。2014 年，郴州市中支共受理夸大金融产品收益投诉案例 2 起，涉及金额 10.8 万元，分别为 2009 年、2010 年办理的业务。通过调查留存资料，发现业务办理程序完整，无明显违规行为，但当事人明确表示当时银行工作人员推销产品时同当期 5 年定期利息进行过比较，而且还可以分红，但事实是 5 年下来，没分红，到期产品收益与当时告知收益相差甚远。因相关法律法规欠缺或合同签订在相关监管法规前，保护中心工作人员只能召集银行、保

险、投诉人协调。此类问题能否有效解决主要与涉及金额大小有关，保护中心受理的两个投诉中，涉及金额0.8万元的，仅需要向投诉人赔偿0.1万元，因此问题很快得到解决。而涉及金额10万元的，则需要向投诉人赔偿2万余元，银行和保险公司均表示一切均按程序办理，过程并没有违法违规行为。最终协商结果是银行和保险公司承担30%，投诉人承担70%。

（2）未向金融消费者明确介绍金融产品或服务业务流程引发的问题。主要是因广告需要或业务复杂，工作人员通过向消费者告知简易化流程后出现的投诉。郴州市中支2014年受理两起投诉，均为此原因，其中一起为投诉人反映办理的信用卡，因工作人员未告知外币消费需要购买外汇还款，消费者简单以为同人民币消费还款一样，最终导致产生不良记录。另一起投诉为某银行电话营销人员将投诉人的普通卡升级为白金卡，年费也从100元变为1 000元，未强调年费不能全部减免等与普通卡收费规则不一致的地方。

（3）收费信息公示情况较好，收费标准有待更新。郴州市金融机构网点均在醒目位置公示了收费目录，但部分机构收费目录没有及时更新，没有公示2014年8月1日起实施的《关于印发商业银行服务政府指导价政府定价目录的通知》的最新目录。

（4）投诉电话公示情况较好。人民银行12363咨询投诉电话开通后，在电话公示方面规定了统一的公示牌，郴州市中支加大检查力度，截至2014年底，辖内金融机构均公示了投诉咨询电话。

2. 法律、法规公示较全面，涉及金融消费者权益操作细则公示有待全面。

表16－2　　　　　　　　**金融消费者权益制度公开情况表**

项目	内容	单位	2014年数值
制度公开	工作制度公开率	%	100
	投诉流程公开率	%	100
	责任部门和人员公开率	%	100

郴州市金融机构均按要求在营业网点公示了法律法规、工作制度、投诉流程以及责任部门和人员。但涉及金融消费者权益相关操作细则公示较少，因而往往因为操作细则公示不足引起纠纷。郴州市中支受理了一起因无法通过身份证识别客户，不予开户的投诉。某客户投诉建行某网点，投诉人反映，网点工作人员不给自己开户，具体原因是因为工作人员认为投诉人身份证头像与本人不相符，建议到公安局开证明或重新办理身份证，投诉人认为这是故意刁难，因此分别到市长热线和保护中心进行了投诉，保护中心就反洗钱对客户身份识别的相关要求和操作细则对投诉人讲解后，投诉人表示理

解，撤销投诉。

（二）金融消费权益保护工作交易公平明显，信息保护有待加强。

1. 产品销售方面近况较好，投诉多为业务推广期遗留问题。

表 16 - 3　　　　　　　金融消费者权益产品销售投诉情况表

项目	内容	单位	2014 年数值
产品销售	限制客户选择次数	次	0
	捆绑销售次数	次	1
	违规收费次数	次	1
	不公平格式条款个数	个	0

2014 年郴州市中支受理 2 起 捆绑销售和违规收费，此类投诉具有高度相关性，一般先有捆绑销售，后有违规收费。据保护中心了解，新的金融业务在推广时，一般都是免费使用，金融消费者在办理业务时，工作人员都会以"前期免费"或"免费"为由，捆绑销售一些例如短信提醒、网上银行、手机银行等业务，第一年或一段时间内免费使用，但免费时间一过，均开始收取费用，从而导致客户投诉。网上银行、手机银行业务，多数银行采取身份证或手机登录使用，很多客户在不知情的情况下开通了此业务，而当客户需要开通网上银行、手机银行业务时，又被告知此类业务识别具有唯一性，不能再次开通，而客户根本不知道什么时候开通的，从而导致投诉。

2. 信息保护方面有待加强。

表 16 - 4　　　　　　　金融消费者权益信息保护投诉情况表

项目	内容	单位	2014 年数值
信息保护	违规采集信息次数	次	5
	未建立防范措施的个数	个	0
	信息泄露次数	次	5

郴州市中支共受理投诉 5 起，为金融机构工作人员泄露客户征信信息和基层信用社出现的"冒名贷款"导致不良征信信息的投诉，主要表现为征信信息录入错误、更新不及时或冒名贷款损害消费者信用。例如郴州市中支受理的"冒名贷款"投诉，投诉人因近期买房查看信用报告，发现自己在 1996 年 4 月 6 日在某信用社办理一笔 4 000 元的贷款，不良信用记录直接导致无法办理贷款，但当时自己才 13 岁多，不可能办理贷款。最终郴州市中支将投诉转办给信用社，调查了解确实为同村同名同姓的人办理的贷款。

（三）金融消费权益保护争端解决途径畅通，第三方解决机制有待建立

1. 投诉渠道和办理效果较好，县域金融机构网点投诉窗口功能有待完善。

表16-5 　　　　　　　金融消费者权益投诉处理情况表

项目	内容	单位	2014年数值
投诉处理	投诉窗口设置率	%	100
	金融机构投诉电话接通率	%	100
	投诉处理时效	%	100
	投诉办结率	%	100

全市金融机构营业网点均设置了各种类型投诉窗口，明确了投诉受理接待部门和人员，同时公布了统一的投诉咨询电话，投诉相对方便。全市各金融机构2014年共受理52件有效投诉，其中52件得到及时处理，处理时效为100%。所有有效投诉均得到有效办理，案件办结率为100%。投诉处理效果较好，52件投诉的投诉人表示满意，满意率为100%。郴州市中支调查了解发现，县域部分金融机构设置了投诉窗口，但因工作人员不足，一般由当班柜台人员兼职，使得投诉窗口不能及时公正处理现场发生金融消费投诉。金融机构即当裁判又当运动员式的金融纠纷处理方式，其公正性也受到金融消费者质疑。

2. 现有投诉处理机构满足当下投诉处理，第三方解决机制有待建立。

表16-6 　　　　　　金融消费者权益调解机制、追索赔偿情况表

项目	内容	单位	2014年数值
调解机制	纠纷解决机制	个	0
	金融服务投诉率	个/万人	0.1
	重大群体性投诉事件数	次	0
追索赔付	赔付机制建立率	%	100
	客户索赔成功率	%	100

因人民银行、金融监管部门和金融机构金融消费权益保护工作从2011年起先后启动，现阶段投诉情况较少，现有组织机构能满足当下需求，而且保护中心本身带有"第三方"性质，以致辖内暂时还没建立第三方解决机制。现阶段人民银行郴州市中心支行与市银监部门协同保护金融消费者权益力度不够，协调机制还不健全，银监部门收到投诉甚至直接回复消费者向人民银行投诉，总体上尚未形成合力。

（四）金融消费权益保护机制保障较好

1. 组织机构基本建立，人员配备有待加强。

表 16 - 7　　　　　　金融消费权益组织机构建设情况表

项目	内容	单位	2014 年数值
组织机构	领导机构完备率	%	100
	办事机构完备率	%	100
	人员配备率	%	100

　　全市金融机构均按要求成立了金融消费权益保护工作领导小组或相应的领导机构，成立文件一般均明确了办事部门和人员。但由于部分金融机构人员本身较少，除四大商业银行和邮储银行，其他金融机构均未配置专职人员负责投诉处理工作，而且由于金融机构上级行内设机构变动，各金融机构重视程度不完全一样，尤其是县级金融机构人员少，工作任务重，主要精力放在业务上。金融消费权益保护部门和人员相对不稳定，从而导致相关工作人员处理投诉能力与当前金融消费权益保护工作要求有一定差距。

　　2. 市级金融机构机制建设逐渐完善，县级金融机构有待进一步加强。

表 16 - 8　　　　　　金融消费者权益制度设立情况表

项目	内容	单位	2014 年数值
制度设立	制度制定数	个	84
	工作创新数	个	0
	未执行制度次数	个	0

　　辖内市级金融机构基本上建立消费者权益保护工作内部控制体系、消费者投诉受理流程及处理程序，并具有一定的可操作性。普遍没有建立专门的产品和服务的信息披露规定、消费者金融知识宣传教育规划、消费者权益保护工作报告体系和监督考评等工作制度。制度公开方面主要是公开收费制度、消费者投诉受理流程及处理程序以及人民银行反假币、反洗钱、征信管理方面的制度和知识。金融机构工作创新主要是银行业金融机构开通微信银行、社区银行、老年人窗口、残疾人无障碍通道。

　　3. 金融消费者教育宣传卓有成效，金融行业金融消保培训工作有待提高。

表 16 - 9　　　　　　金融消费者权益制度设立情况表

项目	内容	单位	2014 年数值
金融教育	监管机构宣传教育	次	21
	金融机构宣传教育	次	64
	媒体宣传教育	次	3

金融机构积极配合开展金融消费者教育宣传。2014年全市金融机构配合人民银行、银监局、消费协会等监督管理部门开展了3·15消费者权益保护、9月金融知识普及月、"金融知识进万家"、反假人民币、反洗钱、征信知识、支付结算知识、国债业务、跨境人民币结算、证券、保险等专题宣传累计21次，辖内各营业网点均充分利用LED显示屏、金融宣传栏等开展了金融消费者教育日常宣传，提供业务咨询并发放了金融知识宣传资料，金融专题宣传和日常宣传相结合整体上比较到位。

金融机构员工培训主要是业务操作和销售培训，对员工消费者权益保护工作知识培训比较少。金融消费者权益受到侵害，直接影响金融行业经办人员，但金融行业员工往往无法意识到此问题。郴州市中支受理了一起此类投诉，投诉人接到冒充的客服热线电话，告知投诉人账户因洗钱即将被冻结，但可以在冻结前将钱转移到指定账户。投诉人因在网点向犯罪分子汇款时紧张，多次输错密码导致账户锁住。网点工作人员没有引起足够的警觉，而是当即解锁账户，钱最终被骗。投诉人以此为由多次向市长热线、金融证券办、人民银行和银监局进行投诉。银行为减少不必要的麻烦，多次找当事人协商，未果，最终银行将该工作人员调离网点，并赔付了部分损失资金。

（五）金融消费权益保护工作法制环境健全，协调监管机制有待建立

1. 法庭设置基本能满足金融消费者的诉讼需要。

表16-10 金融消费者权益区域司法环境情况表

项目	内容	单位	2014年数值
司法环境	法庭覆盖率	%	24.2
	法院出台的规范性文件数	个	0
	纠纷案件胜诉率	%	100

郴州市全市两区9县，203个乡镇，共有11个县级法院和41个乡镇法庭，法庭覆盖率为24.18%。基层法院的名义受理、审理、裁决一些简单的民事案件，基本上法庭设置已经能够满足金融消费者的诉讼要求。市县两级人大、法院没有出台专门的保护金融消费者合法权益的审判指导性、规范性文件。据调查，2014年全市仅1起金融消费者对金融机构向法庭提起维权诉讼案例。市县人大、法院相对来说级别较低，基本上没有对审判工作出台指导性、规范性文件，实际审判工作中都是以省级以上法院出台的指导性、规范性文件为准。

2. 监管环境总体向好，监管部门合力有待加强。

表 16 – 11　　　　　　　金融消费者权益区域监督环境情况表

项目	内容	单位	2014 年数值
监管环境	现场检查率	%	46.5
	沟通协调机制	个	0
	消费者保护规则	个	18
	金融机构行为监管准则	个	8

2014 年全年监管部门对市、县两级金融机构现场检查 33 次，对市、县两级金融机构现场检查覆盖率为 46.5%。通过执法检查，规范金融机构依法合规经营，保护消费者权益。

（六）金融消费权益保护普惠金融逐步完善，消费便利度增强

郴州辖内机构网点密度为 12.51 个/十万人、保险服务乡镇 120 个，覆盖率 59%。ATM 密度 17.13 个/十万人，个人账户开户率 4.2 个/人，小微企业贷款户均余额 27.6 万元、农户贷款户均余额 5.73 万元，人均个人消费贷款余额 0.27 万元，机构网点设置初步满足消费需要，小微企业贷款余额较高，农业贷款余额相对提高，涉农普惠金融逐步得到落实。但农村金融服务体系单一，虽农合金融机构、农业银行及邮储银行的网点已经遍布农村，但其他股份制商业银行受扁平化管理要求，很少有将网点及业务下沉到农村，证券、保险等金融机构基本上未在农村地区设立机构。农村金融机构缺乏基本的竞争环境，部分金融机构优质服务功能尚未延伸到农村地区，导致服务品种单一、服务效率不理想、金融服务创新滞后，服务类投诉、"存单变保单"投诉、"节点"不取款投诉等高于平均水平。

16.5　区域金融消费权益保护工作存在的问题

（一）金融消费者权益保护法律法规不健全，缺乏顶层法律保障

当前我国没有明确的金融消费权益保护法律，相关法律依据分散在《中国人民银行法》《商业银行法》等法律中，并属于附属条款，没有明确的管理、处理或处罚等条例。而如今国家立法部门立法重点依旧为建立健全金融市场和监管管理等方面。金融消费权益保护工作还处在起步阶段，无论是理论层面上还是实际操作中，都还存在相当大的法律障碍，没有顶层的法律保障。

（二）区域金融消费权益保护工作协调合力欠缺，各部门各自为战

顶层设计没有明确的牵头部门，与之相关的部门均可在职权范围内进行监管，金融业务一般会涉及多部门职权范围，受理的投诉需要多部门协调配合。但在地市以下区域，鲜有协调机制，基本上各部门各自为战，不能形成合力，不能完全保护金融消费者的正当权益。而且县域只有人民银行派出机构，很多投诉处理均需要其他监管机构协助，从而导致"三会"监管职责范围内的金融消费投诉成为金融消费权益保护工作的空白区域。

（三）金融机构能动性有待提高，行业员工金融保护意识还需加强。

金融机构均被动开展金融消费权益保护工作，对媒体多次曝光或金融监管部门风险提示的问题才会主动改进或开展此类宣传教育活动。以前经常曝光的"存单变保单""捆绑销售其他业务""违规收费""个人金融信息泄露"等问题普遍减少，但更隐蔽的问题随之产生，例如"存款利率上浮"条件、"免收费"项目等。

金融机构员工培训主要是业务操作和产品销售培训，对员工消费者权益保护工作知识培训比较少，金融机构培训重营销技巧和客户关系维护、轻法律法规教育，有时把宣传培训作为金融产品推广的平台，偏离了保护金融消费者权益的初衷，从而导致金融行业员工金融消费权益保护意识淡薄。

（四）金融消费者金融素养有待提高，维权意识不强

郴州市地区金融消费者素质整体不高，金融知识欠缺，不会主动了解相关金融法律法规，面对专业金融机构，在办理金融业务、购买理财产品或享受国家给予的金融优惠政策时，时常被误导，导致风险收益不匹配或无法享受优惠，又因金融知识欠缺，不知如何维护自身合法权益。

（五）金融宣传缺乏长效机制，广度深度有待提高

金融宣传工作主要由金融监管部门或行业协会主导，金融机构被动开展。近年来，郴州市中支虽然采取了一些措施，但金融知识的普及仍然无广度和深度，尤其是广大农村地区的金融知识的宣传仍处于较低状态。现行金融知识宣传教育缺乏长远规划和系统性，主要依托宣传日、宣传月、发放宣传单等形式开展金融宣传，效果不明显。金融宣传活动大多集中于城镇地区，开展临时性宣传和发放宣传资料的较多，但真正进村入户开展经常性、面对面的宣传较少。宣传的方式主要是靠印发宣传资料及现场解说，导致宣传内容及手段缺乏吸引力，宣传效果不太理想。同时，目前进行金融知识宣传的人员主要是青年志愿者，青年志愿者又普遍存在工作时间短，业务知识及宣传技巧掌握不全面的问题。

16.6   进一步做好区域金融消费权益保护工作的建议和措施

（一）完善顶层设计，明确保护职责

一是建议制定金融消费者权益保护专业法律法规或在金融法律法规中明确金融消费权益保护职责，增加金融消费者保护的相关内容。二是建立联席会议制度，明确"一行三会"和其他部门的金融消费权益职责，并委托未设"三会"地区的人民银行代为履行金融消费权益保护部分职责，以弥补"三会"保护工作的空白区域，强化对县域金融消费者权益的保护。

（二）加大"引金入农"力度，构建农村地区多层次普惠金融服务体系

引导商业银行转变经营理念，挖掘农村金融市场，下沉金融服务资源，完善城乡网点布局，进一步加强金融机构服务农村力度，培育良好的金融生态环境，进而促进业务发展并降低区域经营风险，提高金融服务质量。在此基础上，建立整合小额取现、余额查询、转账、缴费、宣传、信贷、兑换零钞、受理金融投诉等功能于一体的惠农金融服务站，推动农村金融服务一条龙服务，通过建立不同层次、不同形式的农村金融服务团队，形成稳定的金融惠农组织，为农村地区金融持续发展奠定基础。

（三）规范金融业务，强化投诉处理

一是金融监管部门、地方政府有关职能部门要加强对金融机构业务合规经营的检查，督促金融机构依法合规经营，保护金融消费者的合法权益。银行、证券、保险协会等行业协会要加强行业自律，对违规侵害消费者权益的金融机构要在行业内予以通报批评。金融机构各项收费要公开透明，依法有据，合情合理。二是金融消费权益保护中心要进一步完善投诉处理机制，畅通金融消费者投诉渠道，确保人民银行 12363 投诉咨询电话投诉畅通，保护金融消费者合法权益。各金融机构要高度重视金融消费者投诉处理机制的建设，明确部门和人员，对保护中心转办的投诉要确保投诉得到依法合规、及时有效的处理。

（四）丰富投诉处理渠道，建立完善特色多元化投诉处理机制

根据区域特点，建立符合地区特点的多元化投诉处理机制，建立金融机构自主、监管机构介入、消费者投诉区域优势渠道合作的多层次的金融消费者投诉处理解决机制，采取非诉讼解决机制为主、诉讼（仲裁）解决为辅的方式。纠纷处理以在现场解决、金融机构内部先处理为原则，加快完善金融机构在投诉受理、纠纷处理、内部整改和责任追究等方面的规范，充分发挥监管部门或行业协会在消费者保护履职方面的监督、评价和引导作用。加强与区域消费投

诉优势渠道的合作，整合投诉渠道资源，互补专业性不足，加速金融消费权益保护工作进度。尤其对县域特别是发生在保险、证券等领域的金融消费纠纷，通过消费权益优势渠道来解决争议。

（五）统筹金融宣传教育，提高消费者金融素养

金融消费权益保护管理机构要加强金融消费宣传的组织协调，避免"运动式"宣传，建立健全金融知识专题宣传、日常宣传长效机制，根据宣传内容的不同，开展特色的、有针对性的宣传教育方式，发挥城乡金融机构点多面广的优势，做好金融知识宣传工作，定期组织人员深入农村，向城乡居民讲解金融知识，传授金融工具使用方法，回答金融问题。借助政府门户网站、传统媒体、金融机构自媒体等宣传金融业务的有关常识、金融消费者享有的权利、金融消费权益保护制度、投诉举报途径等，提高金融消费者风险意识和自我保护能力。

（六）加强教育培训，增强员工保护意识

金融机构员工是保护消费者权益的直接执行者和实施者，各金融机构要进一步加强员工消费者权益保护工作教育，建立健全员工消费者权益保护教育机制、奖惩机制。提高员工保护消费者权益的意识和能力，强化员工保护消费者权益的主动性、责任性，有奖有罚。

（七）打好提前量，应对未来可能出现的金融消费维权工作高峰期

随着金融消费权益保护工作深入推进，金融消费者维权意识进一步提高，现有的投诉处理能力将无法满足未来投诉需要，因此郴州市中支将扩充保护中心办公室工作人员数量，并根据区域特点和近几年的经验，修订保护工作程序、优化投诉处理流程、建立投诉回访机制、透明公正评估金融机构、保障"12363"咨询投诉电话畅通率，充分利用保护中心位于基层、前线的位置，调研反馈金融消费权益保护工作出现的热点、难点问题。

主执笔人：李红刚 郭扬理

第 17 章

2015 年永州市金融消费权益保护环境评估报告

17.1 导语

消费作为推动经济增长的"三驾马车"之一，是拉动经济增长的最终动力。随着经济的发展，人们的消费结构也随之升级，除了传统的生存型消费、商品消费外，还有发展型的消费，其中典型的、最主要的发展型消费就是日益增加的金融消费。金融业是整个国民经济的大动脉，也是一个从事经营并提供服务的特殊行业。维护金融消费者合法权益是维护金融市场稳定，推动金融市场可持续发展的关键。

永州市地处湘西南，由于地理位置和历史原因仍处于经济欠发达地区，经济发展水平在湖南省处于中下游位置。2014 年全市实现地区生产总值 1 299.93 亿元，排全省第 9 位。其中，第一产业增加值 284.71 亿元、第二产业增加值 491.54 亿元、第三产业增加值 523.68 亿元。2014 年，全市完成财政总收入 113.39 亿元，完成社会消费品零售总额 423.27 亿元，全市城乡居民可支配收入分别达到 20 175 元、9 873 元。

永州市共有县区两级银行、证券（期货）、保险机构 147 家，其中市级银行包括农业发展银行、工商银行、农业银行、中国银行、建设银行、交通银行、邮储银行、华融湘江银行 8 家机构。2014 年末，全市金融机构本外币存款余额 1 338.19 亿元，新增存款 165.63 亿元。从全省排名看，各项存款余额在全省排名第 9 位。2014 年末，全市金融机构本外币贷款余额 641.37 亿元，2014 年全市新增贷款 86.96 亿元。2014 年永州市有证券营业部 8 家，其中：方正证券 4 家、万联 3 家、财富证券 1 家；市区营业部 5 家，县级营业部 3 家。全市证券业实现成交量 552.86 亿元，营业收入 6 988.73 万元，实现利润 3 424.87 万元，新增客户数共计 6 234 户，期末托管资产 64 亿元。2014 年永州市保险业总体保持持续较快发展，完成保费收入 32.19 亿元，同比增长 8.42%。从事财产险的公司 12 家，人寿险公司 12 家。12 家产险业务公司完成保费收入 10.48 亿元，赔款支出 5.02 亿元，赔付率为 47.91%。12 家寿险业务公司完成保费收入 21.71 亿元，赔款支出 0.26 亿元，赔付率 21%。

2015 年初以来，根据长沙中支构建科学的金融消费者环境保护评估体系，永州市中支认真采集辖内金融、法律及其他相关数据信息，对 2014 年度永州市金融消费权益保护环境开展评估工作，分析现状和存在的问题，探讨优化途径与方法，提出改善对策和措施。

17.2 环境评估工作开展情况

17.2.1 评估体系的构建

根据指标体系构建的原则，我们将金融消费权益保护环境分解为信息披露、交易公平、争端解决、机制保障、法制保障和普惠金融六个方面。

1. 信息披露。有效的信息披露是保障金融消费权益的基础，信息一旦不对称，市场交易肯定会发生偏差。因此知悉权（金融消费者享有知悉其购买的金融产品或者接受的金融服务真实情况的权利）作为金融消费者的六项基本权益之一，作为我们评估区域金融消费权益保护环境的首要指标。

2. 交易公平。公平的交易是金融消费权益保障的有效手段，它包括了产品销售和信息保护两个方面，是安全权、选择权、公平交易权的集中体现。我们从金融机构分支机构和网点，收集人民银行处理的金融消费者咨询投诉、金融机构报送投诉报表、金融机构客户咨询投诉管理系统处理的咨询投诉，真实反映辖内交易公平的情况。

3. 争端解决。及时有效的争端解决是金融消费者索赔权（金融消费者因使用金融机构产品或者接受金融服务受到人身、财产损害的，享有依法获得赔偿的权利）的主要表现，包括投诉处理、调解机制和追索赔付三个方面，从投诉处理的整个流程考量，准确反映了争端解决的情况。

4. 机制保障。从受教育权利的角度出发，设置了机制保障这层指标体系。因为金融消费者享有获得有关金融消费和金融消费权益保护方面知识的权利。

所以我们从组织机构、制度设立和金融教育三个方面来评估辖内各金融机构的金融消费权益保护的机制建设。

5. 法制保障。良好的法治环境能确保金融消费权益得到维护，有效遏制恶意信用欺诈和逃废金融债务等不良行为的发生。因此，法治环境是构成金融消费权益保护环境的重要内容之一。考虑到资料的可获得性和指标的可量化要求，我们从司法环境与监管环境两个方面对区域法治环境作出评估，以此衡量地区司法机构处理金融案件的审判效率以及执行力度。

6. 普惠金融。普惠金融反映了金融体系在运营过程中金融消费者实际利益的各相关指标的情况，包括覆盖性、便利性、满意性、消费基础四个子项目。与上述五个方面不同的是，金融运行属于金融体系的内在部分，直接与金融机构挂钩，通过金融主体质量来体现。考虑到金融体系与金融消费高度相关性，我们有理由将普惠金融运行作为评估金融消费权益的标准之一。

17.2.2　评估方法和过程

（一）开展现场评估

现场工作是评估工作最重要的环节。我们抽调了科室熟悉被评估单位业务、具有一定检查经验的工作人员和县支行的业务骨干，除了在现场组织召开被评估单位高级管理人员座谈会以外，我们把重点放在日常工作资料查找和整理，做到评价客观、真实，并有数据或实例支持。另外我们还结合"3·15"金融消费权益保护宣传工作进行相应的抽查工作综合评价。

（二）拓展评估指标的来源渠道

本次评估数据由中国人民银行永州市中心支行及永州辖内银行业金融机构提供。其中信息披露、机制保障方面的数据主要来自辖内银行业金融机构；交易公平、争端解决方面的数据主要来自各银行业金融机构及金融机构监管机构以及查阅各银行业金融机构资料与抽调金融消费者；法制环境方面的数据主要通过走访司法部门了解目前辖内金融消费权益保护的法制建设情况；普惠金融方面的数据主要来自永州统计年鉴以及人民银行调查统计科的相关数据报表。最后我们还结合媒体报道和社会舆论影响以及依据金融机构经营情况、投（申）诉人、社会公众、工商部门、消费者协会等反馈的有关情况进行评价。

17.3 金融消费权益保护环境评估结果及分析

17.3.1 总体评估

根据金融消费权益保护环境评估指标体系，依据层次分析法确定的指标权重，由上而下逐层进行计算和汇总，综合评估得出金融消费权益保护环境评估分值，具体得分情况见表 17 - 1。永州市金融消费权益保护环境主要是由信息披露、交易公平、争端解决、机制保障、法制保障和普惠金融 6 个要素组成。其中永州的机制保障建设较为完善，得到 88.43 分；信息披露、交易公平和争端解决目前开展得较好，但仍有进步的空间，分别得分 73.04 分、75.21 分、71.26 分；永州现属经济欠发达地区，在普惠金融方面总量较为落后，仅得分54.42 分；在法制保障上，永州存在较多"空白区"，因此得分只有 41.97 分。

表 17 - 1 永州市 2014 年度金融消费权益保护环境评估得分表

综合得分	信息披露	交易公平	争端解决	机制保障	法制保障	普惠金融
69.92	73.04	75.21	71.26	88.43	41.97	54.42

17.3.2 具体分析

（一）信息披露

对于信息披露，我们主要是通过对县区 147 家银证保金融机构和 689 家经营网点的抽查和走访，以及对受理金融消费者投诉的情况进行综合评估。在此过程中发现各金融机构均张贴投诉电话、产品告知、相关负责人等告示，在信息公开和制度公开方面达到了 100%。但结合我们受理投诉情况，在告知产品的收益与风险上仍存在 8 起案例，主要表现为"存款变保险"。辖内各金融机构中有 2 起未向金融消费者提供金融产品或服务的售后服务的投诉诉，主要是信用卡还款未提醒。

【案例 17 - 1】

罗先生投诉邮政储蓄银行"存款变保险"案

案例简介

2015 年 3 月，罗先生通过 12363 向永州市金融消费权益保护中心投诉称，2014 年 1 月 22 日，其在邮储银行蓝山县楠市支行办理 3 万元的存款业务时，被网点柜台人员介绍了人寿保险公司一款收益率更高的保险产品（鑫利 B 款），期限 2 年，到期后可获得 2 465.52 元利息。2015 年 3 月 16 日，因建房需要这笔钱，到该网点支取时，被告知保险理财产品未到期，属于提前兑付，只能根据保险合同中关于提前兑付的条款予以兑付，并需要向保险公司申请，3—5 日方可到支取，且利息只有 300 元左右（满 1 年利息为 273.06 元，目前已超过 2 个月），罗先生认为邮政银行柜台人员存在明显的销售欺骗行为。

罗先生要求：一是立即支取本金；二是金融机构应按照新产品到期后利息的 50% 支付其利息；三是要求人民银行对"存款变保险"的恶意欺诈行为进行查处。

处理过程

永州市金融消费权益保护中心及时按规定将投诉转交邮政储蓄银行蓝山县支行办理。该行工作人员高度重视，及时与当事人取得联系，认真落实了相关情况。经核实，罗先生确在邮政储蓄银行购买了保险产品。但网点柜台人员已详细介绍了保险产品的情况，保险公司在 10 日内对罗先生进行了回访确定合同是否生效。邮政储蓄银行认为，罗先生非常年轻（80 年代人），能够识字，销售合同经其本人签字认可，银行无欺诈行为。

永州市金融消费权益保护中心委托中国人民银行蓝山支行组织对罗先生、邮政储蓄银行蓝山支行和保险公司的调解工作。最后经协商，邮政储蓄银行和保险公司同意 3 日内支付罗先生本金 30 000 元，利息 300 元左右（到期日计算为准）。

金融机构改进和完善的措施

针对近期发生的"存款变保险"案件，永州市金融消费权益保护中心下发通知，要求各金融机构以"3·15 金融消费权益保护日"活动为契机改进和完善内控制度建设。邮政储蓄银行永州分行采取了以下改进和完善措施：一是组织业务人员认真学习新消保法等法律法规，强化金融机构权利义务教育；二是进一步畅通客户投诉渠道，要求全市各网点必须统一悬挂本行和人民银行投诉电话公示牌，建立了严格的投诉处理考核制度，严禁基层网点无故拖延、瞒报客户投诉，将办理客户投诉的时效性、满意度等相关指标纳入绩效考核；三是进一步完善金融消费权益保护应急预案的建设，对可能由"存款变保险"引发的群体事件做好应对预案。

对金融消费权益保护工作的启示

金融消费者与金融机构在权利义务上具有明显的对抗和对等性，在现实实践中，金融消费者往往认为金融机构作为"强势主体"，应对其购买的金融服务和金融产品的承担全部责任。人民银行在保护金融消费者权益的同时，应建立金融消费者"自享收益，自担风险"的价值取向。

本案中，金融机构告知义务已经完全履行，金融消费者作为完全民事行为人，知晓了所有风险，因此，在处置过程中，人民银行基本支持邮政储蓄银行观点，支付罗先生现实本金和利息。

【案例17-2】

ETC注销业务遭拒案件

案例简介

投诉人王某2014年11月6日到永州建行江永县支行营业部办理ETC注销业务。建行业务人员拒绝立即为投诉人办理ETC注销业务。同日，投诉人通过12363电话投诉该银行，认为在建行江永县支行办理ETC业务时未明示不能办理ETC注销业务，未说明办理ETC注销业务需要收取相关费用，建行江永县支行应无偿为其办理ETC注销业务。

处理过程

11月6日，人民银行永州市中心支行接到王某投诉，将案件转至建设银行永州分行办理。该银行在回复报告中解释称，业务人员并未拒绝为投诉人办理ETC业务，但在对客户挽留，告知客户如果现在取消该项业务，再次办理ETC将收取设备成本费用的方法方式上存在瑕疵，造成客户误解不为其办理注销业务。同日，建行江永县支行即时为客户办理了ETC解约手续。

法律分析

《中华人民共和国商业银行法》第五条规定："商业银行与客户的业务往来，应当遵循平等、自愿、公平和诚实信用的原则。"这一规定要求商业银行应该客户的要求提供金融产品和服务，不能强制客户办理相关业务。

《中华人民共和国消费者权益保护法》第八条规定："消费者享有知悉其购买、使用的商品或接受服务的真实情况的权利。"

《中华人民共和国消费者权益保护法》第九条规定："消费者享有自主选择商品或服务的权利。"

本案中，王某取消ETC业务的申请，商业银行应给予办理，不得强制客户继续使用或办理ETC业务。商业银行应以金融消费者接受的方式告知ETC业务取消重新办理情况，合理提示风险，避免发生纠纷。同时，商业银行在办理ETC的同时应告知金融消费者ETC注销的相关事项。

案例启示

ETC的办理本是便利金融消费者的民心工程，在便捷开设的同时，应提供便捷退出机制。金融机构在办理相关业务时应充分说明金融产品和金融服务相关事项。同时要适当注意金融消费者的年龄、金融知识水平、投资经验等具体情况，不得剥夺金融消费者的自主选择权和知情权。

金融机构要建立健全客户投诉纠纷处理机制，积极妥善处理纠纷。存在异议，要耐心解释并及时告知消费者业务处理流程。对于不能及时办理的，要明确告知处理渠道和办理期限，积极妥善处理投诉，避免发生纠纷。

（二）交易公平

交易公平是金融消费者在交易过程中权益不受侵害的重要保障。我们经过统计 2014 年金融消费者投诉情况，发现在金融产品销售过程中存在 6 起限制客户选择案件，其中 3 起为柜台不办理 2 万元以下存取款，要客户到 ATM 存取，2 起不兑换零钱业务，另有 1 起案件为老人存款，柜员办卡不办折。在捆绑销售方面，接到 6 起投诉，均为农业银行存在办理贷款业务时，必须要办理老式磁条卡的情况。在违规收费和不公平条款方面，投诉量为零。在信息保护方面，永州市各金融机构较为重视金融消费者的信息保密工作，147 家县区行政金融机构均制定了个人金融信息保护内控制度，建立了防范个人金融信息泄露的软、硬件系统。147 家金融机构出现 3 起违规采集信息的情况，均为辖内农信社出现的冒名贷款案件。在信息泄露案件方面，中国银行永州市分行接到的 38 份"未知开通短信通业务"的投诉工单，全辖共计 47 起此类案件。

【案例 17 - 3】

兑换残损币遭拒案

案情简介

2014 年 10 月 24 日，宁远县张某向人民银行宁远县支行金融消费者保护中心投诉，由于家里起火，导致其放在家里的 1 000 元被烧，在宁远信用联社清水桥信用社兑换残损币，该社职工夏某称不能完全掌握兑换标准，要求该客户到人民银行出具证明后才能兑换。

处理过程

人行宁远县支行金融消费权益保护中心受理投诉后，及时进行了登记，立即组织货币金银股相关人员进行了核实，按照残缺人民币兑换相关规定对张某提供的火烧币进行了真伪和残缺程度的鉴定，并作出了应予全额兑换的鉴定结论加盖了"全额"兑换印章。与此同时，宁远县金融消费权益领导小组按照对口原则，要求货币金银股与该社消费者权益领导小组取得联系，责成宁远信用联社按标准为张某无偿进行兑换，并要求其被投诉的网点负责人和当事人向张某当面赔礼道歉。

法律分析

《中国人民银行残缺污损人民币兑换办法》第三条规定："凡办理人民币存取业务的金融机构（以下简称金融机构）应无偿为公众兑换残缺、污损人民币，不得拒绝兑换。"

中国人民银行可根据《中华人民共和国人民币管理条例》第四十二条的相关规定，对未按此规定办理残损币交换的金融机构给予警告，并处 1 000 元以上 5 000 元以下的罚款；对直接负责的主管人员和其他直接责任人员，依法给予纪律处分。

案件中，宁远信用联社清水桥信用社对残损币拒绝兑换事实，违反了《中国人民银行残缺污损人民币兑换办法》的相关规定，属于违法行为。应予以整改，对违法事实，人民银行应该作出相应的行政处罚决定。

案例启示

实践中，部分金融机构不能认真执行人民币管理相关制度，拒绝兑换并推诿人民银行的现象日益增多。一方面，人民银行要加强宣传教育，组织开展金融机构人民币业务和政策法规培训。敦促金融机构做好金融消费者相关金融知识的普及教育。另一方面，人民银行要加大对人民币管理执法检查力度，通过执法检查、业务通报敦促金融机构进一步做好人民币管理工作。

金融机构作为人民币管理的前台，应该履行好相关人民币管理的职能，做好残损人民币的兑换工作，杜绝出现残损币兑换推诿加剧金融消费者负担的情形。

（三）争端解决

争端的有效解决是金融消费权益的最后一道屏障。在投诉处理的各项评估指标中，永州市的情况较好，全市 689 个金融机构经营网点中我们抽查走访了 12 家，均张贴了电话银行投诉的告示，并在开设了"12363"金融消费权益保护的宣传展板。在 12 次的抽查投诉电话中，接通次数为 10 次，金融机构投诉电话接通率为 86%；在 2014 年全年 272 次投诉次数中，金融机构在规定时限中均处理完毕，有效办结，261 人回函表示满意，满意度达到 95.9%。在调解机制方面永州市仍有空缺，辖内金融消费权益保护的相关部门仍为人民银行和银监局，并未成立独立、专业的金融消费纠纷第三方解决机制，金融服务投诉率仅为 4.3%，但辖内并未发生重大群体性投诉事件。在追索赔付方面，辖内各金融机构根据上级行文件精神相应制定相关赔付机制，建立率为 33%，当事人获赔人数为 2 019 人，客户索赔成功率达到了 80.5%。

（四）机制保障

工作机制包括金融消费权益保护工作部门的设立、职责的确定和人员的配置、培训情况；金融消费权益保护制度的建立和工作计划的制订情况；以及监管机构、金融机构、媒体三个部门对金融消费者不同层次的宣传教育情况。根据金融机构报送的数据和对现场的走访，永州辖内银行业金融机构均设立了金融消费权益保护部门，农业发展银行、工商银行、农业银行、中国银行、建设银行、邮政储蓄银行的金融消费权益保护中心设立在办公室，华融湘江银行和交通银行的金融消费权益保护中心设立在投诉中心，证券、保险公司在后台管理部门均设立了金融消费权益保护中心。县区 147 家行政金融机构均配备相应的领导机构、办事机构以及经办人员。在市分行一级的 35 家金融机构均制定金融消费权益保护制度，其中建设银行和交通银行还在省分行下发的制度基础上，结合永州实际，创新推出金融消费权益保护的实施办法。在金融教育方面，人民银行等监管机构利用"金融 3·15""金融宣传月"等活动走进学校、走进社区，开展金融消费权益保护宣传 28 次，各金融机构利用经营网点张贴宣传画册、在电子屏幕上滚动宣传标语、组织专人摆摊设点发放宣传手册共 621 次。2014 年人民银行永州市中支联合各金融机构每个星期在《永州日报》上发布金融消费权益保护各种知识和相关案例，取得良好成效。

（五）法制保障

2014 年全市共受理各类民商事案件 23 230 件，审结 22 657 件。其中依法审理自然人金融类纠纷案 25 件，标的近 360 万元。继续实行"3:5:7"调解制度，中院调解率达 42.09%，同比提高 3 个百分点，其中自然人金融类纠纷案件胜诉率达到 73.6%，有效促进社会和谐。全市设置 44 个一级法院和农村乡镇法院，法庭覆盖率达到 22.11%，但法院出台的规范性文件至今为零。在监管方面，人民银行、银监等监管部门全年开展 51 次金融消费权益保护方面的检查，现场检查率达到 35.2%，市政府金融管理办公室、市人民银行、市银监局三个部门均制定了消费者保护和金融机构行为监管的相关准则，但监管部门之间仍未建立金融消费权益保护方面的备忘录、会议纪要和联席会议等制度。

（六）普惠金融

2014 年全市经济增长保持较快速度，金融业保持平稳运行，各项存款平稳增长，金融机构资产质量有所改善，盈利水平稳步提升。金融机构服务覆盖性进一步扩展，银行网点密度为每十万人 12.8 个，保险服务乡镇覆盖率达到 98.7%，ATM 密度为每十万人 47.6 个，农村 POS 密度为每十万人 1.2 个；消费便利性进一步提高，个人账户率达到 3. 8 个，小微企业、农户贷款率分别达到 29% 和 21. 8%，农业保险参保率为 32. 4% ；交易过程中的满意性进一步提升，小微企业和农户户均余额分别为 30. 2 万元、12. 3 万元；金融消费基础进一步夯实，2014 年全市人均 GDP 达到 2. 43 万元，城镇、农村人均可支配收入分别为 2. 02 万元、0. 987 万元，人均个人消费贷款余额为 0. 207 万元。

17. 4　金融消费权益保护环境存在的问题

目前，金融消费权益保护的实施过程中，还存在一定的问题，需要相关部门及时发现，采取应用的措施解决，完善金融消费权益保护体系，才能充分发挥金融消费权益保护的作用。

（一）金融消费权益保护意识较薄弱

金融消费者是金融行业发展的关键因素，是实施消费者权益保护的主体，在金融行业的发展和金融消费权益的保护中都具有重要的地位。但是，目前金融消费者的权益保护意识比较薄弱，不利于金融消费权益保护的实现和金融行业的发展。首先，普通的金融消费者在消费的过程中，缺乏一定的金融专业知识，在交易的过程中，不能合法的维护自己的权益。如果金融消费产品或者金融服务需要较高的专业技术知识，消费者不能实现对其的全面认识。而且，金融消费者的维权意识比较淡薄，如果金融财产的金额比较小的时候，发生纠纷都不愿浪费时间和精力。从客观角度说，这种行为助长了金融机构的侵权行为，对消费者权益保护的实效性不利。其次，金融机构在发展的过程中，把重点放在对新业务的开拓和竞争交易等方面，对消费者权益保护的重视不足。一些金融机构为了保护自身的利益，甚至会泄露消费者的信息，作出隐瞒事实和欺诈消费者的行为。

（二）金融监管体制存在缺陷

金融行业的发展过程中，保证金融消费权益保护的实现，需要金融监管部门进行监督和管理。目前，金融机构应用的监管体制是"一行三会"的方式，主要是通过人民银行、银监会、保监会和证监会的管理实现。如果不同金融机构中的产品业务出现交叉现象，应用行业监管不能实现对各个金融机构利益冲突的约束，会产生一定的漏洞，不能实现对金融消费权益的保护。辖内金融监管部门在实施管理的时候，首先考虑的是对市场经济秩序的维护和社会经济的发展，对金融消费者的利益考虑不足。

（三）保护金融消费者的法律制度不健全

现有的法律法制体系中，关于金融消费权益保护的立法主要有《中国人民银行法》《银行业监督管理法》《消费者权益保护法》《商业银行法》《民法通则》《证券法》和《保险法》等法律，行政法规主要包括《外汇管理条例》和《储蓄管理条例》等。但是，《消费者权益保护法》等法律是针对一般消费者权益保护的规定，针对金融消费者来说，缺乏一定的可操作性、针对性和具体性，不能实际解决金融消费者保护中存在的问题。

（四）普惠金融环境有待进一步优化

目前永州市农村金融生态环境恶化，主要表现在以下几个方面：一是法律建设不完善，对失信者缺乏强有力的惩罚措施。作为农村金融服务对象的广大农户信用观念和法制观念淡薄，拖欠、逃废债务严重，加之有关法律建设不完善，导致外部信用环境极差。二是有关农村金融的行政和中介服务水平不高，且收费较高，导致"三农"融资成本高。比如在办理房屋抵押等贷款时，有关房产评估登记费用高达 2%～6%。三是农村征信系统建设严重滞后，社会信用服务的市场化程度低。农村地区信用档案信息建设滞后，农户信用意识淡薄，一些农村小额贷款客户存在还款意愿低、故意拖延还款等情况，这些都影响了农村金融的持续健康发展。

17.5　改善金融消费权益保护环境的建议

根据目前金融消费权益保护的现状，针对金融消费权益保护中存在的问题，需要金融管理部门采取相应的措施，进行及时解决，才能保证金融消费权益保护的顺利实现，充分发挥金融消费权益保护的作用，促进金融行业的发展。

（一）健全行业间自律机制

辖内金融机构的运行过程中，不同金融机构之间出现利益冲突的时候，会造成金融监管部门的工作漏洞，不利于实现对金融机构的监管。因此，金融机构应该建立一个符合辖内服务行业发展的统一标准，实现对金融机构行为的规范和约束，对不同金融机构中的服务等级进行评定。而且，金融监管部门应该在"一行三会"的管理机制基础上，实现对监管体系的完善，利用行业协会之间的力量，对同行业之间的恶性竞争进行合理规避，避免金融机构运行管理中出现无视消费者权益的行为。

（二）建立健全专门的金融消费权益保护机构

根据上述可知，金融相关法律法规具有一定的局限性，需要建立专门的金融消费者保护机构。在建立专门金融消费权益保护机构的时候，可以参照发达国家的机制。例如，金融机构可以在中国人民银行金融消费权益保护部门的指导下，设立专门的金融服务监管机构，并且在实际的工作流程、人员组成和经费预算等方面保持一定的独立性。可以通过金融服务监管机构，实现对金融市场稳定的维护，对金融监管部门的管理工作进行协调。同时，该部门还可以负责对金融消费者的宣传教育工作，提高金融消费者对金融产品和服务的了解，对金融消费过程中出现的问题进行及时的处理等。另外，金融消费权益保护机构还具备监督和检查的职能，可在金融机构运行管理过程中，对各项消费者保护规则的遵守情况进行检查，完善金融机构保护消费者权益的程序和政策。

（三）加强对金融消费者保护的教育工作

金融机构在实施金融消费权益保护的过程中，应该加强对金融消费者保护的教育工作。首先金融机构应该高度重视金融消费权益保护工作，建立相对比较完善的教育培训体系，保证对待消费者的公平性。一方面，金融机构需要加强工作人员在消费者权益保护方面的教育，让工作人员可以对自身所需要承担的义务进行全面的了解和认识；另一方面，金融机构需要加强对公众的教育，为金融消费者普及相关的权益保护知识，以增加社会公众对现代金融发展的了解，帮助社会公众更加准确、全面地了解相关的金融改革措施和政策，向社会公众表明金融监管机构对当前金融机构的运行情况所作出的判断和政策取向，适时向社会公众提示金融行业中存在的潜在行业风险、信贷风险、操作风险和市场风险，对公众和金融机构的投资理财行为进行积极正确的引导，以保证辖内金融市场运行的稳定性，维护市场安全。

（四）建立普惠型农村金融制度体系

首先是要形成适宜普惠金融发展的法规和政策框架，建立金融机构与实体经济相匹配的制度安排，形成金融及与之配套的产业、财政、法律、社会等制度体系，创造适宜普惠金融发展的良好生态环境。例如明确各类涉农金融机构的职能，强化银行业金融机构的支农责任，健全政策性农业保险制度。其次要落实农村普惠金融扶持政策。在农村地区特别是金融服务欠缺的地区设立金融机构网点，存在较大的资金投入且审批门槛高。为解决这部分地区的金融服务，一方面是放宽审批，鼓励金融机构在金融服务缺失的农村地区设立网点；另一方面在不具备设立金融网点机构的地区，鼓励金融机构通过设立助农点、便民点等金融服务点，完善当地金融服务。

（五）构建新型的消费者诉讼制度

针对目前金融消费者诉讼时比较困难的现象，需要金融机构管理部门构建新型的消费者诉讼制度，区别于一般的民事诉讼程序，专门为金融消费者设计独特的诉讼程序和举证规则，为金融消费者提供便利的条件。新型消费者诉讼制度的构建，可以有效提高金融消费者的维权意识和积极性，创造了良好的金融消费权益保护实施外部环境。

目前永州市的金融消费权益保护环境还有待优化，金融消费权益保护的实施过程中，还存在一定的问题，需要金融机构管理部门及时采取相应的措施进行有效解决，才能保证金融消费权益保护措施的顺利实现，充分发挥金融消费权益保护的重要作用，促进辖内金融行业的发展。

主执笔人：周雅丽　罗聪

第 18 章

2015 年湘西州金融消费权益保护
环境评估报告

18.1　导语

为全面掌握湘西地区金融消费权益保护总体状况，提升金融消费权益保护的工作水平，促进金融消费者权益得到更有效的保护，按照长沙中支《金融消费权益保护环境评估方案》的要求，2015 年 5—6 月，人行湘西州中支积极部署，在全辖开展了金融消费权益保护环境评估工作，探索构建了区域金融消费权益保护环境评估体系和评价方法，有效衡量区域金融消费权益保护总体状况，并通过分析找出薄弱环节，提出政策建议，为进一步推动湘西州金融消费权益保护环工作提供决策依据。

18.2　区域经济金融概况

湘西州位于湖南省西北部、云贵高原东侧的武陵山区，与湖北省、贵州省、重庆市接壤，全州总面积 1.55 万平方公里，辖 7 县 1 市，总人口 293 万人，土家族、苗族等少数民族占 78.05%，为全国 30 个少数民族自治州之一，是国家武陵山片区区域发展与扶贫攻坚的核心区，也是湖南省唯一的自治州和进入国家"西部大开发"的地区。

18.2.1　经济发展概况

2014 年，湘西州积极适应经济发展新常态，成功应对宏观经济下行的严峻挑战，实现了全州经济快速回升，走出了近年低迷状态，步入了稳中向好的上升通道。全年完成生产总值 469 亿元，同比增长 11.2%，比上年提高 7.2 个百分点，较好地实现了稳增长的目标。一是投资、消费、出口稳步增长。全年完成固定资产投资 303 亿元，增长 20.4%；社会消费品零售总额 203.5 亿元，增长 12.8%；出口总额 2.29 亿美元，增长 35.1%。二是产业结构不断优化。第一产业稳步增长，实现第一产业增加值 69 亿元，增长 4.4%；第二产业增加值 156.8 亿元，增长 7.2%；第三产业发展加快，在以旅游业为龙头快速增长的带动下，全年实现增加值 231.2 亿元，增长 10.2%。三是经济运行质量全面提升。财政收入快速增加，全年实现财政总收入 64.6 亿元，增长 28.7%；财政支出 204.9 亿元，增长 17.5%；居民收入稳步增加，全年城乡居民人均可支配收入达到 10 392 元，增长 9.8%。

18.2.2　金融运行概况

2014 年，湘西州各金融机构以服务地方经济为己任，全面落实中国人民银行长沙中心支行《关于金融助推湘西土家族苗族自治州加快发展的指导意见》等文件要求，金融支持实体经济力度明显增强，金融运行实现了"两高""双降"的良好发展态势。一是各项存款较快增长，高于全省平均增速。12 月末，全州本外币各项存款余额 721.83 亿元，比年初新增 92.58 亿元，同比多增 9.03 亿元，增速为 14.71%，高于全省平均增速（12.50%）2.21 个百分点，列全省第 4 位。二是差别化信贷政策成果初显，贷款增量创历史新高。全州各项贷款余额 320.31 亿元，比年初增加 61.10 亿元，比去年同期多增 24.84 亿元，同比增长 23.57%，增速列全省第一位，高于全省平均水平（14.0%）9.57 个百分点。三是金融资产质量不断提高，不良贷款实现了"双降"。全州不良贷款余额比年初减少 11.41 亿元，不良率比年初下降 5.2 个百分点，实现了余额和不良率的双降；全州各银行业金融机构（除新营业的华融湘江银行外）总体盈利 10.73 亿元，同比多增 1.58 亿元。四是证券、保险稳步发展，小贷公司初步成长。全州保险机构累计实现保费收入 13.41 亿元，同比增加 11.9%；全州 3 家证券公司营业部实现证券交易金额 379.53 亿元，同比增长 46.18%；全州现有小额贷款公司 2 家，注册资本金 2 亿元，2014 年末贷款余额 20 293 万元，全年累计发放贷款 249 笔 32 937 万元。

18.3　金融消费权益保护工作开展情况

人行湘西州中支于 2012 年 11 月成立了金融消费权益保护中心，由中支行长任主任，其他行领导任副主任，保护中心下设办公室，与中支办公室合署办公，辖内 5 个县支行相继成立了金融消费权益保护分中心，积极探索出具有民族地区特色的金融消费权益保护工作"432"新模式。

18.3.1 健全"四项"机制，推动金融消保工作规范化

一是完善投诉处理机制。印发《中国人民银行湘西州中心支行金融消费者权益保护办法（试行）》《中国人民银行湘西州中心支行办公室关于 12363 金融消费权益保护咨询投诉电话管理办法》等文件，构建金融消费争议处理机制，建立畅通的客户投诉渠道和投诉处理流程，明确了金融机构应尽的义务，强化了对金融机构进行金融消费投诉处理的监督管理。

二是完善信息保护机制。及时转发《中国人民银行关于银行业金融机构做好个人金融信息保护工作的通知》等文件，落实个人客户信息与资料保管责任，督促金融机构规范管理，进一步加大问责处罚力度。

三是深化监督评估机制。每月随机拨打 2 次金融机构投诉电话进行抽查，对投诉电话接通率、投诉办结率、投诉处理满意率实施月度考核，进行常态化管理。

四是强化调研反馈机制。近年来，多篇金融消费权益保护工作调研信息被人民银行总行、武汉分行、长沙中支专报信息等采用，为全辖探索开展金融消费权益保护工作提供了理论支撑，其中主笔撰写的《对湖南省县域金融消费权益保护的调查与思考》获总行王华庆书记签批、《民间借贷中介服务利用人民银行颁发的机构信用代码证进行虚假宣传应予关注》获长沙中支张瑞怀副行长签批，《集中连片贫困地区普惠金融体系建设与思考》被总行《中国金融消费权益保护》刊用，《立足基层 服务百姓 实现金融知识宣传常态化——湘西州中支编写〈百姓金融知识读本〉普及金融知识成效初显》被《金融时报》大篇幅报道推介，《人行龙山县支行探索跨区域金融消费权益保护取得成效》获武汉分行专报信息推介。

【专题 18 –1】

积极探索"三区"新模式，不断推进县域金融消保工作

2014 年以来人行湘西州中支积极探索，在未设立人民银行的县市区、龙凤经济协作示范区、旅游景区"三区"开展金融消费权益保护工作，通过探索工作新模式、拓展维权新途径、打造服务新亮点，在"三区"开展金融消费权益保护工作中取得了良好成效。一是在未设立人民银行的花垣县、古丈

县，由湘西中支协同县政府金融办组织全县各银行业金融机构成立了县域金融消费者权益保护领导小组，建立了"政府金融办＋金融机构＋其他消保组织"三位一体的金融消费权益保护组织，推动了未设立人民银行的县域金融消保工作。二是以龙山支行紧扣龙凤示范区建设主题，围绕金融服务一体化建设重点，与来凤支行协作，深入推进实施《龙凤经济协作示范区金融消费权益保护工作方案》，通过"龙凤金融一体化"联席会及时交流总结，明确工作推进措施，打破跨区域金融消费权益维权地域限制。三是打造优质古城景区金融消费权益保护工作模式，巩固凤凰全国支付环境建设示范县品牌，在旅游景区创建了刷卡消费无障碍一条街，构建了景区金融服务站，着力做好景区金融服务工作，维护了广大游客切身利益，树立了文明服务的良好形象，为促进地方旅游经济持续稳定发展提供了坚实的保障。2014 年凤凰县成功创建州级金融安全区，在湖南省 88 个县市县域金融生态环境评估中位居第 33 位，较上年提高了 15 个名次。

18.3.2　强化"三种"手段，实现金融消保宣传常态化

一是固化宣传载体。在中支 LED 显示屏上设置了"月度宣传标语"宣传专栏，按月广泛宣传金融消费权益保护和金融新业务、新知识；编撰完成了的湘西州第一本《百姓金融知识读本》并发放 5 000 余册。同时，要求各金融机构利用其营业网点的电子显示屏开展持续性宣传。近年来，全辖共利用 408 块电子显示屏共宣传金融知识 3 万余条。

二是实施宣教结合。近年来人行湘西州中支组织对辖内银行、证券、保险金融机构开展金融知识现场培训 72 次，覆盖 80% 以上的金融机构及网点，编发《消费权益保护工作辅导专刊》25 期，及时对各金融机构进行业务指导和风险提示，并培训结合历年综合执法检查中存在的问题进行剖析，对违规事实导致的相关罚责进行阐述，通过电视电话会议的形式将培训延伸至县域金融机构。

三是强化外部协作。制定《构建湘西州金融系统金融消费权益保护联动宣传实施办法》，在"12·4"金融法制宣传日、"3·15"消费者权益保护日等特殊时点，利用宣传日、宣传周和宣传月等形式，联合金融机构集中宣传，扩大金融宣传影响力。利用湘西州反洗钱联席会议制度、打击银行卡等金融犯罪工作联席会议制度等平台加强与各金融机构、公安、司法等部门的合作，提高宣传工作的有效性和针对性。

【专题18-2】

彰显民族地区语言特色，拓展宣传新渠道

近年来，人行湘西州中支根据部分地区群众汉语接受能力有限甚至不懂汉语的实际，开创性地开展了"苗汉双语"金融知识宣传，相关做法被《金融时报》《湖南日报》等多次报道。一是多次组织金融机构懂苗语的苗族工作人员，身穿苗服，用苗语在苗族聚集地和赶场的过往苗族群众中宣讲人民币反假、征信、个人信息保护、金融消费权益保护等金融法律知识，发放金融宣传资料2万余份，现场解答群众咨询16 000余人次。二是根据苗族人民喜爱唱苗歌，大事小情都通过苗歌演唱的特点，现场播放《打击假币惠苗乡》《莫让假币进苗寨》等20余首脍炙人口的苗歌，受到群众广泛好评，连连称赞"汝，玛汝"（苗语：好，很好）。三是在电影金融知识宣传下乡活动中，与电影公司签订合作协议，在每场电影放映前，把人民币反假等金融知识的宣传视频资料进行播放，目前已累计放映120场，覆盖全县120个行政村，接受教育群众10万人次。

18.3.3 构筑"两大"平台，保障维权投诉处理高效化

一是推广12363投诉咨询电话。湘西州中支于2014年3月开通12363咨询投诉电话，实行按"统一受理并答复金融咨询，统一受理投诉并按属地管理"原则分办投诉的工作模式，提高了工作的系统化、规范化和标准化程度。2013年以来，全辖各级行共受理咨询431起，投诉16起，投诉办结率及回访满意率均为100%。

二是运用金融消保管理系统。湘西州中支主动作为，积极开展金融消保管理系统推广工作，充分发挥投诉转办交办功能，不断完善投诉处理信息平台，在全国率先实现了人民银行系统与金融机构系统的互联互通，编制的操作说明被长沙中支予以推介。

18.4 区域金融消费权益保护评估

本报告评估对象所指的金融消费权益保护环境是指能为金融消费者权益提供有效保护，确保消费者行使其权利，履行其法定义务的所有内外要素及其相互作用的总和，反映整个湘西州的金融消费权益保护工作的总体状况和整体水平。评估范围是指2014年度湘西州的金融消费权益保护环境。所涉及的金融

主体，既包括金融产品和金融服务的提供者，也包括以制定政策、确定规范、实施管理和调控以影响金融消费权益保护的金融管理机构、行业组织等。具体来说，包括金融管理机构、自律组织、银行、证券、保险、支付机构、征信机构、互联网金融等。所涉及的金融消费者，既包括自然人，也包括小微企业。本调研结果通过收集 55 个原始指标（三级指标）、16 个子项目层（二级指标），采用简单平均归一化方法和层次分析法（AHP），得出信息披露、交易公平、争端解决、机制保障、法制保障、普惠金融 6 个项目层（一级指标）的得分分别为 70.17 分、93.36 分、40.00 分、42.87 分、82.23 分、74.44 分，由于争端解决、机制保障等得分较低，导致整个湘西州地区金融消费权益保护环境评估综合得分为 67.73 分。

（一）信息披露情况

通过对全辖 110 家银证保金融机构和 530 家经营网点的调查显示：从信息公开角度来看，各金融机构一般都公示了产品和服务收费规定、设置投诉电话公告牌等，其收费信息公示率、投诉电话公示率分别为 100%、91%，结合金融机构报送及人民银行投诉情况，在告知产品的收益与风险、未告知业务流程及未告知售后服务上仍存在 8 起案例，信息公开正逐步完善。从制度公开来看，辖内金融机构一般都通过报纸、互联网、网点等途径公开金融消费者权益保护相关制度或向社会作出金融消费权益保护承诺，工作制度公开率为 93%，但存在部分金融机构未在营业网点醒目位置对外公布投诉流程、公开金融消费权益保护责任部门和人员的现象，其投诉流程公开率、责任部门和人员公开率分别为 71%、74%，制度公开有待进一步加强。

（二）交易公平情况

从产品销售来看，金融机构产品销售逐步规范，全年仅接受到金融机构限制金融消费者自主选择方面投诉 3 起，主要表现为客户对银行只办卡不办理存折方面的投诉，或是部分金融机构规定信用卡还款和一定金额以下的存取款业务只能在自助存取款机具或者网上银行办理，客户认为侵犯了他们的自主选择权；违规收费方面投诉 3 起，地方价格监督检查局反馈的情况中存在某金融机构违反规定收取咨询服务费的情况。从信息保护来看，金融机构违反法律、法规的规定和双方的约定收集消费者个人信息、未建立个人金融信息保护内控制度和防范措施的金融业务和软、硬件系统的数量、金融机构泄露、非法使用或非法对外提供客户个人金融信息的次数均为零。

（三）争端解决情况

从投诉处理来看，金融机构一般都设置了投诉窗口、投诉电话，并能在规定时间内处理，其投诉窗口设置率、电话接通率、处理时效、办结率及满意率分别为91%、87%、84%、91%、89%。从调解机制来看，湘西州目前还未能与银监局、保险业协会协作成立独立、专业、有效的第三方解决机制，存在多头履职，各自为战，对涉及金融消费维权案件的处理还不统一，尚未建立类似于工商业的消费者协会（12315）等消费者权益保护制度安排和体系。人行湘西州中支设立了金融消费权益保护中心，对涉及人民银行法定职责的金融消费纠纷直接调处，其他领域的投诉其多半处于协调的角色，辖内金融服务投诉率为0.016%，并未发生重大群体性投诉事件。从追索赔付来看，部分金融机构建立了赔付机制，大部分当事人的赔付不能得到满足，其赔付机制建立率、客户索赔成功率分别为78%、44%。

（四）机制保障情况

从组织机构来看，辖内各金融机构都还未完全确定负责金融消费权益保护工作的部门，对于金融消费保护的相关业务分布在内控合规部、风险管理部、个人金融部、会计营运部等多部门。目前仅41%的金融机构完成了金融消费权益保护工作领导小组，85%的金融机构确定了金融消费权益者保护工作的负责部门，80%的金融机构确定了专人负责金融消费权益者保护工作。从制度设立来看，2014年全辖金融机构制定了85个金融消费权益保护方面的制度办法，但是该类制度办法多半是沿用上级行业务制度，或者散见于各类综合管理制度之中。从金融教育来看，在宣传方面有一定成效。2014年人民银行等监管机构利用"3·15""金融知识普及月"等活动进学校、进社区，开展金融消费者权益保护宣传25次，各金融机构开展金融知识宣传128次，通过利用在金融机构网点摆放宣传展板、横幅、LED显示屏，发放宣传折页手册，网络、电台等方式开展宣传。

（五）法律保障情况

从司法环境来看，全辖法庭覆盖率为10%，但辖内市县两级法院出台专门的金融消费权益保护方面的审判指导性文件（或包含金融消费权益保护内容条款的审判指导文件）数量为零。2014年全州共受理自然人金融类纠纷案33件，胜诉案件10件，胜诉率为30%。从监管环境来看，人民银行、银监局等监管部门全年开展72次执法检查，现场检查率达到76%；人民银行制定了《湘西州金融机构突发事件应急预案管理制度》《中国人民银行湘西州中心支行金融消费权益保护管理办法》等工作制度，但监管机构之间订立或者制定金融消费权益保护方面的备忘录、会议纪要、联席会议等制度的数量为零。

（六）普惠金融情况

从覆盖性来看，2014年，湘西州辖内区域金融机构服务覆盖性进一步扩展，每十万人银行网点为1 600个，保险服务乡镇覆盖率达到56%，每十万人

ATM 为 2 642 个，农村 POS 密度为 220%；从消费便利性来看，个人账户开户率达 394%，小微企业贷款覆盖率为 18%，农户贷款覆盖率为 9.4%，农业保险参保农户覆盖率达 36%；从消费满意性来看，小微企业贷款户均余额为 132 万元，农户贷款户均余额为 10.2 万元；从消费基础来看，2014 年全市人均 GDP 达到 1.75 万元，城镇、农村人均可支配收入分别为 1.78 万元、0.58 万元，人均个人消费贷款余额为 0.21 万元。

18.5　区域金融消费权益保护工作存在的问题

（一）金融消费者权益保护法律缺乏顶层法律保障

一是当前我国金融法律制度的重点在于国家对金融机构的监管，立法主要关注的是如何加强金融机构的外部监督机制和内部治理结构的改革，以维护金融稳定和促进经济发展，而金融消费权益保护并未得到应有的重视。区域金融消费者权益保护工作还处在起步阶段，无论是理论层面上还是实际操作中，都还存在相当大的法律障碍，没有顶层的法律保障。二是区域金融消费权益保护工作协调合力欠缺，各部门各自为战。"一行三会"、工商管理部门、消费者委员会以及各金融行业协会构成了我国金融消费权益保护的基本组织框架。但在地市以下区域，鲜有协调机制，基本上各部门各自为战，不能形成合力，不能完全保护金融消费者的正当权益。目前"三会"在县域不设立派出机构，牵涉到"三会"监管职责范围内的金融消费投诉成为金融消费权益保护工作的区域空白，当地人民银行代为履行金融消费权益保护部分职责，需要得到"三会"上层的授权。

（二）金融消费者参与金融活动并保护自身权益的动力不足

作为个体的金融消费者对金融机构采取监管的成本非常高，每个消费者都期望其他消费者能够在日常消费中对金融机构采取监督，因此在自身金融消费权益保护方面存在"搭便车"的想法，这客观上削弱了金融消费者获取金融知识和消费权益保护知识的意愿。同时，相较于金融机构，金融消费者处于相对弱势的地位，金融垄断和专业知识的缺乏使得金融消费者维权较为困难，这也成为金融消费者参与金融活动以及保护自身权益驱动不足的重要原因。

（三）金融机构对金融消保工作责任归属有待明确

金融机构普遍存在领导机构欠完善的情况，存在金融消费权益保护工作权责划分不清的情况，领导机构完备率较低，不利于责任划分，存在多头管理。

金融机构在金融消费权益保护的具体措施上，仍存在一些问题。如在信息披露、内部员工金融消费权益知识和意识培养等方面，需要进一步提升和改善。金融机构在实际操作中往往根据自身需要进行披露，这就可能出现金融机构在信息披露中选择性披露相应内容，过滤掉对自身不利的信息。

（四）金融服务普惠性有待提升

金融服务普惠性的总体水平最低，一是基础服务总体供不应求；二是网点布局集中市区范围及县（市）城区；三是农信社及村镇银行电子服务渠道尚未普及。

18.6 政策建议

（一）进一步完善相关法律法规

一是修订完善《中华人民共和国金融消费者权益保护法》《中华人民共和国中国人民银行法》《银行业监督管理法》《商业银行法》《中华人民共和国保险法》等相关法律，在相关条款或章节中增加对金融服务关系与金融消费者权益保护调整的相关规定，增加金融消费者保护的相关内容，明确人民银行及相关监管部门在金融消费者权益保护工作的职责。二是鉴于目前"三会"在县域不设立派出机构，出台相关文件法规，明确当地人民银行代为履行金融消费权益保护部分职责，以弥补"三会"保护工作的区域空白，强化对基层金融消费者权益的保护。

（二）完善金融消费者权益保护工作机制

一是进一步完善多部门的监管联动机制，在市级和各县（市）完善金融办、消保委、市场监督部门、司法机关、公安机关以及人大、政协积极配合的监管联动机制，通过各方职责的有机整合与履行，形成对金融消费权益的一张强有力的保护网。二是完善多元化的纠纷解决机制，从金融纠纷调解所需的客观性、公正性出发，建立金融机构自主、监管机构介入、社会调解、司法判决等多层次的金融消费者投诉处理解决机制，采取以非诉讼解决机制为主、诉讼（仲裁）解决为辅的方式，在现有的自行调解、行政调解、仲裁、诉讼等渠道之外，引入"第三方"的角色，从而建立起更加多元化的纠纷解决机制。

（三）合力提升金融消费者金融素养

一是将金融消费者教育纳入各阶段学校教育。建议从小学到大学开设定期的金融教育课程，增强民众维护自身金融消费合法权益的能力。二是构建政府、监管部门、金融机构、社会多方参与的金融消费者教育体系。政府负责搭建平台，提供物力、财力以及政策上的支持；监管部门负责制定规划，提供智力支持；金融机构则是有效发挥网点、一线业务人员以及网站、短信、微信平台等渠道加大宣传的覆盖面。同时，地方媒体、社会组织也需要在金融消费者教育中积极发挥宣传引导功能。

（四）引导金融机构加强金融消费权益保护和服务能力

一是提升普惠金融的覆盖率，引导各级金融机构从物理营业网点布局、业务渠道功能拓展等方面入手，通过有效规划、调整配置，提升金融服务的普惠性。二是完善考核激励机制，在各县（市）建立统一的引导与督促机制，引导金融机构从制度建设、组织建设、投诉处理、金融消费者教育等四个方面全面推进金融消费权益保护，搭建完备的工作框架，督促金融机构从全部环节入手，分析缺口与隐患，在源头与过程中排除可能会侵害金融消费权益的各种问题。

附表 18 −1

2014 年度湘西州金融消费权益保护环境评估指标

项目层（一级指标）	子项目层（二级指标）	原始指标（三级指标）	实际值
信息披露	信息公开	未告知产品的收益与风险次数	5 次
		未告知业务流程次数	2 次
		未告知售后服务次数	1 次
		收费信息公示率	100%
	制度公开	投诉电话公示率	91%
		工作制度公开率	93%
		投诉流程公开率	71%
		责任部门和人员公开率	74%
交易公平	产品销售	限制客户选择次数	3 次
		捆绑销售次数	0 次
		违规收费次数	13 次
		不公平格式条款个数	0 个
	信息保护	违规采集信息次数	0 次
		未建立防范措施的个数	0 个
		信息泄露次数	0 次

续表

项目层（一级指标）	子项目层（二级指标）	原始指标（三级指标）	实际值
争端解决	投诉处理	投诉窗口设置率	91%
		金融机构投诉电话接通率	87%
		投诉处理时效	84%
		投诉办结率	91%
		投诉处理满意率	89%
	调解机制	纠纷解决机制	0 个
		金融服务投诉率	1.6%
		重大群体性投诉事件数	0 次
	追索赔付	赔付机制建立率	78%
		客户索赔成功率	44%
机制保障	组织机构	领导机构完备率	41%
		办事机构完备率	85%
		人员配备率	80%
	制度设立	制度制定数	85 个
		工作创新数	0 个
		未执行制度次数	12 个
	金融教育	监管机构宣传教育	25 次
		金融机构宣传教育	128 次
		媒体宣传教育	5 次
法制保障	司法环境	法庭覆盖率	10%
		法院出台的规范性文件数	0 个
		纠纷案件胜诉率	30%
	监管环境	现场检查率	76%
		沟通协调机制	0 个
		消费者保护规则	8 个
		金融机构行为监管准则	12 个

续表

项目层（一级指标）	子项目层（二级指标）	原始指标（三级指标）	实际值
普惠金融	覆盖性	银行网点密度	16 个/十万人
		保险服务乡镇覆盖率	56%
		ATM 密度	26.2 个/十万人
		农村 POS 密度	2.2 个/十万人
	便利性	个人账户开户数	3.9%
		小微企业贷款覆盖率	18.1%
		农户贷款覆盖率	9.4%
		农业保险参保农户覆盖率	36%
	满意性	小微企业贷款户均余额	132.3 万元
		农户贷款户均余额	17.2 万元
	消费基础	人均 GDP	17 508 元
		城镇人均可支配收入	17 898 元
		农村人均纯收入	5 891 元
		人均个人消费贷款余额	0.21 万元

主执笔人：李二平　向炜

第 19 章

2015 年张家界市金融消费权益保护环境评估报告

本报告采用简单平均归一化方法和层次分析法（AHP）评估张家界市金融消费权益保护情况，综合得分为 64.85 分。评估认为张家界市金融消费权益保护环境总体情况良好，金融产品信息披露充分，交易体现了公平性，建立了较为完善的争端解决机制和金融消费权益保障机制，金融的普惠性得到了全面提高。同时，也指出了金融机构制度公开、保护机制建设、法制保障、监管环境、普惠金融方面存在的问题，并分析了问题产生的原因。针对存在的问题，结合张家界市金融消费权益保护工作开展情况，有针对性地在信息披露、机制建设、宣传教育等方面提出了改善金融消费权益保护工作的建议。

19.1 导语

本报告反映的是 2014 年度张家界市范围内的金融消费权益保护环境。本报告评估对象所指的金融消费权益保护环境是指能为金融消费者权益提供有效保护，确保消费者行使其权利，履行其法定义务的所有内外要素及其相互作用的总和，反映整个张家界市的金融消费权益保护的总体状况和整体水平。金融消费权益保护环境评估的目的是通过环境评估，有效衡量区域金融消费权益保护总体状况，并查找分析原因，提升金融消费权益保护的能力水平，促进金融消费者权益得到更有效的保护。

2011 年 10 月，张家界市率先在全省启动了金融消费权益保护工作。2014年作为全省三个市州之一，试点开展了金融消费权益保护环境评估。张家界市的金融消费权益保护工作一直走在全省前列。2015 年，张家界市中支在上年试点的基础上，按照人民银行长沙中支要求，完善了评估指标体系，深入全辖

64 家金融机构开展调查，组织座谈 52 人次，全面掌握辖内金融消费权益保护环境情况。

2014 年张家界市经济金融运行总体良好，存贷款增量均创历史新高，促进了地方经济社会又好又快发展，取得较好成效。全市生产总值 410.02 亿元，同比增长 10.7%，其中一、二、三次产业同比分别增长 4.8%、8.6%、12.8%。规模工业增加值同比增长 8.5%。2014 年张家界市全市金融机构本外币各项存款余额 461.9 亿元，同比增长 15.3%，增速居全省第 2 位，高于全省 2.8 个百分点。全市金融机构本外币各项贷款余额 339 亿元，同比增长 16.9%，增速居全省第 4 位，高于全省 2.6 个百分点。

19.2　环境评估结果及分析

张家界市金融消费权益保护环境评估综合得分为 64.85 分，总体情况良好，金融产品信息披露充分，交易体现了公平性，建立了较为完善的争端解决机制和金融消费权益保障机制，金融的普惠性得到了全面提高。

（一）产品信息实现全面公开，告知了工作制度和人员

信息披露方面的得分为 68.03 分，金融机构信息披露充分。一是履行告知义务。辖内金融机构向金融消费者推介和出售产品和服务时，提供了较为翔实的信息。金融机构在营业网点摆放了宣传资料，银行网点大厅设置了咨询（投诉）台。金融机构通过网点的公示牌、电子显示屏、产品说明书、格式合同公示和说明了金融产品和服务的收费信息，对复杂产品、关键条款进行了说明，并对可能出现的风险和违约责任进行了提示。如在开展理财产品销售活动中，对有意购买理财产品的金融消费者，遵循风险匹配原则，重点向客户推荐其风险承受能力范围内的理财产品，开展了风险提示和投资教育。64 家金融机构中仅发现 7 次未告知产品的收益与风险、2 次未告知义务流程、3 次未告知售后服务。全市 307 家金融机构网点公示了收费信息、在网点醒目位置悬挂了 12363 投诉电话标识牌，3 家金融机构还在媒体上发布了金融消费投诉电话。全部金融机构开通了 12363 金融消费权益保护投诉咨询电话，将 12363 投诉咨询电话在各金融机构营业网点进行了张贴。人民银行张家界市中支在《张家界日报》、政府信息公众网等市级主要新闻媒体进行了公告，方便广大消费者投诉咨询。2014 年 9 月首先在工行试点开通金融消费权益保护信息系统，11 月市级金融机构全面开通，明确专人负责信息系统投诉工单

处理。

【案例 19 – 1】

信息告知不充分致客户投诉银行利息计算不合理

基本情况

2014 年 2 月 7 日，陈某向张家界市金融消费者权益保护中心投诉称：2011 年 9 月 19 日在张家界迎宾路信用社（现更名为张家界农村商业银行迎宾路分理处）存入整存整取（双整）存款 65 000.00 元，期限 1 年，年利率 3.5%，到期日期 2012 年 9 月 19 日。2014 年 2 月 7 日存款人到农商银行支取该笔存款，银行工作人员只按 1 年期定期利率计息，超过 1 年存期的按活期利率计息。投诉人认为：定期存款到期未取应自动转存，应按 2 年的定期利率计息，超过 2 年的按活期利率计息。

处理情况

经调取客户该笔业务的储蓄开户凭条，发现在开户凭条其他约定事项中，客户没有填写存款到期后实行自动转存内容（2011 年开户凭条上没有自动转存选择项目）。根据《储蓄管理条例》第十八条规定：储蓄机构办理定期储蓄存款时，根据储户的意愿，可以同时为储户办理定期储蓄存款到期自动转存业务。因此张家界农村商业银行认定：客户在开户凭条上没有签署到期后自动转存的意愿，迎宾路分理处办理该笔业务无过失。

案例启示

按照客户至上的原则，张家界农村商业银行在认真汲取此次投诉的经验教训后，认为要充分履行业务信息告知义务，特别是对影响客户收益和风险的事项要进行说明。进一步加强了储蓄开户凭条整改力度，自农商银行成立之日起，重新印制了"湖南省农村商业银行储蓄开户凭条"，新开户凭条添加了"自动转存"选项，将切实为客户提供更优质的服务。

二是初步推行制度公开。随着全市金融消费权益保护工作的深入推进，金融机构重视在消费者中维护良好形象，开始逐步在网点公开金融消费权益保护工作制度、投诉流程、责任部门和人员。全市 307 个金融机构网点中，有 76.6% 的网点在醒目位置公开了相关工作制度或向社会作出金融消费权益保护承诺，84.4% 的网点公示了投诉流程图，76.9% 的网点公示了责任部门和人员。

表 19 – 1　　　　　　　　张家界市金融机构信息披露情况

评价项目	指标	结果
信息公开	未告知产品的收益与风险次数	7 次
	未告知业务流程次数	2 次
	未告知售后服务次数	3 次
	收费信息公示率	100%
	投诉电话公示率	100%
制度公开	工作制度公开率	76.6%
	投诉流程公开率	84.4%
	责任部门和人员公开率	76.9%

（二）产品销售规范，个人金融信息得到有效保护

交易公平方面的得分为 73.48 分，金融机构在产品销售过程中，总体上体现了交易的公平性。金融监管部门仅发现金融机构 3 次限制客户自主选择、6 次在销售金融产品和提供金融服务时有搭售行为。金融监管部门未发现金融机构有违规收费行为，也没有发现金融机构与消费者签订产品和服务协议时金融机构作出排除或减轻或免除经营者责任、加重金融消费者责任等对消费者不公平、不合理的格式条款。金融机构尊重金融消费者的隐私权，保护个人的金融信息。建立了客户信息系统授权制度，明确了使用权限，设有客户信息查询、冻结、扣划登记簿。在客户档案信息查询环节，建立了客户档案查询登记制度和档案查询登记簿。仅发现 3 次金融机构违规采集客户信息的情况，仅有 1 个金融机构未建立个人金融信息保护内控制度和防范措施的金融业务和软硬件系统，未出现泄露客户个人金融信息的情况。

表 19 – 2　　　　　　　　张家界市金融交易公平情况

评价项目	指标	结果
产品销售	限制客户选择次数	3 次
	捆绑销售次数	6 次
	违规收费次数	0 次
	不公平格式条款个数	0 个
信息保护	违规采集信息次数	3 次
	未建立防范措施的个数	1 个
	信息泄露次数	0 次

（三）投诉处理及时高效，纠纷调解机制比较健全

争端解决方面的得分为 62.26 分，全市金融机构初步建立了投诉、咨询台

账，详细记录了客户投诉情况、处理结果及办结情况。2014 年全市累计受理客户投诉 109 笔，比上年下降 27%，办结率达到 100%，在规定时限内办结107 笔，投诉处理时效为 98%，客户满意度为 93.6%。全市累计受理客户咨询832 人次（其中银行业 373 人次，保险业 322 人次，证券业 137 人次），比上年增加 328 人次，增长了 65%。307 个金融机构网点均设置了投诉窗口或明确了投诉受理人员。经市金融消费者权益保护中心工作人员对全市 64 家金融机构对外公布的投诉电话进行接通测试，接通率达到了 94.8%。

2011 年 11 月，张家界市政府发文成立张家界市金融消费者权益保护工作委员会，下设日常办事机构张家界市金融消费权益保护中心。12 月 1 日张家界市金融消费权益保护中心正式成立，成为张家界市金融机构自行处理金融消费纠纷以外最主要的第三方处理机构，对外公布了投诉电话，确保了金融消费者的维权渠道畅通、及时、有效。2012 年、2013 年，桑植、慈利两县在县人民银行先后成立县金融消费权益保护分中心，由县人民银行消费者权益保护工作人员直接受理、处理或转办消费者对金融机构的投诉。银行业协会、保险协会也成立了相应的金融消费者权益保护机构。2014 年辖内金融服务投诉率为0.82%，没有出现重大群体性投诉事件。辖内 59.4% 的金融机构建立了赔付机制。法院受理了 4 起金融消费者诉求赔偿的诉讼案件，1 起获得了赔偿。

表 19 - 3　　　　　　　　　张家界市金融争端解决情况

评价项目	指标	实际值
投诉处理	投诉窗口设置率	100%
	金融机构投诉电话接通率	94.8%
	投诉处理时效	98%
	投诉办结率	100%
	投诉处理满意率	93.6%
调解机制	纠纷解决机制	0 个
	金融服务投诉率	0.82
	重大群体性投诉事件数	0 次
追索赔付	赔付机制建立率	59.4%
	客户索赔成功率	25%

【案例 19 - 2】

解决因冒名贷款致不良信用记录争端

基本情况

投诉人卓某，2014 年 2 月 13 日到张家界市金融消费者权益保护中心慈利县分中心（以下简称慈利分中心）投诉慈利县农村信用联社零溪信用社，认为该社登记在自己名下的一笔金额 3 000 元的贷款非本人所借，该笔贷款放款日为 2005 年 3 月 12 日，到期日为 2005 年 12 月 13 日，已逾期至今，导致卓某在人民银行征信系统产生了不良信用记录。卓某要求确认该笔贷款非其本人所借且不承担还款责任，同时为其消除不良信用记录。

处理情况

慈利县农村信用联社经调查认定，零溪信用社登记在投诉人卓某名下的该笔贷款确非投诉人卓某所借。该笔贷款的立据人姓名与投诉人同音不同字，系零溪信用社原信息员所发冒名贷款。2009 年 9 月农信社系统内信贷管理系统上线，零溪信用社认为投诉人户籍所在村组与投诉人姓名同音的只有其一人，故将该笔贷款注册登记到投诉人名下。为及时消除影响，慈利县信用联社已在信贷系统内将该笔贷款 3 000 元及利息账目从投诉人卓某名下收回，及时向省联社上报消除投诉人卓某个人征信不良记录的相关资料，并委派联社工作人员上门向投诉人卓某致歉，告之投诉处理结果。

案例启示

慈利分中心按申投诉处理程序，协调督促慈利县农村信用联社认真核查。证实为冒名贷款后，慈利分中心工作人员与慈利县信用联社工作人员一道专程赶到零溪信用社，送达书面投诉处理结论，当面与投诉人卓某签订金融消费者权益保护中心投诉申请调解协议书。在处理金融消费争端时，金融监管部门和第三方争端解决机构充分发挥了协调作用，促成了令投诉人满意的结果。

（四）机制建设逐步完善，金融宣传教育稳步推进

机制保障方面得分为 48.81 分，各金融机构的金融消费权益保护机制从无到有，正在建立和完善。一是组织机构逐步完善。全市 81.3% 的金融机构成立金融消费权益保护工作领导小组，明确了经办部门和岗位人员工作职责。各金融机构按季向市人民银行金融消费权益保护中心报送工作报告和报表。二是工作制度逐步健全。各金融机构制定了《关于做好消费权益保护工作的若干意见》《客户投诉管理办法》《客户投诉处理流程图》《客户回访管理办法》《理赔服务承诺》《个人客户信息管理应用操作规程》等 138 项制度。将个人金融信息保护工作纳入了内部风险排查内容。三是工作创新逐步深入。银行业金融机构开通残疾人通道、设置老年人窗口；证券业金融机构通过营业部公示栏、短信平台、营业部跑马屏幕为股民提供各类股市风险提示；保险业金融机构为应对交通事故理赔业务，推出道路救援方案，给客户送水、送油、提供拖车。根据金融消费权益保护机构的统计，全市金融机构共开展了 21 项工作创

新。四是金融教育逐步深入。为普及金融知识，提高公众的维权意识，全市各金融机构加大了金融知识和金融维权知识的宣传和教育。金融监管部门牵头组织开展"3·15"国际消费者权益日、"金融知识普及月"、反假币、征信管理条例等 18 次宣传活动。金融机构通过网点摆放资料、制作宣传展板、现场解答消费者的问题等形式共开展了 89 次宣传，向消费者宣传金融知识和金融消费维权途径。银行业还进社区、下乡镇开展了"金融知识进万家"宣传服务月活动；证券行业开展"我是股东再度启程易拉宝"、股东权利宣传活动；保险行业开展了以"爱无疆，责任在行"为主题的全国保险公众宣传日活动。2014 年全市金融监管部门和金融机构 6 次在主流媒体宣传金融消费权益保护知识或事件。如人民银行在《张家界日报》首次发布了张家界市金融消费权益保护环境评估报告。省信用联社张家界办事处在张家界电视台开设《农信风采》栏目，拍摄并播放 5 期反映农村信用社工作及生活的专题短片。

表 19 – 4 张家界市金融消费权益机制保障情况

评价项目	指标	实际值
组织机构	领导机构完备率	81.3%
	办事机构完备率	81.3%
	人员配备率	81.3%
制度设立	制度制定数	138 个
	工作创新数	21 个
	未执行制度次数	5 个
金融教育	监管机构宣传教育	18 次
	金融机构宣传教育	89 次
	媒体宣传教育	6 次

【案例 19 – 3】

新业务宣传不到位致电子现金账户圈存不成功

案情简介

投诉人刘某某于 2014 年 6 月 29 日晚上 9 点多，拿农业银行卡到华融湘江银行张家界市分行的 ATM 上操作转账业务——电子现金账户圈存 1 000 元，操作过后电子现金账户里面显示没有收到资金，而存款卡上的钱已被扣划了。第二天去发卡行农业银行张家界市分行文昌阁支行咨询时，该银行的朱主任说会将此情况报告到上级行，要刘某某等消息。事发两个多月，投诉人刘某某多次去问，银行回答都是等消息，一直没有给投诉人答复结果。2014 年 9 月 4 日刘某某前往张家界市金融消费者权益保护中心（下简称保护中心）投诉，要求农业银行把扣划的 1 000 元尽快还到卡上。

处理情况

9 月 4 日，保护中心受理该投诉后，立即将此投诉事件转办给农行张家界市分行，农行张家界市分行接到保护中心转交客户的投诉后，经核实客户反映情况基本属实，因电子圈存业务属新业务，客户在业务流程操作上也存在一定问题。经过农行张家界市分行逐级向上反映，总行答复了操作处理的相关流程。9 月 10 日，文昌阁支行已通知客户刘某某持 IC 卡在银行网点配合进行处理。9 月 10 日下午，保护中心电话回访投诉人刘某某，得知该投诉人已收到 1 000 元，投诉人对处理结果表示满意，至此该案件已处理完毕。

案例启示

金融机构在推出新业务时，相应的业务知识宣传一定要齐头并进。否则，不仅给金融消费者带来一定的不便，同时也会给金融机构自身带来一系列的影响。另外，当金融消费者在消费中遇到问题向金融机构求助时，金融机构应当积极热情接待，妥善处理，以免引起不必要的投诉。

（五）法庭设置能够满足需要，金融监管环境总体向好

法制保障方面的得分为 53.92 分，法律基础设施覆盖面较小，但能满足诉讼需要。人民银行正在尝试建立地方政府相关职能部门和各金融监管部门之间的协调机制，完善监管准则。一是金融消费者的诉讼需求不大。张家界市全市两区两县，101 个乡镇，共有 4 个县级法院和 19 个乡镇法庭，法庭覆盖率为 22.8%。乡镇法庭主要设置在偏远和人口较为集中的山区乡镇，以基层法院的名义受理、审理、裁决一些简单的民事案件，法庭设置基本上已经能够满足金融消费者的诉讼需求。2014 年全市法院共受理自然人状告金融机构纠纷案件 16 件，胜诉 7 件，胜诉率为 43.8%。二是人民银行金融消保工作走在前列。人民银行张家界市中心支行牵头保险协会、各金融机构建立了张家界市金融消费权益保护工作联席会议制度，明确了联席会议工作制度的内容，每个季度召开一次全市金融机构金融消费权益保护工作联席会议，讨论和交流金融消费权益保护取得的成绩、存在的问题、改进的措施等。人民银行张家界市中心支行出台了《张家界市金融消费者权益保护工作评价办法》，对金融机构保护消费者权益进行年度评估，督促金融机构进一步完善内控制度，做好金融消费者权益保护工作。还牵头建立了反假币、反洗钱、征信工作联席会议等制度，进一步规范金融机构反假币、反洗钱行为和依法合规开展征信业务。张家界市政府

以规范性文件出台《张家界市金融消费者权益保护工作办法》，明确由人民银行张家界市中心支行负责全市金融消费权益保护工作。人民银行张家界市中心支行根据上级行有关金融消费权益保护工作办法和《张家界市金融消费者权益保护工作办法》的规定出台了《张家界市金融消费者权益保护申（投）诉管理办法》，进一步明确了金融消费者申投诉的处理程序。2014 年监管部门共对市、县两级金融机构现场检查 39 次，其中人民银行张家界市中心支行 26 次（含银行、证券、保险）、市银监分局 11 次、市保险协会 2 次，对市、县两级金融机构现场检查覆盖率为 60.9%。通过执法检查，规范金融机构依法合规经营，保护消费者权益。张家界市金融监管部门目前还没有建立正式的沟通协调机制，也没有发布金融机构保护金融消费者的专门行为监管准则。

表 19 − 5　　　　　　　　　张家界市金融消费法制保障情况

评价项目	指标	实际值
司法环境	法庭覆盖率	22.8%
	法院出台的规范性文件数	0 个
监管环境	现场检查率	60.9%
	沟通协调机制	0 个
	消费者保护规则	3 个
	金融机构行为监管准则	0 个

（六）金融消费基础改善，普惠金融得到重视和发展

普惠金融方面的得分为 40 分，金融机构在提高金融服务的可得性和覆盖面方面还有较大提升空间。金融机构在逐步加大对农村、农户、小微企业的支持和倾斜。一是金融消费基础得到夯实。按照张家界市统计局公布的数据，张家界市人均 GDP 为 2.7 万元，比上年增长 10.7%；城镇人均可支配收入为 1.8 万元，比上年增长 8.9%；农村人均可支配收入 6 332 元，比上年增长 11.7%。全体市民整体收入水平有了很大的改善，为享受金融服务提供了经济基础，人均个人消费贷款达到 5 054 万元。二是金融服务的覆盖性提高。监管部门鼓励金融机构增设网点，增加 ATM、POS 机的布放，在农村地区推广助农取款服务。截至 2014 年末，银行网点密度为每十万人 15.3 个，保险服务覆盖了 95.1% 的乡镇，全市 ATM 密度为每十万人 25.2 个。农村地区 POS 机的密度达到 7.6%，助农取款服务点已经覆盖全部 1 170 个行政村。三是金融服务的便利性增加。截至 2014 年末，个人账户开户率为 4.34%，小微企业贷款覆盖率为 4.1%，农户贷款覆盖率为 34.5%，农业参保农户覆盖率为 73.7%。四是提高金融服务满意性。截至 2014 年末，小微企业户均贷款余额 39.8 万元，农户贷款户均余额 5.06 万元。

表 19－6　　　　　　　张家界市普惠金融发展情况

评价项目	指标	实际值
覆盖性	银行网点密度	15.3 个/十万人
	保险服务乡镇覆盖率	95.1%
	ATM 密度	25.2 个/十万人
	农村 POS 密度	7.6%
便利性	个人账户开户率	4.34%
	小微企业贷款覆盖率	4.1%
	农户贷款覆盖率	34.5%
	农业保险参保农户覆盖率	73.7%
满意性	小微企业贷款户均余额	39.8 万元
	农户贷款户均余额	5.06 万元
消费基础	人均 GDP	27 051 元
	城镇人均可支配收入	18 055 元
	农村人均纯收入	6 332 元
	人均个人消费贷款余额	5 054 元

19.3　辖区金融消费环境保护存在的主要问题及原因

　　张家界市金融监管部门自 2011 年开展金融消费权益保护工作以来，为维护金融消费者的合法权益做了大量的有益尝试，但在金融机构制度公开、保护机制建设、法制保障、监管环境、普惠金融方面仍然存在一些问题。

　　（一）制度公开有待进一步扩大

　　金融机构在产品信息、业务流程、收费信息、投诉电话和流程等方面做到了大范围的公开，但在金融消费权益保护工作制度、责任部门和人员方面公开的比例偏低，造成了金融消费者找不到相应的维护自身合法权益的依据、承办部门和人员，只能通过其总部机构统一的投诉渠道反映问题，不能及时有效地解决基层分支机构的实际问题，影响金融消费者的满意度。主要原因是金融机构存在认识上的偏差，认为工作制度、责任部门和人员向本单位和监管部门告知就可以了，没有必要向金融消费者提供这方面的信息。

　　（二）保护机制有待进一步健全

　　总体上看，银行、证券和保险业金融机构重视金融消费权益保护，建立了相关的制度，但制度体系仍不完善。大多数金融机构没有根据自身实际情况制定相应的制度，而是使用其上级部门的相关金融消费权益保护方面的制度和考核、处罚规定。金融机构普遍没有建立专门的产品和服务的信息披露规定、消费者金融知识宣传教育规划、消费者权益保护工作制度和监督考评等工作制度。金融机构内部员工的金融消费权益知识、意识培养和教育需要进一步提升和改善，金融机构开展的宣传和信息披露的自主性还要进一步增强。主要原因是：各金融机构重视程度不完全一样，负责该项工作的人员和部门变动频繁，不利于制度完善和工作持续开展。虽然从长远来看，金融消费权益保护能够帮助金融机构树立良好的行业形象，但是却不能带来短期效益，因而导致金融机构重业务发展而忽视金融消费权益保护。目前县级没有银行、证券、保险的监督管理分支机构，仅有人民银行县支行开展了金融消费权益保护工作，受人民银行职责权限的限制，金融消费权益保护工作力量较为薄弱。

（三）法制保障有待进一步强化

一是法院没有出台规范性文件。市县两级法院都没有出台专门的保护金融消费者合法权益的审判指导性、规范性文件。原因是：市县人大、法院相对来说级别较低，基本上没有对审判工作出台指导性、规范性文件，实际审判工作中都是以省级以上法院出台的指导性、规范性文件为准。二是金融消费者维权意识不强。自然人状告金融机构的纠纷案件数量较少，远少于金融机构诉自然人、自然人之间的金融诉讼案件，甚至没有发生一起金融消费者诉求赔偿的案件。主要原因有：一是全市金融消费权益保护环境整体情况较好，发生的损害金融消费者权益的情况不多。二是金融消费者认为自身是弱势群体，宁可通过信访和媒体曝光的途径维护自身权益，也不愿通过司法途径维权。

（四）监管环境有待进一步优化

人民银行张家界市中心支行与市银监局缺乏沟通协调，金融监管机构尚未出台行为监管准则，协同保护金融消费者权益力度不够。银监部门收到投诉甚至直接回复消费者向人民银行投诉，总体上尚未形成合力。主要原因是：目前"一行三会"的金融监管模式，各监管部门均设立金融消费权益保护部门。监管部门受制于履职范围和权限，相互之间难以做到有效的沟通与协调，导致相互推诿和重复监管现象，削弱金融消费者权益保护的实际效果。张家界银监部门没有明确负责的部门和人员，而是将金融消费权益保护工作设在银行业协会。保险业的金融消费权益保护工作也由行业协会承担。人民银行、银监和保监部门之间没有建立监管协调机制。另外，交叉性金融产品发展日益复杂化，金融消费权益保护职责界限界定模糊，增加了监管协调的难度。

（五）普惠金融的精准度有待进一步加强

目前的金融基础设施向城市倾斜，金融机构向小微企业、农户、农村增加金融资源投入的积极性不高。即使加大了对经济薄弱领域的支持，也仍然偏向县城和相对成熟的大型企业。主要原因有：一是经济薄弱领域金融投入成本高、收益低。向农户和小微企业发放的小额贷款管理成本高、风险大，金融机构受利益驱动，更愿意选择向有政府背景的、有实力的企业投放大额贷款。二是农村地区移动支付、网上银行等电子化服务还未推广，弱势群体享受金融服务的机会更少。三是基层金融机构没有产品设计权限，难以满足小微企业和农户的多样性金融需求。四是上级金融机构设定了一些准入性政策条款。

19.4 改善金融消费权益保护环境的建议

根据对张家界市金融消费权益保护环境评估中发现的问题和问题产生的原因分析，结合张家界市金融消费权益保护工作开展情况，有针对性地提出了以下建议。

（一）扩大信息披露范围

虽然目前金融机构对金融产品情况进行了披露，但范围仍然要扩大。不仅要向金融消费者公开产品收益与风险、业务流程、收费、投诉电话等方面的信息，而且还要公示金融消费权益保护相关制度、投诉流程、责任部门及人员，告知金融消费者投诉方法，畅通投诉渠道。不仅金融机构管理机关要进行公示，各个分支机构和网点也要全面公示。建立重要风险和业务办理提示制度，客户购买和办理金融产品时，对特别重要的风险、环节和流程，要进行专门的提示和说明。

（二）加强保护机制建设

探索建立人民银行与银监、证监、保监部门在金融消费权益保护工作方面的监管协调机制。在此基础上，在市县级建立法院、金融办、工商、公安、物价等部门积极协调配合的联动监管机制。通过各方职责的整合和履行，形成金融消费权益保护工作区域合力。人民银行继续开展好金融消费权益保护工作评估工作，督促金融机构保护金融消费者的合法权益。金融机构要进一步规范经营行为，完善投诉处理机制，做好金融消费者投诉处理。金融机构各项收费要公开透明，依法有据，新业务收费应依法向有关部门报备并向公众公示。畅通金融消费者投诉12363渠道，投诉处理部门和人员要做到公平公正、便民高效、依法合规。各金融机构要高度重视金融消费者投诉处理机制的建设，明确部门和人员，对保护中心转办的投诉案例要确保投诉得到依法合规、及时有效的处理。要完善多元化的非诉讼纠纷解决机制。在现有自行调解、仲裁、诉讼等渠道之外，建立相对独立的第三方纠纷解决机制，如相对独立的金融消费者权益保护组织等。

（三）强化金融宣传教育

金融机构首先要加强员工的消费者权益保护工作教育，建立健全员工消费者权益保护培训、考核、奖惩机制，提高员工保护消费者权益的意识和能力。继续深化开展"3·15"、金融知识宣传月等金融知识宣传活动，充分利用金融机构网点以及网站、微博、微信等平台扩大宣传覆盖面。同时，加大在地方日报、电视台等主流媒体宣传金融知识的力度。借鉴国外金融教育经验，建议与地方政府教育部门建立合作机制，由金融监管部门和金融机构提供人才支持，搭建金融教育平台，在中小学和大学各教育阶段开设金融知识选修课程，从教育源头上将金融知识纳入正规教育体系。

（四）完善法制保障措施

制定《中华人民共和国金融消费者权益保护法》或适时修订《中华人民共和国中国人民银行法》《中华人民共和国银行业监督管理法》《中华人民共和国商业银行法》《中华人民共和国保险法》等相关法律，在相关条款或章节中增加对金融服务关系与金融消费者权益保护调整的相关规定，增加金融消费者保护的相关内容，明确人民银行在金融消费者权益保护工作的职责。鉴于目前"三会"在县域未设立派出机构，可以考虑委托当地人民银行代为履行金融消费权益保护部分职责，以弥补"三会"保护工作的区域空白，强化对基层金融消费者权益的保护。

（五）推动普惠金融发展

加大对金融机构落实国务院"两个不低于"政策的考核力度，引导金融机构加大对农村、小微企业等经济薄弱领域的信贷支持。督促和引导金融机构从物理网点布局、业务渠道拓展等方面提升金融服务的普惠性，推进金融网点和服务向县乡下沉。试点推广移动金融在农村地区的应用，提高农村地区金融服务的可得性。对于经济欠发达地区，金融机构总公司应该出台专门的倾斜政策，放宽准入条件，并根据各地区差异，开发具有地方特点的金融产品，满足不同群体和企业的金融需求。

主执笔人：陈军　王归超

参 考 文 献

[1] 世界银行:《金融消费者保护的良好经验》,北京,中国金融出版社,2013。

[2] 中国银行业监督管理委员会银行业消费者权益保护局:《国际金融消费者保护法律法规选编》,北京,中国金融出版社,2014。

[3] 董裕平等译:《多德—弗兰克华尔街改革与消费者保护法案》,北京,中国金融出版社,2010。

[4] 中国人民银行金融稳定分析小组:《中国金融稳定报告(2008)》,北京,中国金融出版社,2008。

[5] 周小川:《金融政策对金融危机的响应——宏观审慎政策框架的形成背景、内在逻辑和主要内容》,载《金融研究》,2011(1)。

[6] 李江鸿:《完善我国金融消费者保护制度——以英美立法改革为鉴》,载《中国金融》,2011(19)。

[7] 张韶华:《G20金融消费者保护高级原则》,载《西部金融》,2011。

[8] 焦瑾璞:《金融消费者保护与金融监管》,载《征信》,2013(9)。

[9] 焦瑾璞:《中国金融消费权益保护现状与思考》,载《清华金融评论》,2014(10)。

[10] 吕宙:《保险消费权益保护路径》,载《中国金融》,2015(14)。

[11] 王华庆:《论行为监管与审慎监管的关系》,载《中国银行业》,2014(5)。

[12] 彭建刚:《金融消费权益保护环境评估的必要性及建设的基本思路》,湖南省社科联2015年第六届社会科学界学术年会"金融体制改革"专场学术报告,2015-09-24。

[13] 彭建刚:《基于系统性金融风险防范的银行业监管制度改革的战略思考》,载《财经理论与实践》,2011(1)。

[14] 彭建刚、吕志华:《论我国金融业宏观审慎管理制度研究的基本框架》,载《财经理论与实践》,2012(1)。

[15] 周学东:《国际金融消费者保护制度改革动态及启示》,载《中国金融》,2011(11)。

[16] 赵煊:《认知偏误对金融消费者保护的影响》,载《经济研究》,2011(1)。

[17] 刘贵生、孙天琦、张晓东:《美国金融消费者保护的经验教训》,载《金融研究》,2010(1)。

[18] 张蕴萍:《信息不对称与金融消费者保护》,载《学习与探索》,2013(1)。

[19] 刘鹏:《金融消费权益保护:危机后行为监管的发展与加强》,载《上海金融》,2014(4)。

[20] 高田甜、陈晨:《基于金融消费者保护视角的金融监管改革研究》,载《经济社会体制比较》,2013(3)。

[21] 胡文涛:《普惠金融发展研究:以金融消费者保护为视角》,载《经济社会体制比

较》，2015（1）。

［22］李沛：《金融危机后英国金融消费者保护机制的演变及对我国的启示》，载《清华大学学报（哲学社会科学版）》，2011（3）。

［23］孙天琦、袁静文：《国际金融消费者保护的改革进展与趋势》，载《西安交通大学学报：社会科学版》，2012（5）。

［24］王建平、陈积、吴伟央：《金融消费者保护制度的境外动态及启示》，栽《证券法苑》，2013（1）。

［25］黄锋：《美国金融消费者权益保护体系改革的借鉴与启示》，载《武汉金融》，2011（4）。

后　记

近两年来，课题组在中国人民银行金融消费者权益保护局和中国人民银行长沙中心支行的指导和大力支持下，开展了湖南省金融消费权益保护环境评估的试点工作。长沙中支金融消费者权益保护处的同志以高度的责任感和事业心积极作出工作部署，收集数据，分析问题。湖南大学金融管理研究中心的老师和研究生，凭借其所处的高水平学术平台和娴熟的理论功底，积极投入到对评估方法的探讨和繁杂的数据处理过程中。人行的干部和湖南大学的专家学者经常在一起研讨，共同深入各市州开展调查研究。

2015年4月2日，中国人民银行金融消费权益保护环境评估试点座谈会在长沙召开，课题组有幸与参会的人民银行总行金融消费权益保护局领导和全国人行系统干部进行学术交流，获取了有益的经验和思想启迪。在评估期间，湖南大学金融管理研究中心主持的国家自然科学基金项目《我国银行业宏观审慎监管与微观审慎监管协调创新研究》的相关研究有力地支持了这一工作的开展。

本专著是课题组2015年对湖南省及其14个市州的金融消费权益保护环境的整体评估成果，包括评估的理论基础、评估方法和评估报告。在评估过程中，各市州人民银行中心支行大力支持并积极参与课题组的研究工作，承担了评估分报告的起草工作。

课题组人员如下：课题组总顾问马天禄（中国人民银行长沙中心支行行长）、朱红（中国人民银行金融消费权益保护局副巡视员）；课题组组长张瑞怀（中国人民银行长沙中心支行副行长）、彭建刚（湖南大学金融管理研究中心主任、教授、博士生导师）；课题组副组长尹优平（中国人民银行金融消费权益保护局处长）、唐征宇（中国人民银行长沙中心支行金融消费权益保护处领导）、任双进（中国人民银行长沙中心支行金融消费权益保护处领导）、周鸿卫（湖南大学教授）、何婧（湖南大学副教授）；课题组成员周伟中（中国人民银行长沙中心支行）、黄小雄（中国人民银行娄底市中心支行）、刘波（湖南大学）、滑亚群（湖南大学）、陈汪洋（湖南大学）、沈蕾（湖南大学）、陈宇（湖南大学）、曾令达（湖南大学）。

在本书即将付梓之际，获知国务院办公厅印发了《关于加强金融消费者权益保护工作的指导意见》。这一文件对开展金融消费权益保护环境评估与建设是有力的指导和鼓励。我们将认真贯彻指导意见的要求，在这一领域作更深入的研究。鉴于金融消费权益保护环境评估是一项新的工作，与宏观审慎监管、金融稳定和普惠金融等紧密相联系，涉及面广，基础数据采集难度较大，因而本书存在许多不足，是前进中的工作探索，敬请读者批评指正。

　　本书的出版得到了中国金融出版社王效端主任和责任编辑张超的大力支持，她们细心的编辑工作和专业的指导使本书顺利出版，特表示衷心的感谢。

"湖南省金融消费权益保护环境评估"课题组
2015 年 11 月